Le propre
et le sale

Du même auteur

Le corps redressé
Delarge, Paris, 1978

Georges Vigarello

Le propre et le sale

L'hygiène du corps depuis le Moyen Âge

Éditions du Seuil

La première édition de cet ouvrage
a paru dans la collection « L'univers historique »

EN COUVERTURE :
Imagerie d'Épinal, 1892 (détail)
BN Paris, Archives Lauros-Giraudon

ISBN 2-02-009452-5
(ISBN 1ʳᵉ publication : 2-02-008634-4)

© ÉDITIONS DU SEUIL, FÉVRIER 1985

à L.

Introduction

C'est en retraçant les actes familiers de Don Carlos, mysté-
rieusement enlevé par quelques sbires masqués, que *le Roman
comique* (1651) évoque une scène de toilette. Le prisonnier est
noble, le cadre est somptueux. Scarron décrit les gestes et les
objets : la diligence du service bien sûr, le faste de certains
détails aussi, le chandelier de vermeil ciselé par exemple, mais
encore les marques de propreté. Or, celles-ci débordent de
sens : elles sont à la fois proches et totalement distantes des
nôtres. Elles pourraient ressembler à certaines pratiques d'aujourd'hui et elles en sont pourtant très éloignées. L'intérêt de
Scarron se polarise sur des indices devenus aujourd'hui accessoires, et il glisse sur d'autres devenus au contraire essentiels.
Des « manques » surtout ou des « imprécisions » comme si nos
comportements les plus quotidiens étaient encore à inventer,
alors qu'ils ont pourtant ici quelques-uns de leurs équivalents.
En particulier, le seul geste d'ablution cité est très concis :
« J'oubliais à vous dire que je crois qu'il se lava la bouche, car
j'ai su qu'il avait grand soin de ses dents […][1]. » L'attention à la
propreté est centrée plus explicitement sur le linge de corps et
sur l'habit : « Le nain masqué se présenta pour le servir et lui fit
prendre le plus beau linge du monde, le mieux blanchi et le plus
parfumé[2]. »

Aucune évocation de l'eau dans l'ensemble de ces scènes,
sinon de l'eau qui lave la bouche. L'attention à la propreté est
faite pour le regard et l'odorat. Elle existe, quoi qu'il en soit,
avec ses exigences, ses répétitions, ses repères, mais elle flatte
d'abord l'apparence. La norme se dit et se montre. La diffé-

rence avec aujourd'hui, toutefois, est qu'avant de se référer à la peau, elle se réfère au linge : l'objet le plus immédiatement visible. Cet exemple montre, à lui seul, qu'il est inutile de dénier l'existence des pratiques de propreté dans une culture préscientifique. Les normes, dans ce cas, ne sont pas issues d'un « point zéro ». Elles ont leurs ancrages et leurs objets. C'est leur changement à venir ou leur complexification qui sont plutôt à découvrir ; c'est surtout leurs lieux de manifestation et leurs modes de transformation.

Une histoire de la propreté doit donc d'abord illustrer comment s'additionnent lentement des exigences. Elle juxtapose des contraintes. Elle restitue un itinéraire dont la scène de Don Carlos ne serait qu'un des jalons. D'autres scènes, dans le temps, l'ont évidemment précédée, plus frustes encore, où le changement de chemise lui-même, par exemple, n'avait pas la même importance. Le linge, en particulier, n'est pas un objet d'attention fréquente, ni même un critère de distinction, dans les scènes de réceptions royales décrites deux siècles auparavant par le roman de *Jehan de Paris* [3].

La propreté reflète ici le processus de civilisation façonnant graduellement les sensations corporelles, aiguisant leur affinement, déliant leur subtilité. Cette histoire est celle du polissage de la conduite, celle aussi d'un accroissement de l'espace privé ou de l'autocontrainte : soins de soi à soi, travail toujours plus serré entre l'intime et le social. Plus globalement, cette histoire est celle du poids progressif de la culture sur le monde des sensations immédiates [4]. Elle traduit l'extension de leur spectre. Une propreté définie par l'ablution régulière du corps suppose, tout banalement, une plus grande différenciation perceptive et une plus grande autocontrainte qu'une propreté essentiellement définie par le changement et la blancheur du linge.

Encore faut-il, pour engager cette même histoire, faire taire nos propres points de repère : reconnaître une propreté dans des conduites aujourd'hui oubliées. La toilette « sèche » du courtisan par exemple, frottant son visage avec un linge blanc au lieu de le laver, répond à une norme de netteté tout à fait « raisonnée » au XVIIᵉ siècle. Elle est réfléchie, légitimée. Alors qu'elle n'aurait guère de sens aujourd'hui : sensations et explications ont changé. C'est cette sensibilité perdue qui est à retrouver.

Encore faut-il aussi bouleverser la hiérarchie des catégories de référence : ce ne sont pas les hygiénistes, par exemple, qui dictent les critères de propreté au XVIIe siècle, mais les auteurs des livres de bienséance ; les praticiens des mœurs, et non les savants. A la lente accumulation des contraintes s'associe le déplacement des savoirs dont elles relèvent.

Il reste que représenter ce processus comme une succession d'ajouts, ou comme une sommation de pressions exercées sur le corps, risque d'être artificiel. Il ne peut y avoir simple addition de contraintes. Ce que montre une telle histoire, c'est qu'il lui faut aussi se conjuguer à d'autres histoires. La propreté compose nécessairement avec les images du corps ; avec celles, plus ou moins obscures, des enveloppes corporelles ; avec celles, plus opaques encore, du milieu physique. C'est parce que l'eau, par exemple, est perçue, au XVIe et au XVIIe siècle, comme capable de s'infiltrer dans le corps, que le bain a, au même moment, un statut très spécifique : l'eau chaude, en particulier, est supposée fragiliser les organes, laissant les pores béants aux airs malsains. Il existe donc un imaginaire du corps, il a son histoire et ses déterminants. Lui aussi alimente la sensibilité ; les normes ont à jouer avec lui. Elles ne peuvent, en tout cas, se transformer sans lui. Elles travaillent un terrain lui-même déjà polarisé. Ce n'est jamais « passivement » que le corps est habité par elles. Il faut même que changent les images de celui-ci pour que puissent se déplacer les contraintes. Il faut que se transforment les représentations latentes du corps, par exemple celles qui dictent ses fonctionnements ou ses efficacités.

Dans ce cas, une histoire de la propreté corporelle met en jeu une histoire plus large et plus complexe. C'est que toutes ces représentations donnant au corps ses limites, profilant ses apparences ou suggérant ses mécanismes internes, ont d'abord un terrain social. La propreté au XVIIe siècle, attachée essentiellement au linge et à l'apparence immédiate — par exemple celle qui s'investit dans l'apparat des objets ou dans le détail des signes vestimentaires —, est bien sûr très différente de celle qui, plus tard, s'investit dans la préservation des organismes ou la défense des populations. Exactement d'ailleurs comme une « société de cour », valorisant les critères aristocratiques de l'apparence et du spectacle, est différente d'une société « bourgeoise » plus sensible à la force physique et démographique des nations. Un investissement sur une apparence tout extérieure se déplace vers une attention plus complexe aux ressources physiques, aux résistances, aux vigueurs cachées. Une histoire de la propreté corporelle est donc aussi une histoire sociale.

C'est enfin le sens large du mot propreté qui est ici retenu : celui qui mobilise l'ensemble du corps ou l'ensemble des objets susceptibles d'en tenir lieu.

PREMIÈRE PARTIE

De l'eau festive
à l'eau inquiétante

1

L'eau qui s'infiltre

En 1546, Barcelone, atteinte par la peste, n'est plus ravitaillée. Villes et villages voisins, redoutant la contagion, refusent toute liaison et tout commerce. Pis, les navires que le Conseil des Cinq-Cents envoie à Majorque pour obtenir un hypothétique ravitaillement sont repoussés au canon[1]. De tels épisodes se reproduiront. Le contact, à la fin du Moyen Âge et à l'époque classique, apparaît clairement comme un risque majeur en cas d'épidémie. La fuite traditionnelle hors des villes infectées devient à son tour périlleuse : elle confronte à un voisinage susceptible de violence ouverte. Les fuyards de Lyon en 1628, poursuivis à coups de pierre par les paysans, sont condamnés à errer ou à réintégrer leur cité[2]. Les habitants de Digne, en 1629, tenus par un arrêt du Parlement d'Aix à demeurer dans leurs enceintes, sont placés sous le contrôle d'une ceinture de garde armée par les communautés voisines[3]. Celles-ci menacent d'incendier la ville en cas de franchissement. Les cités victimes de pestilence deviennent des pièges condamnés à l'horreur.

Dans ces collectivités temporairement closes sur leur épouvante, les interdits extérieurs accélèrent la constitution de règlements internes, ne serait-ce ici encore que pour cantonner la tragédie. Les décisions des maires, échevins ou prévôts des marchands concernent l'hygiène sociale : les contacts sont progressivement limités, certains lieux cloisonnés ou condamnés. La salle Légat de l'Hôtel-Dieu est, par exemple, séparée et aménagée en 1584 pour ne recevoir que les pestiférés[4]. Dans bien des villes, les notaires ne peuvent approcher les maisons atteintes ; les testaments se dictent à distance, devant témoins et du haut des étages[5]. Les « conseils » concernent aussi l'hygiène individuelle : supprimer les communications, c'est supprimer toute pratique risquant d'ouvrir les corps à l'air infectieux, comme le travail violent qui échauffe les membres, la chaleur qui « relâche » la peau, et aussi... le bain : le liquide, par sa pression et surtout par sa chaleur, peut en effet ouvrir les pores et focaliser les dangers. La lutte contre la peste révèle, dans ce cas, des représentations totalement distantes des nôtres : l'eau serait susceptible d'infiltrer la peau, ce qui pourrait infléchir les pratiques de propreté.

C'est une méfiance identique qui conduit à suspendre la fréquentation des écoles, des églises, des étuves et des bains. Il faut cantonner les échanges et donc les transmissions possibles. Dans le cas des bains, la dynamique du cloisonnement touche, toutefois, à l'image même du corps et à celle de ses fonctionnements. Les médecins, en temps de peste, dénoncent depuis le xve siècle ces établissements où se côtoient des corps nus. Les « gens déjà attaqués de maladies contagieuses[6] » peuvent y créer d'inquiétants amalgames. Des diffusions peuvent s'y produire : « Étuves et bains, je vous en prie, fuyez-les ou vous en mourrez[7]. » Ces décisions seront d'abord hésitantes. Des Pars, lors de la peste de 1450, réclame vainement des échevins de Paris l'interdit des étuves, il n'obtient que la colère des étuvistes. C'est même sous leur menace directe qu'il doit précipitamment s'exiler à Tournai[8]. La fermeture temporaire et répétée à chaque épidémie s'imposera pourtant dans la logique des cloisonnements. Au xvie siècle, cette fermeture devient officielle et systématique. L'ordonnance du prévôt de Paris, renouvelée plusieurs fois entre les pestes de 1510 et 1561, défend à chacun « d'aller aux étuves et aux étuvistes de chauffer leurs étuves qu'après la Noël prochaine, à peine d'amende arbitraire[9] ». Une décision identique est prise dans un nombre croissant de villes. Elle se généralise : acquise à Rouen en 1510[10], à Besançon en 1540[11], elle existe déjà à Dijon depuis la fin du xve siècle[12]. Dans la plupart des épidémies, c'est durant la saison chaude, favorable aux vagues de pestilence, que se prononce l'interdit.

La béance de la peau

Pourquoi attribuer une signification historique à de telles prohibitions ? C'est qu'au-delà de la crainte des contacts, bien d'autres peurs sont en jeu : celles, entre autres, d'une faiblesse des enveloppes corporelles. Il s'agit de dénoncer la porosité de la peau. Comme si des ouvertures innombrables devenaient possibles, les surfaces étant défaillantes et les frontières douteuses. Au-delà du seul refus des contiguïtés, s'impose une image très spécifique du corps : la chaleur et l'eau ne feraient qu'engendrer des fissures ; la peste, enfin, n'aurait qu'à s'y glisser. Il s'agit de représentations marquantes, datées, dont les conséquences sur l'hygiène classique restent à mesurer. C'est en cela que les prohibitions évoquées redoublent de sens. Le bain et l'étuve sont dangereux parce qu'ils ouvrent le corps à l'air. Ils exercent une action quasi mécanique sur les pores, exposant ainsi, pour quelque temps, les organes aux quatre vents.

Ce n'est plus le toucher ou un principe de proximité qui sont en question, mais un principe de béance. L'organisme baigné résiste moins au venin parce qu'il lui est plus offert. Il demeure comme perméable. L'air infect menace de s'engouffrer en lui de toutes parts : « Ils doivent défendre les étuves et les bains en raison qu'après qu'on en est sorti, la chair et l'habitude du corps en est ramollie et les pores ouverts et, partant, la vapeur pestiférée peut entrer promptement dedans le corps et faire mourir subitement, ce qu'on a vu plusieurs fois [13]. » L'assimilation entre le corps et les objets familiers ne fait que renforcer l'image des pénétrations. La métaphore architecturale joue, dans ce cas, un rôle central : l'organisme devenant semblable à ces maisons que la peste traverse et habite. Il faut savoir fermer les portes. Or, l'eau et la chaleur soustraient celles-ci à toute volonté. Elles déclenchent leur ouverture, elles favorisent le maintien temporaire de cette brèche. La peste n'a plus qu'à occuper la place : « Bains et étuves publiques seront pour lors délaissés, pour ce qu'après les pores et petits soupiraux du cuir, par la chaleur d'icelle, sont ouverts plus aisément, alors l'air pestilent y entre [14]. »

Cette crainte traverse encore l'ensemble du XVIIᵉ siècle. La peste, renaissant selon les lieux et les périodes avec une fréquence quasi annuelle, engendre les mêmes interdits : échauffer les corps « serait ouvrir les portes au venin de l'air et le boire à pleines coupes [15] ». Dans tous les cas, une telle « rencontre de l'air et du venin [16] » avec les chairs échauffées suggère une issue presque irrévocable. Elle transforme le danger en destin.

Les premières luttes concertées contre la peste, à partir du XVIᵉ siècle surtout, font ainsi apparaître une image redoutable : le corps est composé d'enveloppes perméables. Ses surfaces se laissent pénétrer par l'eau comme par l'air, frontières rendues plus indécises encore face à un mal dont les supports matériels sont invisibles. Les pores possèdent peut-être même une faiblesse propre, partiellement indépendante de ces échauffements. Il faut en permanence les protéger de toute atteinte. Ce qui rend déterminantes, par exemple, la forme et la qualité des vêtements en temps de peste : toiles lisses, trames compactes, ajustement étroit sur le corps. L'air pestilent doit glisser sur eux sans prise possible. L'idéal de fermeture ne fait que varier ses versions : « Les habits qu'on doit porter sont le satin, taffetas, camelot, tabis et semblables qui ne montrent point le poil et sont si lisses et serrés que malaisément le mauvais air et quelque infection que ce soit y peut-elle entrer et s'y attacher, principalement si on en change souvent [17]. » L'habit du temps de peste confirme cette représentation dominante, aux XVIᵉ et XVIIᵉ siècles, de corps totalement poreux réclamant des stratégies sur ce point spécifiques : éviter les laines ou les cotons, matières trop perméables ; éviter les fourrures dont les longs poils ménagent autant d'asiles au mauvais air. Hommes et femmes rêvent de vêtements lisses et hermétiques, totalement clos, en tout cas, sur ces corps trop fragiles. Si taffetas et tabis enfin sont des textures trop nobles, restent pour les pauvres « les treillis et les toiles cirées [18] ».

Les pratiques hygiéniques, et plus particulièrement celles de propreté, ne peuvent être envisagées sans la prise en compte de tels repères. Une eau pouvant pénétrer la peau suppose des maniements particuliers. Elle s'insinue, elle perturbe. Dans certains cas (celui au moins des hydrothérapies), le mécanisme peut être salutaire. En s'immergeant dans les bassins de Spa, de Pougues ou de Forges, les baigneurs du xvie siècle attendent bien une atténuation de leur mal. Le bain d'eau thermale chaude comme le bain d'eau « simple » feraient, par exemple, fondre la pierre : Montaigne ne soigne pas autrement sa gravelle [19]. Ils peuvent aussi restituer quelque épaisseur aux organismes « trop secs » : Rivière y recourt pour « les corps émaciés et amaigris [20] ». Ils agissent encore sur la couleur de la jaunisse, ils apaisent certaines congestions [21]. Ils ne font ici que mélanger des liquides. Leur pénétration enfin peut, à la limite, corriger certaines humeurs acides ou vicieuses. Une telle pratique « humecte beaucoup plus que tout autre médicament [22] ».

Mais, dans la plupart des cas, les bains menacent de rompre un équilibre. Ils envahissent, ils abîment et, surtout, ils ouvrent à bien d'autres dangers qu'à ceux de l'air pestilent. Les toutes premières remarques sur les étuves et les transmissions pesteuses évoquent déjà des risques plus confus : « Bains et étuves et leurs séquelles, qui échauffent le corps et les humeurs, qui débilitent nature et ouvrent les pores, sont cause de mort et de maladie [23]. » Les maux, au xvie et au xviie siècle, vont s'étendre, proliférer même. Images troubles de transmissions contagieuses, comme les transmissions syphilitiques [24] ; images de pénétrations les plus variées aussi, comme ces grossesses d'étuves dues à l' « imprégnation » du sexe féminin par quelque sperme itinérant dans les tiédeurs de l'eau : « Une femme peut concevoir par l'usage des bains dans lesquels les hommes auraient demeuré pendant quelque temps [25]. » Les risques, surtout, se diversifient. La peau « infiltrée » n'est plus seulement béante à la pestilence, elle l'est aussi à l'air malsain, au froid, aux maux sans visage. Il s'agit d'une faiblesse diffuse ; faiblesse d'autant plus globale et imprécise d'ailleurs que par les pores s'échappent les humeurs et donc les vigueurs. Les ouvertures jouent dans les deux sens. Comme si les substances internes menaçaient de s'enfuir... C'est en cela que le « bain débilite [26] ». Il provoque une « imbécilité [27] ». Il « abat grandement les forces et les vertus [28] ». Les risques ne se limitent plus aux seules contagions. Et l'image a suffisamment de succès aussi pour déborder le seul discours des médecins. Elle est adoptée par les mentalités jusqu'à se banaliser. Elle se généralise en tout cas. Impossible d'envisager le bain sans l'entourer de contraintes impératives : repos, maintien au lit, protection vestimentaire. Une telle pratique ne saurait être qu'inquiétante. Les précautions accumulées, les protections impossibles en font aussi une pratique complexe et rare.

Lorsqu'un matin de mai 1610, l'émissaire du Louvre trouve Sully se baignant dans sa résidence de l'Arsenal, tout est compliqué : une série d'obstacles empêche celui-ci, à son corps défendant, de se rendre auprès du roi, qui pourtant le demande. L'entourage du ministre, l'émissaire lui-même, l'adjurent de ne pas affronter l'air du dehors : « Vous ayant trouvé dans le bain et voyant que vous vouliez sortir pour faire ce que le roi vous mandait, il vous dit (car nous étions auprès de vous) : Monsieur, ne sortez point du bain, car je crains que le roi a tant de soin de votre santé, et en a tant de besoin que s'il eût su que vous eussiez été en tel état, il fût lui-même venu ici [29]. » L'envoyé d'Henry IV propose de retourner au Louvre : il informera le souverain et reviendra porter ses ordres. Personne, parmi les témoins, ne s'étonne de voir une telle situation perturber les relations entre un roi et son ministre. Au contraire, chacun insiste pour que Sully ne s'expose pas. La réponse d'Henry IV vient d'ailleurs confirmer les précautions adoptées : « Monsieur, le roi vous mande que vous acheviez de vous baigner et vous défend de sortir aujourd'hui, car M. Du Laurens lui a assuré que cela préjudicierait à votre santé [30]. » Il y a donc eu conseil. Des avis ont été sollicités et donnés. Le recours à Du Laurens, médecin royal, spécifie déjà les préoccupations. L'épisode prend surtout l'allure d'une « affaire ». Celle-ci mobilise d'emblée plusieurs personnages. Elle a des prolongements aussi, puisque les « risques » demeurent durant plusieurs jours : « Il vous ordonne de l'attendre demain avec votre robe de nuit, vos bottines, vos pantoufles et votre bonnet de nuit, afin de ne pas vous incommoder pour votre dernier bain[31]. » C'est donc le liquide ainsi appliqué qui peut « incommoder ». C'est le « résultat » du bain, en tant que tel, qui est désigné.

Ce bruit autour d'une cuve à baigner n'est pas simple bavardage : il souligne la force, au XVIIe siècle, des associations entre l'eau et l'infiltration du corps, tout en confirmant une image dominante d'enveloppes largement perméables. Il souligne enfin, et paradoxalement par son intensité même, la rareté des pratiques du bain.

Un demi-siècle plus tard, lorsque les médecins de Louis XIV se résolvent à baigner le roi, les raisons en sont explicitement médicales. Le patient a connu « des tressaillements, des transports furieux, des mouvements convulsifs [...] suivis d'éruptions : taches rouges et violettes sur la poitrine[32] ». Le bain intervient dans la convalescence. Il « humecte » un corps qui, en quelques jours, a été saigné huit fois. Mais les précautions ici encore ne manquent pas : purge et lavement la veille, fin d'écarter une éventuelle réplétion que l'eau pourrait provoquer en s'infiltrant, repos pour ne pas exacerber les échauffements, interruption du traitement au moindre malaise pour prévenir toute surprise : « Je fis préparer le bain, le roi y entra à 10 heures, se trouva, tout le reste de la journée, appesanti avec une douleur sourde de la tête qui ne lui était jamais arrivée et l'attitude de tout le corps en un changement notable de l'état où il était les jours précédents. Je ne voulus pas m'opiniâtrer au bain, ayant remarqué assez de mauvaises circonstances pour le faire quitter au roi[33]. » Le traitement est aussitôt interrompu. Un an plus tard, Fagon y recourt très prudemment pour quelques jours. Ce sera la dernière fois. « Le roi ne s'est jamais voulu accoutumer au bain de la chambre[34]. »

Les inquiétudes sont sourdes, variées, comme si la seule rencontre de l'eau et du corps était d'abord troublante. Les pénétrations peuvent, par leur violence même, restaurer quelquefois un équilibre perdu. Mais le fond de perturbation auquel elles appartiennent appelle la vigilance. Ouvertures, échanges, pressions sur les humeurs constituent d'abord un désordre. Les conséquences de celui-ci sont toujours plus variées : « Le bain hors l'usage de la médecine en une pressante nécessité est non seulement superflu mais très dommageable aux hommes [...]. Le bain extermine le corps et, le remplissant, le rend susceptible de l'impression des mauvaises qualités de l'air [...] les corps plus lâches sont les plus maladifs et de plus courte vie que les fermes. Le bain emplit la tête des vapeurs. Est ennemi des nerfs et ligaments qu'il relâche, en sorte que tel n'a jamais senti la goutte qu'après s'être baigné. Tue le fruit dans le ventre des mères, même lorsqu'il est chaud [...] [35]. » Le catalogue du désordre comprend encore « la faiblesse de poitrine [36] », l'hydropisie, diverses cacochymies nées des vapeurs pénétrantes [37].

Il existe bien sûr, au XVIIe siècle, des tentatives pour prévenir de tels dangers, mais elles ne font que rendre la pratique plus complexe encore. Et elles confirment l'image des enveloppes poreuses. Guyon propose en 1615 qu'à la veille d'un bain le corps soit soumis aux chaleurs de l'étuve sèche [38] : il s'agit d'évacuer les humeurs pour rendre ensuite moins pressante la pénétration de l'eau. Les gestes, ménageant le corps avant le bain, s'accumulent et se compliquent. Reste, quoi qu'il en soit, cette pénétration et ses dangers. La suggestion la plus extrême, au point d'en être extravagante, est celle de Bacon exigeant en 1623 de l'eau qu'elle ait une composition identique à celle des matières corporelles. Le liquide ne doit-il pas compenser les substances qui s'enfuient et ne rien offenser par son mélange même ? Il faut travailler les essences du bain pour les rendre semblables à celles du corps. Les échanges en deviendraient moins dangereux : « La première qualité et la principale est que les bains soient composés de choses qui aient leurs substances semblables à celles de la chair et du corps et qui puissent entretenir et nourrir le dedans [39]. » Attente chimérique, bien évidemment, ajoutant seulement quelques variations au principe des infiltrations.

Les temps de peste ont exacerbé une image de frontières corporelles pénétrables : corps ouvert au venin. La contagion si rapide et si atroce suggérait qu'un principe actif pouvait infiltrer le souffle mais aussi la peau. Le corps le plus menacé devait être le plus poreux. Ces organismes, s'étiolant en quelques heures, étaient sans doute les plus « pénétrables ». Le vrai risque avait cette image. La peste a donc installé cette vision inquiétante, et celle-ci a pris de l'ampleur. La crainte du bain a dépassé aussi les seules conditions d'épidémie, et la perméabilité de la peau est devenue un souci permanent. C'est à elle que songe Héroard imposant la chambre à Louis XIII enfant, après les deux bains qu'il lui fait prendre en 1611 [40]. C'est à elle que songe Guy Patin évoquant le bain, de loin en loin, dans ses textes médicaux, mais ne lui accordant aucune mention dans son traité de santé [41]. Les effets mécaniques sont dominants, avec leur ambivalence thérapeutique. La gravure de R. Bonnard, *Une dame qui va entrer au bain* [42], pourrait à tort suggérer le contraire : la scène semble familière, même si le cadre est somptueux. Aucun médecin, aucune drogue ne sont visibles. Une servante s'affaire autour d'une cuve décorée, recouverte de dentelles, entourée de tentures et surmontée d'un dais. Deux robinets sculptés et fixés au mur délivrent le liquide. Une femme vêtue de soie saisit une fleur offerte par un gentilhomme élégant. Le raffinement de la situation la rend presque allégorique. Le bain serait une pratique distinguée et peut-être amoureuse. Mais c'est le commentaire qui révèle le sens comme une règle à observer : « Le bain pris à propos me sert de médecine et amortit le feu qui va me consommer [43]. » Malgré l'équivoque amoureuse, la propreté n'est pas directement en jeu. Il s'agit de rétablir des équilibres perdus et de savoir se baigner « à propos ». L'eau en elle-même n'est que déséquilibre.

Avant d'éprouver plus directement le rôle de ces représentations, et même d'en nuancer l'importance, il faut encore mesurer leur densité imaginaire. Elles s'exercent sur des champs très différents en appliquant une logique identique.

L'attention nouvelle portée à l'enfance au XVIᵉ siècle par exemple et l'insistance mise sur la fragilité de celle-ci recoupent très vite de telles représentations. Le thème des infiltrations est, dès le XVIᵉ siècle aussi, largement dominant. C'est bien parce que le corps du nouveau-né est jugé totalement poreux que s'impose une technique de pétrissage alliant, pour l'occasion, la main à la chaleur de l'eau. Le bain de celui-ci doit débarrasser la peau du sang et des mucosités de la naissance, autant qu'il doit permettre le modelage des membres selon les formes physiques souhaitées. Les sages-femmes utilisent le liquide pour favoriser de tels malaxages. L'immersion vise entre autres la correction des morphologies : « Souvenez-vous aussi, pendant que les os de ses membres sont amollis par la chaleur du bain où vous l'avez lavé, de leur donner à chacun, en les maniant doucement, la forme et la rectitude qu'ils doivent avoir pour composer un tout parfait [44]. » Ce bain des premiers jours a plusieurs fonctions dont l'une, et non des moindres, n'est déjà pas la propreté. Il engage des manipulations, précisément parce qu'il imbibe les chairs. Il aide « à dresser les membres en forme due [45] ». C'est pour la même raison aussi que la peau du nourrisson, plus fragile que toute autre, nécessite d'être en permanence colmatée : « Pour renforcer la peau et la munir contre les accidents du dehors qui lui pourraient nuire et offenser à cause de sa faiblesse. Il faudra épandre sur lui de la cendre de moules qu'on trouve tout partout aux rivières et marécages ou de la cendre faite de corne de veau, ou aussi de la cendre de plomb bien broyée et mêlée avec du vin [46]. » Les substances les plus diverses doivent saturer la peau. Le sel, l'huile, la cire en particulier, servent indifféremment à boucher les pores. Le corps est même encaustiqué comme un objet luisant et protégé : « Les enfants, à l'issue du ventre, doivent être enveloppés en roses pilées avec du sel pour membres conforter [47]. »

Le maillot qui se referme sur une peau ainsi accommodée, celui qui emprisonne des membres préalablement « oints d'huile rosat ou de myrtilles [...] pour clore les pores [48] », a un rôle explicite de protection. C'est la même raison enfin qui limite très vite le prolongement du bain dans l'enfance. Ne risque-t-il pas d'entretenir la mollesse d'un organisme déjà trop humide ? Le lent dessèchement des chairs que constitue la croissance pourrait être entravé. La glaise demeurerait trop tendre. Une fois que le nouveau-né « paraît bien net, vermeil et incarnat par tout le corps[49] », renouveler le bain devient quasiment néfaste. Les jambes du dauphin, le futur Louis XIII, ne sont pas lavées avant l'âge de six ans. La première immersion en dehors de celle, très brève, qui a suivi la naissance aura lieu à l'âge de sept ans[50].

A partir d'une même image de pores fragiles, les inquiétudes se recoupent et se complètent. L'eau chaude atteint un corps passif qu'elle imprègne et qu'elle laisse « ouvert ». Dans le cas de l'enfance s'ajoute un ensemble de rapprochements avec les matières flexibles et glueuses : la tentation est tout simplement de pétrir ces membres dociles. Le problème consiste enfin à proportionner le danger du bain au franchissement de la peau.

La toilette sèche

Toutes ces craintes, tous ces dispositifs conduisent à bien d'autres logiques que celles des précautions d'aujourd'hui. Ils supposent des repères de fonctionnements corporels totalement étrangers aux nôtres. Ils semblent par ailleurs être cantonnés aux marges de l'hygiène alors qu'ils peuvent, au contraire, en partie peser sur elle. Qu'une telle « influence » soit possible ne fait guère de doute. Lorsque les livres de santé évoquent, au XVIe siècle par exemple, certaines odeurs du corps, ils évoquent aussi la nécessité de les effacer. Mais frottements et parfums l'emportent dans ce cas sur tout lavage. Il faut frictionner la peau avec quelque linge parfumé : « Pour remédier à cette puanteur des aisselles qui sentent le bouquin, est singulier joindre et frotter la peau avec trochique de roses[51]. » Essuyer vivement, tout en déposant du parfum, et non vraiment laver.

Les normes de civilité sont à cet égard tout aussi significatives. Ce sont elles qui, depuis le XVIe siècle, dictent les bienséances et le bon goût de la cour. Elles constituent l'inventaire du comportement « noble » dans ses aspects les plus quotidiens : situations concrètes, banales, privées ou publiques, mais toujours envisagées sous l'angle des convenances. Les textes évoquent systématiquement dans ce cas la « netteté du corps ». Qu'ils ignorent le bain n'est pas ici le plus important. Ils focalisent l'attention sur les parties qui se voient : les mains et le visage : « Se laver le visage le matin dans de l'eau froide est aussi propre que salubre [52]. » Ils entremêlent quelques fois plus nettement la bienséance et l'hygiène : « C'est un point de netteté et de santé de se laver les mains et le visage dès qu'on est levé [53]. »

Or, la prévention à l'égard de l'eau se manifeste aussi dans cette catégorie de textes. Le liquide devient, à partir du XVIIe siècle surtout, d'autant plus inquiétant que le visage est « fragile ». Plusieurs dispositions sont prises dans les « civilités » du XVIIe siècle pour qu'il y ait essuiement et non lavage : « Les enfants nettoieront leur face et leurs yeux avec un linge blanc, cela décrasse et laisse le teint et la couleur dans la constitution naturelle. Se laver avec de l'eau nuit à la vue, engendre des maux de dents et des catarrhes, appâlit le visage et le rend plus susceptible de froid en hiver et de hasle en été [54]. » Les mêmes craintes que pour le bain interviennent. Elles modifient les actions et leur contexte. Il ne s'agit plus vraiment de « laver », même si persiste (et en un sens se précise) un nettoiement. Un geste cède la place à un autre : non plus asperger, mais essuyer. L'influence de l'image du corps serait ici banalement repérable : les peaux infiltrées sont susceptibles de tous les maux.

Au début du XVIIe siècle déjà, Jean du Chesne, décrivant en hygiéniste scrupuleux chacun des actes qui suivent le lever, insiste sur les essuiements et frottements. Aucune eau jusquelà. Le nettoiement tient d'abord au geste qui essuie. La toilette est à la fois « sèche » et active : « Après avoir lâché son dit ventre, il faut pour premier exercice qu'il se peigne et frotte la tête, et toujours de devant en arrière, voire le col, avec des linges ou des éponges accommodées et ce longuement et tant que sa tête soit bien nettoyée de toute ordure ; pendant ce frottement de tête, il se pourra même promener afin que les jambes et les bras s'exercent peu à peu [55]. » Suit le nettoiement des oreilles et des dents, l'eau n'intervenant que pour le lavage des mains et de la bouche. Enfin, le geste cent fois décrit de Louis XIV lavant ses mains, le matin, dans une eau mêlée d'esprit de vin et versée d'une aiguière luxueuse sur une soucoupe d'argent [56], n'implique pas le lavage du visage. Le miroir, tenu à distance par un valet, souligne qu'il n'y a par ailleurs « point de toilette à portée de lui [57] ».

Dans un contexte plus familier, certains règlements scolaires du XVIIe siècle institutionnalisent l'essuiement. Les élèves de Jacqueline Pascal, celles des Ursulines aussi, lavent leurs mains et leur bouche dès le lever. Elles « essuient » par contre leur visage. A cette toilette s'ajoute le soin du cheveu, les grandes peignant les petites. L'usage de l'eau demeure restreint. C'est une fois vêtues, et une fois quelques objets rangés, que les élèves des Ursulines aspergent leurs mains et leur bouche : « Étant habillées, après avoir plié promptement leur besogne dans leur toilette, elles laveront leur bouche et leurs mains [58]. » Chez Jacqueline Pascal, qui détaille une véritable orchestration du lever, l'eau est mélangée au vin pour en recevoir une acidité, mais elle ne concerne toujours pas le visage : « Pendant qu'elles font leur lit, il y en a une qui apprête le déjeuner et ce qui est nécessaire pour laver les mains et du vin et de l'eau pour laver la bouche [59]. » Durant le XVIIIe siècle encore, les règles de Jean-Baptiste de La Salle perpétuent sans réserve de telles indications ; peurs suffisamment marquantes pour persister : « Il est de la propreté de se nettoyer tous les matins le visage avec un linge blanc pour le décrasser. Il est moins bien de se laver avec de l'eau car cela rend le visage susceptible de froid en hiver et de hasle en été [60]. » Rétif effectue les mêmes gestes à l' « École des enfants de chœur de l'hôpital » de Bicêtre qu'il fréquente en 1746. L'eau a toujours un usage limité et précis : « Pas un instant n'était perdu : prière le matin après le lever ; on se rinçait la bouche avec de l'eau et du vinaigre ; on déjeunait [61]. » L'exemple de ces nettoiements est d'autant plus intéressant que le rejet de l'eau n'efface pas la pratique de propreté. La norme existe. Elle a ses instruments et ses manipulations. Elle s'impose par contre en restreignant l'ablution.

Une superposition rapide des textes peut faire penser à un net recul de l'exigence hygiénique à partir du XVIᵉ siècle. L'eau ne disparaît-elle pas en partie ? Une lecture plus attentive suggère plutôt un déplacement : insistance sur l'essuiement, la blancheur du linge, la fragilité et le teint de la peau, autant de témoignages d'une attention plus grande. Les textes sont plus longs, plus précis, comme si les précautions s'étaient renforcées. Dans les seuls traités de civilité par exemple, la plupart des thèmes s'approfondissent avec le temps. Les normes sont plus vigoureuses dans le manuel de Jean-Baptiste de La Salle, en 1736, qu'elles ne le sont dans celui d'Érasme en 1530, même si ce dernier évoque le lavage du visage. La Salle s'attarde aux soins des cheveux, coupés et peignés, régulièrement dégraissés avec de la poudre et du son (sans ablution), il s'attarde aux soins de la bouche, lavée tous les matins, dents nettement frottées, il détaille l'entretien des ongles « coupés tous les huit jours[62] ». Autant de soins présents chez Érasme, mais décrits avec plus d'allusions, plus mêlés aussi. Le texte d'Érasme enchaîne images rapides et injonctions. Il est, au moins, plus bref. L'usage du peigne par exemple y est comparativement plus elliptique : « C'est de la négligence que de ne pas se peigner, mais s'il faut être propre, il ne faut pas s'attifer comme une fille[63]. » La Salle, dans ce cas, ajoute technique d'entretien et fréquence des gestes, il précise et commente les formes. Ses explications deviennent additions et renforcements. Il en va de même pour le visage. L'usage de l'eau se restreint. Mais au profit d'une vigilance et d'un sens du détail qui préservent la norme et même l'affermissent. L'essuiement ainsi commenté peut, à la limite, constituer une exigence nouvelle. Le geste de propreté n'est pas aboli. Il est infléchi seulement, et différent. La représentation du corps a pesé sur lui. Encore faut-il, bien sûr, pour le prendre en compte, écarter tout rapport avec les critères d'aujourd'hui, admettre en particulier l'existence d'une propreté empruntant d'autres voies que celles de l'ablution.

Le problème est pourtant plus complexe. Deux pratiques en particulier, un bain public et un bain privé, existaient qui disparaissent presque totalement entre le XVIᵉ et le XVIIᵉ siècle, au moment même où se formule cette angoisse spécifique de la pestilence. Comme si l'économie imaginaire du corps devait avoir un effet réellement déterminant. De telles pratiques méritent une attention particulière : ce sont celles qui subissent directement le rejet de l'eau. Et c'est leur très large disparition qui peut faire penser à un recul des normes hygiéniques.

2

Une disparition de pratiques

Le refus (voire la condamnation) du bain prend d'autant plus de relief à partir du XVIᵉ siècle que la pratique avait ses institutions, ses gestes, ses moments. Elle avait ses lieux et ses objets désignés. Thème banal de l'historiographie, le bain est déjà évoqué par quelques historiens du XVIIᵉ siècle ; Jean Riolan par exemple qui, en 1651, en fait une référence quasi mythique : « De fait les bains et étuves étaient si communs dans Paris qu'entre les merveilles de cette ville, un Italien nommé Brixianus la loue pour les bains et étuves, il y a 150 ans[1]. » Ces établissements évoquent une pratique qui, au moment où écrit Riolan, serait « abolie et perdue[2] ». Une telle disparition doit d'abord être mesurée avant d'être mieux comprise.

Étuves et bains publics

Un crieur parcourt les rues du Paris du XIIIᵉ siècle pour appeler à la chaleur des étuves et des bains, autant d'établissements familiers dont le nombre est de vingt-six en 1292[3]. Négoces organisés en corporation, ces établissements appartiennent au paysage quotidien. Leur familiarité est suffisante aussi pour qu'une séance d'étuve puisse être, sans choquer, offerte comme pourboire à certains artisans, domestiques ou journaliers : « A Jehan Petit, pour lui et ses compagnons varlets de chambre, que la royne lui a donné le jour de l'an pour aller aux éstuves : 108 s.[4]. » Ceux-ci trouvent le bain de vapeur auquel, selon le prix, s'ajoutent le bain en cuve, le vin, le repas et le lit[5].

Les corps nus transpirent et s'épongent côte à côte dans la vapeur d'une eau chauffée au bois. Le bain, quant à lui, est pris dans une pièce quelquefois séparée, encombrée de lourdes baignoires rondes cerclées de fer. La pratique de l'étuve n'implique donc pas toujours l'immersion, bien que le bain y soit possible. Six cuves par exemple à Saint-Vivien en 1380, trois lits et des couvertures. L'espace semble fait pour que les corps transpirent et se baignent[6]. Espace plus riche par contre dans la miniature du Valère Maxime au xve siècle où les nappes des tables, les tentures des chambres, les dallages sont luxueux[7]. Pratique complexe donc, puisque au plaisir de l'eau s'adjoignent des services annexes ; pratique socialement diversifiée aussi, puisque susceptible d'être populaire autant que raffinée. L'étuve est en définitive un établissement fréquenté, voire banal.

Or, c'est une telle institution qui, à partir du xvie siècle, s'efface en quelques décennies, sans être remplacée. Des quatre étuves de Dijon, la dernière est détruite au milieu du xvie siè-cle[8]. Celles de Beauvais, Angers et Sens n'ont plus d'équivalent à la fin du xvie siècle[9]. Le *Livre commode des adresses* ne recense plus en 1692 qu'un nombre infime de bains publics à Paris, dont un bain de femmes, rue Saint-André-des-Arts[10]. La plupart ont une vocation médicale. Sur les treize établissements de Strasbourg, quatre seulement semblent demeurer[11]. Martin, dont le journal de 1637 restitue la vie des commerces strasbour-geois, dit fréquenter quelquefois l'étuve « pour une défluxion froide sur les dents et une autre sur les yeux[12] ». Les ventouses qu'il fait appliquer, dans ce cas, au « haut des épaules[13] » ont pour seule finalité quelque compensation d'humeurs. L'usage est clairement thérapeutique. C'est la transpiration contrainte qui vient, dans ce cas, « purifier » les humeurs.

Restent quelques établissements au xviie siècle, à Paris surtout, qui fonctionnent à la fois comme hôtels et comme lieux de bains possibles : ceux tenus par le « baigneur ». Leur usage est très aristocratique et peu fréquent. Les visites pour la propreté n'y sont jamais courantes : avant un mariage, par exemple, ou un rendez-vous galant, avant un voyage encore, ou

31

à son retour. Tel courtisan s'y rend comme à une cérémonie le jour où il est présenté à sa future épouse [14]. Tel autre y séjourne pour effacer les fatigues d'un voyage [15]. Mme de Sévigné ne trouve pas « déraisonnable », quant à elle, que « la veille d'un départ on couche chez le baigneur [...] pourvu que ce ne soit pas chez moi [16] ». Mais la destination du lieu est beaucoup plus ambiguë : il s'agit surtout d'un hôtel offrant toute discrétion. M. de Laval s'y cache, par exemple, après un mariage mouvementé, et pour échapper aux recherches entreprises contre lui [17]. D'autres y abritent de secrètes amours. Établissement luxueux, souvent installé à l'abri des regards, ou retiré au fond de quelque cul-de-sac comme celui de l'hôtel Zamet, rue de la Cerisaie, que Henry IV lui-même a fréquenté [18]. La méfiance de Mme de Sévigné vise aussi ces pratiques « trop » discrètes. Le bain n'est qu'une des finalités accessoires du lieu. Il concerne par ailleurs un public raréfié. Un effacement des étuves s'est en effet produit.

L'iconographie témoigne enfin du même effacement. Les salles d'étuves publiques avec literie, tentures, cuves de bois, où s'affairent les servantes munies de seaux à balancier, illustrées encore par le manuscrit enluminé du *Décaméron* en 1430 [19], ou par la série des bains d'hommes et de femmes de Dürer, à la fin du XVe siècle [20], disparaissent à leur tour des gravures et des tableaux.

« Tirer les bains »

L'autre pratique qui s'estompe largement est privée. Il s'agit plus particulièrement d'un usage noble ou, au moins, distingué. Ce sont les seigneurs qui, dans les *Cent Nouvelles nouvelles,* au milieu du XVe siècle, se font « tirer les bains [21] ». Comme si l'eau était un signe de richesse. Témoignant d'une appartenance, elle devient une occasion de parades : le bain rehausse réjouissances et réceptions. Les comptes de Philippe le Bon, recensant non seulement les dépenses mais les actions du duc, permettent de suivre les « bains pris en son hostel [22] ». Ils supposent toujours une addition d'aliments, et de viandes en particulier. Ils sont l'occasion d'invitations, de festins, d'agitations toutes particulières de choses et de gens : « Le 30 décembre 1462, le duc se festoya aux bains en son hostel où étaient Mgr de Rovestaing, Mgr Jacques de Bourbon, le fils du comte de Russye et plusieurs autres grands seigneurs, chevaliers et écuyers[23]. » La pratique ne manque donc pas de prestige. En un sens même, elle anoblit, le bain devant apporter un surplus de plaisir ou de raffinement : « Le duc fit festoyer au disner les ambassadeurs du riche duc de Bavière et du comte de Wurtemberg et fit faire une crue de cinq plats de viande, pour soi festoyer aux baings[24]. » Une telle scène peut être enfin agrément royal. La réception qu'offre, le 10 septembre 1467, J. Dauvet, premier président du Parlement, à la reine Charlotte de Savoie suivie de « plusieurs autres dames de sa compagnie », ressemble point par point à celles qu'évoquent les comptes du duc de Bourgogne : « Elles furent reçues et festoyées moult noblement et à grand largesse, et y eut faits quatre beaux baings et richement aornés[25]. » L'eau renforce ici le faste, tout en illustrant la prodigalité de l'hôte.

Usage de grande dame noble enfin, mentionné dans une *Contenance des fames* au xive siècle, même si l'auteur y trouve quelque excès de préciosité :

> « Mult la tiendrait à dédain
> Si elle ne prenait souvent le bain[26]. »

La troisième des *Cent Nouvelles nouvelles* exploite l'épisode d'un de ces bains féminins. Assez particulier, faut-il dire, puisque même le voisinage est au courant lorsque la grande dame a « fait tirer ses bains[27] ». C'est en l'apprenant que le meunier du château cherche un prétexte pour surprendre la baigneuse. Au-delà de la scène équivoque, ces échos de voisinage, ces transmissions de bouche à oreille indiquent au moins qu'un tel bain demeure très spécifique. Peut-être même n'est-il pas très répété. Les comptes de Philippe le Bon, par exemple, indiquent une fréquence approximative d'un bain tous les quatre ou cinq mois[28].

Ce sont ces pratiques privées qui disparaissent largement

aussi au XVIe et au XVIIe siècle. Les étuves ne suivent plus les cours royales comme l'étuve d'Isabeau de Bavière, par exemple, quelquefois remontée de château en château[29]. Les fastes de l'eau animeront plutôt les jardins et leurs fontaines. Ce sont eux, en tout cas, et certainement pas les bains, que Perrault retient dans la supériorité des « modernes », en s'étendant longuement sur les pelouses et les bassins de Versailles[30]. Les craintes concernant les corps infiltrés semblent donc avoir eu des conséquences toutes pratiques.

L'appartement des bains et la baignoire de marbre que Louis XIV a installés à Versailles dans un geste ostentatoire, fait pour rappeler vaguement l'ancienne Rome, laisse place, quelques années plus tard, au logement du comte de Toulouse, bâtard légitimé. Après divers avatars, la baignoire devient, quant à elle, bassin de jardin[31]. L'objet s'intègre à un autre circuit de l'eau, élaboré seulement pour l'œil. Spectacle des natures disciplinées. L'eau si coûteuse, dont la machinerie rythme l'ordre des parcs, est, au XVIIe siècle, faite d'abord pour les cascades et les jets. Elle doit séduire la vue. Son ballet est signe de profusion et de puissance. Il est signe de maîtrise souveraine sur une matière largement capricieuse[32]. Cette profusion, quoi qu'il en soit, ne suffit pas ici à la pratique du bain. Ce n'est pas le manque d'eau qui rend inutile la baignoire de marbre, c'est plutôt le privilège donné aux théâtralisations des jeux aquatiques.

Très rares enfin sont les inventaires après décès qui mentionnent une cuve à baigner. Pierre Goubert n'en recense qu'une dans le Beauvaisis de Louis XIV[33]. Aucun médecin parisien n'en possède, au milieu du XVIIe siècle, alors qu'existe pourtant une hydrothérapie[34]. Celles du château de Vaux, de l'hôtel Lambert et de l'hôtel Conti sont de simples répliques de l'exemple royal dont elles n'effacent évidemment pas l'ambiguïté[35]. Elles sont d'ailleurs visitées comme autant de curiosités[36]. Les quelques architectes enfin qui, au XVIIe siècle, évoquent les bains ou les étuves le font en plagiant le plan classique de Vitruve[37]. La référence demeure formelle. L'introduction de leur chapitre, le plus souvent, ne trompe pas : « Les étuves et les bains ne sont pas nécessaires en France comme aux provinces où l'on y est accoutumé [...]. Toutefois, si pour quelque considération un seigneur désire en avoir en sa maison, il les faut situer [...] [38]. » La « peur » entraverait la pratique de l'eau. L'image du corps perméable, avec son contexte de risques mal maîtrisés, rendrait le bain difficile à penser. Autant de représentations accompagnées d'une rupture réelle de pratiques : « Dans ces contrées, l'on ne prépare un bain que pour le rétablissement de la santé perdue [39]. » Montaigne lui-même, baigneur itinérant, rêvant à d'étranges trajets de l'eau infiltrée, pour mieux chasser les incommodités du corps, insiste déjà sur la disparition du bain au XVIe siècle : coutume « perdue qui était généralement observée en temps passé quasi en toutes les nations [40] ». Seuls subsistent quelques établissements thérapeutiques. Un bain existait qui avait ses traditions, voire ses institutions. Il avait ses espaces physiques et ses repères sociaux. C'est lui qui s'efface. Comme si la peste, avec ses lointaines conséquences sur l'imaginaire, avait suspendu un geste physique. Comme si, de proche en proche, les représentations du corps avaient conduit à la suppression d'une pratique directement concernée par l'hygiène corporelle.

L'erreur serait toutefois d'assimiler systématiquement celle-ci à une pratique de propreté, et de faire de sa disparition un recul de l'hygiène, comme une tradition historiographique tente depuis longtemps de l'assurer [41]. Ce qui disparaît avec les étuves, ce n'est pas nécessairement un rapport direct au lavage. Celles-ci ne témoignent pas nécessairement de règles de propreté dont il faudrait ensuite constater la désaffection. Il ne s'agit pas, *a priori,* d'un « sérieux » du nettoiement qui aurait brusquement reculé. Le pourboire que la reine donne en 1410 à Jehan Petit et ses compagnons vise d'ailleurs plus le divertissement que le lavage [42]. La représentation de l'eau, elle aussi, n'a pas toujours eu les repères d'aujourd'hui. Peut-être suppose-t-elle un itinéraire particulier, dans la longue durée, avant d'atteindre la « transparence » des hygiènes contemporaines. Il est une façon de vivre ce contact de l'eau qui n'est pas nécessairement la nôtre. Déjà le bain, tout ostentatoire, offert par J. Dauvet à la reine Charlotte[43], privilégie l'aspect festif sur celui de la propreté. Un bain, où domine le dérivatif ludique par exemple, a bien d'autres ancrages culturels que celui jugé indispensable à la salubrité. Il a d'autres enjeux aussi et, peut-être, d'autres « fragilités ».

Dans ce cas, il est déjà possible de mieux comprendre l'effacement de telles pratiques. La peste a, sans aucun doute, joué un rôle, comme certains contemporains l'ont compris : « Il y a vingt-cinq ans, rien n'était plus en vogue dans le Brabant que les bains publics ; aujourd'hui, il n'y en a plus, la nouvelle peste nous a appris à nous en passer[44] », dit Érasme en 1526. Mais pour que ce rôle ait une telle efficacité, peut-être fallait-il la convergence d'autres déterminants qu'ils nous faut donc envisager.

Les plaisirs anciens de l'eau

Il faut reprendre les scènes d'étuves au Moyen Âge et s'y attarder pour mieux évaluer les pratiques que le xvie siècle va lentement effacer. La finalité y est d'abord le jeu, voire la transgression, l'eau y est d'abord festive. Autant dire que le lavage n'y est pas la réelle signification du bain.

Corps mêlés

La Richesse s'adressant à l'Amant du *Roman de la Rose* (1240) trace, en quelques vers, le Thélème du xiiie siècle. Les têtes s'entourent de fleurs, les natures deviennent brusquement fertiles et les intérieurs protégés. Les rencontres se multiplient, offertes au désir. L' « Ostel de la folle largesse », n'est autre enfin qu'une maison d'étuves. Est-ce une surprise ?

> « Là vont vallez et demoiselles
> conjointes par vieles makereles
> cerchent prez et jardins et gauz
> plus renvoisiez que papegauz
> puis revont entre aus cstuves
> et se baignent ensemble en cuves [...][1]. »

L'étuve promet ici mélanges et plaisirs : bains en commun, chambre, lits, festins. Une telle pratique se rencontre plusieurs fois dans le *Roman de la Rose* :

> « Ce n'est par ce que bon leur semble
> que baigner se doivent ensemble[2]. »

Le thème est un motif de l'imagerie gothique. C'est une étuve que figure le portail de la cathédrale d'Auxerre : l'enfant prodigue y est massé et essuyé par plusieurs femmes, alors qu'une servante verse l'eau de la cuve. Les sirènes et les serpents entourant la scène ne font qu'en souligner toutes les séductions[3]. Ailleurs, à l'hôtel de ville de Damme par exemple, les corps se baignent dans une même cuve alors que circulent les convives et les valets[4]. Ces mélanges de sexes, d'âges, de nudités confrontent à une sociabilité perdue. C'est elle qui étonnait Brantôme, visitant la Suisse du XVIe siècle : « Les hommes et les femmes sont pesle mesle aux bains et étuves sans faire aucun acte deshonnête[5]. » C'est elle qui a cours aussi dans les piscines thermales du Moyen Âge où, tous sexes confondus, les corps nus s'activent dans la même eau. Les fontaines de jouvence des tableaux flamands du XVe siècle y trouvent, à leur tour, une inspiration partielle : hommes et femmes, devenus autant de jeunes corps graciles, nagent nus autour de la source de vie pour mieux en tirer force et jeunesse. Restitutions très conscientes de thèmes païens, dont *le Jardin des délices* de Bosch[6] assimile l'érotisme dionysiaque à quelque paradis perdu, elles illustrent des promiscuités qui, au même moment, commencent à être archaïques ou, en tout cas, moins tolérées. L'émotion est ici complice de l'interdit naissant. Au XVe siècle, le règlement des établissements de bains ne permet théoriquement plus ces anciennes promiscuités.

L'histoire des étuves touche d'abord à celle de cette lente instauration de distances physiques. Elle reflète l'apparition de seuils : avec eux, certains « mélanges » deviennent plus difficiles ; certains « contacts » ne vont plus de soi. L'intériorisation des normes que diffusent les cours seigneuriales déplace insensiblement les perceptions de la décence et de la pudeur. Les sensibilités ne s'accommodent plus guère de ces nudités mêlées dans des espaces clos. Un grand nombre d'étuves instaurent la séparation des sexes à la fin du XIVe siècle. Une règle d'alternance prévaut à Digne, Dijon, Rouen[7], par exemple, réservant certains jours pour les femmes, d'autres pour les hommes, d'autres encore pour les juifs ou les baladins (ce qui prouve, dans ce dernier cas au moins, que la « décence » n'est pas jugée la même pour les catégories sociales ou culturelles dominées). La distinction des lieux prévaut à Paris et à Strasbourg[8] entre autres, supposant, pour chaque sexe, des espaces différents.

Le phénomène est lent, chaotique. Plus d'un siècle sépare, selon les villes, les promulgations d'une telle prohibition. Cette dernière, enfin, n'est jamais maîtrisée. La miniature du Valère Maxime[9] est, au xve siècle, l'exemple même de ces promiscuités : hommes et femmes mêlés dans une même cuve, attouchements et caresses, lits enfin où reposent des couples enlacés. Pogge ironise en 1515 sur la « séparation » dans les bains de Bade « criblée de petites fenêtres qui permettent aux baigneurs et baigneuses de prendre ensemble des rafraîchissements et de se causer », alors que le promenoir qui la surmonte facilite toute rencontre[10]. Les officiers municipaux d'Avignon interdisent en 1441 l'entrée des étuves aux hommes mariés[11], celles-ci étant officiellement reconnues comme lieu de prostitution. Les étuves de Fontaine-le-Comte sont démolies en 1412, à cause des désordres commis par les « fillettes » pensionnaires de la maison[12]. L'allusion d'Eustache Deschamps est tout aussi claire :

> « Bruxelles adieu où les bains sont jolis
> Les étuves, les fillettes plaisantes[13]. »

Les échevins de Péronne affectent, quant à eux, une destination tout à fait précise à l'étuve de leur cité : « Il est fait commandement à toutes les filles publiques de se retirer dans le lieu à usage d'étuves pour elles édifié, et ne soient si osées ne hardies, coucher, ne tenir résidence hors le dit lieu si ce n'est de jour pour boire, manger honnestement et sans bruit, scandale ne confusion[14]. » Il s'agit ici d'un confinement, d'une exclusion.

Ce sont des réceptions toutes particulières qui se fêtent quelquefois dans les étuves. Philippe de Bourgogne loue un jour la maison de bains de Valenciennes avec des « filles de joie » pour mieux honorer l'ambassade anglaise venue lui rendre visite [15]. Dans plusieurs villes l'expression « aller s'étuver » a d'ailleurs un sens non équivoque. Le visiteur est accueilli par des hôtesses aguichantes et empressées « vivans en vilité et désordonnées en amour », souvent de pauvres filles venues de la campagne et « abandonnées de leur corps [16] ».

Transgressions

C'est que l'histoire des étuves touche à une autre histoire encore : celle du temps ludique et festif, celle des plaisirs et du jeu. Dans ce cas, c'est aussi d'illégalisme et de transgression dont il ne peut manquer d'être question.

Durant les étapes de son voyage dans les anciens Pays-Bas, au tout début du XVIᵉ siècle, et alors même que ces lieux disparaissent, Dürer relève chacune de ses dépenses, denier après denier. Or, il associe rigoureusement celles de la taverne, du bain et du jeu. Ce sont les mêmes : « Aix-la-Chapelle, dépensé au bain avec des camarades : 5 deniers. J'ai dépensé 5 pfennigs d'argent à l'auberge et au bain avec des camarades. J'ai perdu au jeu 7 deniers [17]. » Il s'agit d'une pratique ludique aux voisinages plus ou moins transgressifs. Le bain est assujetti à une sociabilité festive, avec ses distractions, ses dissipations et peut-être ses excès. Ce que les procès autour de tels établissements montrent d'ailleurs très bien.

Lorsque le 29 août 1466, Jehannotte Saignant, maîtresse d'étuves, est placée sur une claie avant d'être enveloppée d'un sac et noyée dans les eaux de l'Ouche par le bourreau de Dijon, ses crimes sont variés sans être toujours accablants. Turbulence autour de son négoce tout d'abord : elle aurait favorisé l'effraction, par un de ses clients, du logis de M. de Molène, secrétaire du duc de Bourgogne. L'agression visait la femme de celui-ci et n'a jamais été clairement établie. Prostitution illicite ensuite : l'étuve de Jehannotte était pourvue « de jeunes chambellières de haute gresse très complaisantes et bien induites [18] » au service de la maison. Empoisonnement enfin : la maîtresse d'étuves aurait usé d'une herbe « particulière » pour préparer le vin et le repas d'une cliente à laquelle elle « voulait lors mal ». Le résultat fut « tragique » pour la baigneuse : « Il semblait qu'elle était devenue folle [...] Laquelle fut depuis après, longuement, toujours jusqu'à sa mort malade, et finalement, sans depuis recouvrir santé, elle mourut [19]. »

Le procès a été long, difficile et les témoignages rarement clairs. La prostitution semble seule certaine. Si Jehannotte Saignant paie ses « crimes », elle paie aussi la réputation dont sont entourées les étuves et leur commerce tapageur.

Lorsque en 1479, par exemple, comptabilisant les violences dans les étuves de Gand, Des Pars relève 1 400 crimes et blessures en l'espace de dix mois, il définit une réalité et il la construit aussi [20]. Ce n'est pas tellement le chiffre en lui-même qui est important, c'est son calcul. Le simple fait de l'effectuer révèle un regard sur l'étuve et la vie qui l'anime. En localisant une violence, un tel recensement la distingue et tente implicitement de l'expliquer. C'est celle des espaces de licence, celle des « écarts », celle précisément que les mœurs policées et le processus de civilisation cherchent à cantonner. Comme si certaines spontanéités, certaines impulsivités, jusque-là vaguement intégrées ou même jugées normales, étaient maintenant vécues comme autant d'excès. Plus qu'ailleurs voisinent sans doute ici les comportements « mal » dominés, les gestes abrupts, les activités « trop » impulsives, toutes ces « paroles contentieuses » enfin, poussant à « socquer le couteau [21] » que rapportent, au xve siècle, les procès nés autour des étuves.

Lieux de plaisir, celles-ci focalisent une turbulence urbaine : ce qui est reproché à Jehannotte Saignant, c'est aussi le climat d'agitation, voire de débordement, qui entoure son négoce : « On oyait crier, hutiner, saulter tellement qu'on était étonné que les voisins le souffrissent, la justice le dissimulât et la terre le supportât [22]. » La motivation des baigneurs, celle des rencontres, des réjouissances et des festins, entretient une complicité avec la transgression. Comme si les « libertés » instinctuelles que les étuves semblent autoriser permettaient, précisément, le refus d'interdits multiples. Les « mélanges » provoquent l'image de désordres latents, de violences possibles. La place accordée au désir, favoriserait un illégalisme, réel ou imaginaire. Les étuves sont lentement et de plus en plus perçues comme autant de lieux d'instabilité. Alors que la ville se structure, au xve siècle, différenciant le centre et les faubourgs, quadrillant certains de ses quartiers, entreprenant une amorce de contrôle sur ses marges, de telles institutions inquiètent par l'exemple toujours présent de sociabilités confuses, ou tout simplement délinquantes. Elles autoriseraient une licence en définitive mal résorbée, qui perturbe plus qu'elle n'équilibre, qui corrompt plus qu'elle ne protège. Lieux de dissipation, elles sont vécues comme occasions de troubles toujours moins tolérés. Ce mode de perception et la réalité dont elle procède pèseront nécessairement sur l'existence des étuves elles-mêmes. Au tout début du xve siècle déjà, celles-ci sont interdites dans la cité de Londres et ses faubourgs. L'ordonnance prise par Henry V, en 1411, évoque « les blessures, abominations, dommages, troubles, meurtres, homicides, larcins et autres nuisances » dont sont cause « les hommes et femmes de mauvaise vie fréquentant les étuves de la cité et des faubourgs[23] ». Nombre de fermetures ont de telles origines pénales : rixes, morts suspectes ou « agitations » diverses. Pierre Melin perd ses étuves à Aix pour y avoir fait commettre un meurtre par son valet en 1478[24]. Les dernières étuves de Dijon sont supprimées en 1556 par la Chambre de la ville : Étienne Boulé est condamné à abattre ses fourneaux. La population elle-même semble avoir pesé dans la décision. L'ordonnance tient compte des « clameurs, plaintes, doléances de mauvais et scandaleux train qu'on y faisait, et de ce que plusieurs servantes étaient débauchées et attirées à mal faire[25] ». L'interdiction enfin, par les États généraux d'Orléans en 1566, de toutes les maisons de prostitution du royaume accélère la disparition des étuves qui, pour beaucoup d'entre elles, sont atteintes par une telle loi. L' « Ostel de la folle largesse », devient, au xvie siècle, une institution lentement rejetée par le tissu urbain. L'agitation qu'elle met en jeu est mal supportée. L'activité et l'empressement de sa clientèle ne sont maintenant que désordre et perturbation.

L'aventure des étuves passe donc par un affrontement avec la loi. Elle alimente une chronique des transgressions. De tels lieux ne sont pas équivalents aux établissements hygiéniques qui, bien plus tard, inaugureront des disciplines et renforceront des normes. Elles appartiennent d'abord au monde du plaisir, avec ses voisinages et ses « outrances » que restitue prosaïquement un dicton d'étuvistes allemands du xve siècle : « De l'eau au-dehors, du vin au-dedans, soyons joyeux [26]. » Non pas opposition directe aux pulsions donc, ce qu'une extension du territoire de l'hygiène aurait impliqué, mais complicité au contraire avec le monde pulsionnel lui-même. L'eau est donnée comme un surplus de jouissance. Elle ajoute au sentiment de dérèglement. Les baigneurs en font un élément de leurs jeux. Dans le long conflit que la culture oppose au désir, les étuves ne servent pas l' « ordre ». Elles ne jouent ni le rôle des préceptes de civilités ni celui des préceptes d'hygiène. Ce qui ne veut pas dire que tout lavage y soit absent. Mais celui-ci reste très peu évoqué, l'essentiel étant la pratique festive dont il n'est qu'un des éléments secondaires.

Le rejet est lié à un lent renforcement des normes sociales et urbaines. L'Église ne fait d'ailleurs que les traduire en désignant, au même moment, « le métier d'étuveur, infâme, tout comme celui de bordeau [27] ». Les prédicateurs ont multiplié, dès le xve siècle, les apostrophes violentes. Plus que leur moralisme, c'est surtout le rapprochement entre les étuves et d'autres établissements qui est intéressant dans leurs sermons. Ainsi se délimitent des voisinages « dangereux » : « Vous, messieurs les bourgeois, ne donnez pas à vos fils la liberté et de l'argent pour aller au lupanar, aux étuves et aux tavernes [28]. » Mais ce n'est pas la seule parole du prêtre qui explique directement la disparition des étuves. Les enjeux ont touché, à l'évidence, le fonctionnement social lui-même.

Les facteurs ayant un rôle dans une telle disparition ont donc au moins une double logique : intolérance progressive de l'environnement humain envers un lieu perçu comme turbulent, violent et corrupteur, et crainte d'une fragilité du corps passant par un imaginaire des ouvertures et des flux dangereux. La peste a pu avoir d'autant plus d'impact qu'elle touchait à une pratique instable et déjà contestée.

Le « surplus des biens de Dieu »

Reste la pratique privée, dont la turbulence ne peut être équivalente à celle des étuves. Son public est rare et privilégié. Les rixes et les couteaux ne sauraient, à l'évidence, avoir ici la même présence et le rapport avec la délinquance urbaine la même intensité. Il s'agit d'un bain « retiré » dans les maisons et les hôtels nobles, dont il est difficile de penser l'aspect « perturbateur ». Il ne pose ni le problème légal des étuves ni leur problème social. Sa disparition doit davantage à l'imaginaire de l'eau et aux représentations du corps. La crainte des organismes traversés a sans doute ici plus de poids. Toute autre explication pourrait être artificielle. Comme la pratique précédente, pourtant, celle-ci naît essentiellement du comportement festif. Elle appartient au même principe de débordement et de plaisir. Comme elle, son contexte est celui des réjouissances, avant d'être celui de l'hygiène. A son tour enfin, plus vouée au désir qu'à la loi, son entreprise conserve quelque « fragilité ». Un tel statut pouvait amorcer les conditions de son abandon.

Plus qu'ailleurs, son exemple permet d'engager des comparaisons. Il permet de confronter dans le temps des scènes apparemment semblables, ayant le même cadre et le même décor : mesurer ce qui s'est effacé en mesurant aussi ce qui s'y est substitué. La confrontation terme à terme de ces scènes privées, séparées seulement par la longue durée, peut suggérer une fois encore que cet ancien usage de l'eau ne sous-tend pas directement le geste hygiénique. Deux exemples peuvent introduire la comparaison et souligner les différences.

Dans la première des *Cent Nouvelles nouvelles,* écrites en 1450 pour Philippe le Bon, le receveur du Haynau, touché par la beauté d'une voisine valenciennoise, tente de la séduire. La stratégie du personnage passe par une série d'invitations et de fêtes auxquelles le mari de celle-ci est d'abord invité seul. Le receveur tient à s'en faire un ami proche : « Et tant qu'il put, de disners, de soupers, de banquets de baings et d'estuves et autres passe temps, en son hostel et ailleurs ne feissent jamais sans sa compagnie [29]. » La séduction de la jeune femme viendra en son temps. Entrevues furtives, persuasion subtile, l'homme est adroit et pressant. Il est écouté et compris. La jeune femme consent. Encore faut-il aménager de discrètes rencontres. Histoire banale sans doute, mais le cadre de ces rencontres donne, à lui seul, le sens du bain. Lorsqu'un voyage du mari de « ladite gouge » permet au notable de la recevoir seule chez lui, « il fist tantost tirer les baings, chauffer les estuves, porter tartes et ypocras, et le surplus des biens de Dieu [30] ». Les réjouissances se prolongent : « Après ce que en la chambre furent descendus, tantost se boutèrent au baing devant lequel le beau souper fut en hoste couvert et servi [31]. » Le bain est bien une scène de réjouissance sociale : agapes où les convives mangent, se divertissent. C'est aussi, dans le cas présent, une scène d'échanges amoureux, un préalable érotique. L'eau permet de mieux jouir des sens. Avec ce notable du xve siècle, une telle pratique côtoie l'art de l'hospitalité, celui de la distraction et, à la limite, de la sensualité. Ces fêtes publiques ou secrètes confirment que l'eau est exploitée d'abord comme un plaisir. Elle est chaleur et communication plus ou moins sensuelle.

Les scènes susceptibles de quelque correspondance avec celle-ci dans les contes, les nouvelles ou même les mémoires du xviie siècle sont, sur quelques points essentiels, totalement différentes. Elles révèlent au moins ce qui a changé. Lorsque, dans ses aventures libertines, l'abbé Choisy, déguisé en femme, promet de partager le sommeil de quelque protégée, la plupart des repères sont inversés. L'eau est totalement absente. La propreté est présente : « J'avais chez moi une vieille demoiselle qui avait été à ma mère et à qui je payais une pension de cent écus ; je la fis venir. — Mademoiselle, lui dis-je, voilà une fille qu'on veut me donner pour femme de chambre, mais je veux savoir auparavant si elle est bien propre. Examinez-la de la tête jusques aux pieds. Elle n'en fit pas à deux fois et mit la petite fille nue comme la main [...] [32]. » Bien sûr, la propreté requise signifie aussi, pour Choisy, l'absence de maladie secrète. Le mot a un sens « social » et « médical » à la fois. La méfiance de l'abbé s'alourdit enfin de la distance qui sépare l'aristocrate de l'apprentie lingère. Elle ne manque pas, à l'occasion, d'un certain cynisme. Reste un souci pourtant plus spécifique : un témoin atteste la « propreté » du corps préalablement dénudé. Les gestes qui suivent ont encore un sens : « Je me mis à ma toilette et fus bientôt couchée ; j'avais bien envie d'embrasser le petit bouchon [33]. » La propreté, la toilette ne passent, en aucun cas, par le bain, ou même simplement le lavage. L'eau n'a ici aucune place alors qu'une propreté est pourtant évoquée et travaillée.

Chaque scène, du notable paillard à l'abbé libertin, possède ce qui manque à l'autre. Les deux situations sont même extrêmes dans leurs différences. Au XVe siècle, le receveur du Haynau se baigne pour donner plus d'intensité à ses fêtes et à ses plaisirs. L'aventurier du XVIIe siècle, futur académicien et grand seigneur pourtant, ne peut imaginer une scène de bain, alors qu'il s'attarde à de longues séances où ses amies et lui-même se coiffent, s'habillent, calculent avec attention l'emplacement de leurs mouches et de leurs bijoux. Un usage de l'eau s'efface, des normes de netteté et de soins grandissent.

Encore faut-il ne pas penser le bain avec les attentions d'aujourd'hui, et penser au contraire la propreté en dehors de toute ablution : reconnaître une propreté corporelle qui n'aurait plus aujourd'hui ce nom ; recenser un ensemble d'objets dont la propreté a longtemps valu pour celle du corps, tout en excluant le lavage de celui-ci : espaces, linges, habits, accessoires divers, etc. Il faut retrouver le corps là où il n'est plus.

DEUXIÈME PARTIE

Le linge qui lave

1

Ce qui recouvre et ce qui se voit

Platter, écolier sans fortune du milieu du xve siècle, décrit les tentatives pour se débarrasser de la vermine qui le recouvre. Il mentionne son retour comme celui d'une compagne inévitable. Le geste de défense auquel il va recourir est élémentaire, mais il est suffisamment important pour concerner, sous des modalités diverses, un moment capital de la propreté ancienne : « On ne peut se faire une idée de la quantité de vermine dont étaient couverts les écoliers, grands et petits, ainsi qu'une partie du bas peuple [...]. Souvent, et particulièrement en été, j'allais laver ma chemise au bord de l'Oder ; je la suspendais ensuite à une branche et, pendant qu'elle séchait, je nettoyais mon habit, je creusais un trou, j'y jetais un monceau de vermine, la recouvrais de terre et plantais une croix dessus [1]. » L'acte est significatif : Platter ignore tout lavage du corps ; il s'agit seulement de laver le linge. Mais, la encore, le témoignage demeure précieux : Platter, selon toute apparence, ne possède qu'une chemise. C'est lui qui la lave à la rivière, plus ou moins régulièrement, cherchant à détruire des parasites qui ne s'éloignent pas.

La propreté personnelle est symbolisée par celle du linge. L'attention va aux enveloppes qui recouvrent la peau. Le geste de Platter est, bien sûr, marqué par la pauvreté de l'écolier, mais cette pauvreté ne suffit pas à le faire comprendre. Ce geste évoque des repères archaïques de la propreté. Son « dénue-ment » n'est pas qu'un dénuement social. La vermine et l'usage « restreint » du linge sont des lots assez communs peu de temps encore avant la naissance de Platter. Et l'équivalence entre changement de vêtement et propreté, excluant le lavage du corps, traverse quoi qu'il en soit la longue durée.

Vermines

La défense contre la vermine introduit aussi à un monde qui a précédé celui de Platter. A Montaillou, au XIVe siècle, l'épouillage est constant, signe de tendresse, signe de déférence : dans le lit, au coin du feu, les maîtresses épouillent leurs amants avec application ; les servantes épouillent leurs maîtres ; les filles épouillent leur mère et les belles-mères leurs futurs gendres. Certaines femmes, au tour de main plus « affûté », en font même une profession : On s'installe l'été, au soleil, sur les « toits plats des maisons basses[2] » en se livrant aux mains d'épouilleuses professionnelles, tout en papotant. Cette vermine, à la fin du Moyen Âge, accompagne encore le quotidien d'une population dans sa plus large part. Sa présence est rappelée à la moindre occasion. La première méthode qu'envisageait, au XVe siècle, *le Ménagier de Paris,* pour l'écarter ou la supprimer, était de serrer si fort dans les coffres, les couvertures, linges et habits « que les puces soient sans jour et sans air et tenues à étroit, ainsi périront et mourront sur l'heure[3] ». La description ou la simple évocation de tels insectes est familière au XVe siècle, confirmant au moins l'étendue de leur présence : « La puce blesse ceux qui veulent dormir et n'épargne nul, ne roi, ne pape [...]. La puce n'est pas facile à prendre parce qu'elle saute légèrement et quand il doit pleuvoir elle mord aigrement[4]. » La rédaction même des règles de courtoisie, toujours au XVe siècle, dictées entre autres aux enfants nobles, accepte la vermine comme un horizon « naturel ». Tout au plus faut-il éviter de rendre son existence trop ostensible. Mais elle se voit ; elle est là, au bout des doigts, proche et quotidienne à la fois : « Il est malséant et peu honnête de soi gratter la teste à table et prendre au col ou au dos, pouls et puces ou autre vermine et la tuer devant les gens[5]. » Au tout début du XVIe siècle encore, un envoyé du duc de Ferrare logeant au château de Fontainebleau,

dont la première construction venait de s'achever, ironise sur les
« puces, poux, punaises et certaines mouches qui ne l'ont
aucunement laissé reposer » jusqu'à s'étonner complaisamment
« de ce que Dieu s'était amusé à créer tels animaux inutiles[6] ».
Pour s'en défendre, il y a bien comme avec Platter le changement de vêtement, ou au moins le fait d'entretenir celui-ci
« nettement ». C'est ce que répètent les textes de courtoisie
depuis le Moyen Âge. L'insistance est brève et générale. La
pratique existe sans indication précise ni circonstanciée. L'habit
doit ici surtout être honnête et décent. La surface de cet habit
retient en fait l'essentiel du regard.

Mais ce sont les textes expliquant la présence de la vermine,
ceux qui tentent d'en décrire l'apparition et le foisonnement,
qui illustrent le mieux le lien encore très lâche qu'elle est
supposée entretenir avec la propreté du corps. Le discours des
hygiénistes, par exemple, n'imagine dans la prolifération de
cette faune parasitaire qu'un excès d'humeurs corporelles. Poux
et puces naissent de transpirations mal maîtrisées. Ce sont les
substances humaines dégradées qui leur donnent vie. A l'inverse, réduire les humeurs aiderait à supprimer une telle
prolifération. Une longue tradition, jusqu'au XVIIe siècle, travaille sur des causes dont le rapport avec la propreté corporelle
est très rarement explicite. C'est de l' « intérieur » que sont
sécrétés animalcules et démangeaisons, génération spontanée
issue d'un invisible mélange de matières : « Les causes de la
gale [des enfants] sont doubles, car elle est engendrée par les
reliques des mois de purgation des femmes, ou par le lait de la
nourrice qui est de mauvaise qualité, lequel se corrompt
facilement dedans l'estomac de l'enfant et ne peut être transformé en bon chyle[7]. » La lutte contre la gale enfantine a donc
pour premier objet le lait de la nourrice : « soigner », c'est
changer de nourrice ou changer l'alimentation de celle-ci.

Ces vies rampantes ne peuvent naître que du corps. Elles
« sortent » de la peau comme certains vers semblent émerger de
chairs en décomposition. L'image est simplement transposée.
Leur présence indique un dérèglement intérieur, une dégradation de substances obscures. La présence de la mort déjà, son

travail secret peut-être, ou son signe, sa morsure en tout cas sur les chairs vives. Aucune relation ici avec l'entretien de la peau. La propreté n'est pas évoquée. Comme si elle n'avait ni épaisseur ni enjeu. Dans ce cadre, elle n'a pas d'existence. Elle n'a pas de statut sanitaire. La focalisation est ailleurs. Les croûtes qui se propagent, les écoulements séreux, les fécondations parasitaires ne suscitent pas de mise en rapport direct avec le nettoiement. Ils traduisent esssentiellement un « état » du corps. Supprimer ces « troubles », c'est donc d'abord viser les mécanismes internes. Pendant des siècles, l'explication ne varie pas : celle de Mauriceau, chirurgien accoucheur des bourgeoises parisiennes, au xviiᵉ siècle, est la même que celle de Guy de Chauliac, chirurgien des papes avignonnais au xivᵉ siècle. Poux et cirons ne naissent-ils pas, pour ce dernier aussi, des « humeurs corrompues [8] », et les enfants n'en sont-ils pas d'autant plus victimes qu'ils sont débordants d'humeurs ?

Ce choix théorique des désordres organiques révèle au moins que le lien entre vermine et propreté est loin des évidences qu'il aura plus tard. C'est même l'ensemble d'un contexte pathologique qui est concerné. Comme si les regards ne pouvaient s'arrêter sur un objet bientôt évident. Comme si une relation, bientôt transparente, n'apparaissait pas : « Ces pustules sales, ces croûtes et ces ulcères qui gâtent le corps et particulièrement le visage et la tête des petits enfants, connues sous le nom de crusta lacta, d'acchorée et de vignes, dont les auteurs ne donnent que des descriptions des différences accidentelles, viennent à mon avis d'une lymphe qui pêche en acide plus ou moins visqueux [9]. » Dans la défense contre les invasions grouillantes et les atteintes de la peau, la tradition savante privilégie surtout un moyen : limitation et contrôle des humeurs.

Ce moyen correspond du reste aux innombrables régimes composant le fondement des traités d'hygiène jusqu'au xviiᵉ siècle : surveiller la nourriture, parce que d'elle dépend tout ce qui concerne le corps. Déterminant les humeurs et leurs qualités, sa composition détermine ce qui est sain. Varier celle-ci, c'est agir encore sur les parasites en jouant sur leur source : « Les corps cacochymes qui ont abondance d'humeurs acreuses ont volontiers beaucoup de telles bêtes. Par quoi, pour bien guérir les démangeaisons qui en procèdent, il faudrait purger telle caco-chymie par médicaments à ce propices [10]. » Purger, mais aussi contrôler. Il faut éviter les aliments dont la décomposition accumule l'acide et le visqueux et tous ceux qui risquent d'accroître la transpiration. Seule l'alchimie intérieure de l'orga-nisme peut arrêter le développement de ces vies parasitaires. Il faut éviter encore les nourritures trop « humides », celles dont la digestion est trop lente ou difficile. Est-il étonnant par exemple, au XVIe siècle, que les cellules des chartreux ne soient pas envahies de punaises ? Celles de leurs domestiques le sont bien... Sans doute est-ce, pour Cardan, parce que les chartreux savent s'abstenir de viande [11]. Une cellule sans vermine devient, encore au XVIe siècle, un cas digne d'attention, que les « humeurs » monacales expliqueraient en premier lieu. De telles précautions conduisent à un critère empirique de subs-tances épurées, qu'un des premiers traités sur l'art de « la beauté corporelle » traduit, au XVIIe siècle, en termes familiers : « La manière de vivre est très requise en cette maladie [la mauvaise teigne], on ne doit user que de viandes qui engendrent bon suc [...] [12]. » Ces textes ne veulent même pas dire que la nourriture doive être envisagée de façon tatillonne. Au moins disent-ils seulement que la nourriture est largement responsable de la vermine.

Une telle tradition touche aux premières phases d'une histoire : elle correspond pour nous à un temps de cécité et d'insensibilité. En illustrant des perceptions qui ne peuvent être les nôtres, cette distance nous confronte au plus lointain, réveillant à la limite une gêne, comme si le seuil du tolérable était dépassé. Suggérant des représentations totalement oubliées, elles suggèrent surtout une profonde transformation de sensibilité. Car c'est bien la sensibilité — voire l'affect — qui semble concernée ici, autant et peut-être plus que la « raison » hygiénique. Dans cette histoire primitive, un vaste ensemble de relations jugées plus tard « élémentaires » n'ont pas cours, entre malpropreté et maladie, en particulier ; mais, plus large-ment, n'ont pas cours des perceptions devenues aujourd'hui totalement inconscientes. Semblent vacants des repérages corporels qui sont pour nous évidents.

Le « silence » de ces textes ne permet pourtant pas de conclure à une absence de toute propreté corporelle. Celle-ci existe, mais « autrement » que celle d'aujourd'hui, référée à d'autres règles. Il n'y a pas à cet égard de « point zéro ». Il ne saurait y avoir de zone totalement aveugle. Le processus de civilisation, auquel le geste de propreté appartient, n'est pas fait de commencement absolu. Encore faut-il, afin d'atteindre les formes archaïques de ce même geste et l'évolution de ses seuils successifs, abandonner les repères qui sont les nôtres.

Le visage et les mains

Sur un thème au moins, ces premiers traités de santé indiquent au Moyen Âge les critères « anciens » de la propreté du corps : le lavage des mains et du visage. Entretenir la netteté de ce qui se voit, effacer la crasse des parties visibles. Les nombreuses traductions des traités médicaux antiques, longtemps dominantes, le répètent jusqu'à la versification classique :

> « Ta main soit au matin d'eau fraîche bien lavée
> Et toute moîte encore sur tes yeux élevée [13]. »

Quelquefois aussi, un rapprochement analogique entre l'eau et le milieu humide de l'œil conforte l'initiative du lavage : l'eau, dit le médecin, aiguise la vue, surtout lorsqu'elle est fraîche. Comme s'il y avait une identité de substance et une correspondance mécanique. Avant que ne s'impose, dès le XVIe siècle, la peur d'une eau qui s'infiltre et corrompt, la remarque entretient un rapport hâtif, mais particulier, avec la santé : « Lave tes mains et ta face d'eau venant d'être puisée et d'eau la plus froide que tu pourras trouver, car telle laution rend bonne vue, claire et aiguë [14]. » Cette remarque sur l'acuité de l'œil demeure néanmoins allusive, accessoire, en tout cas bien plus esquissée qu'approfondie. Le lavage du visage même n'est pas toujours rappelé, et semble moins présent que celui des mains. Une fois encore, l'idée n'est pas celle d'une santé menacée.

Rien d'exigeant sur ce point. L'enjeu des mains propres et du visage lisse n'est pas « sanitaire ». L'obligation, faite sans détour ni commentaire, est morale. Son objet est la décence avant d'être l'hygiène. Le précepte appartient plus à la tradition du clerc qu'à celle du médecin. Dans ce cas, la littérature savante ne peut évidemment restituer les ancrages profonds de la propreté et leurs formes primitives. Les repères les plus anciens sont ceux du savoir-vivre avant d'être ceux de la santé : c'est bien l'apparence qui l'emporte. Avec eux, le corps est « traité » par ses enveloppes les plus extérieures. La « figure » qu'ils composent correspond assez bien aux systématisations de la sociabilité courtoise, au Moyen Âge : travail sur l'apparence, dans lequel l'allusion toujours rapide à la propreté relève de la convenance et balaie le seul champ du regard.

Ces pratiques et savoir-vivre du Moyen Âge ne constituent évidemment pas eux-mêmes une origine. Ils ne sont pas le « commencement » de la propreté du corps. Mais leur intérêt est double : les normes de propreté y font système et elles sont les ancêtres des nôtres, tout en fonctionnant très différemment. Elles peuvent constituer à cet égard un exemple suffisamment important pour être choisi ici comme une première figure.

Le lavage des mains, et du visage donc, fait partie des règles enseignées aux pages dans les cours seigneuriales. Il s'agit d'un code de société. Il est indiqué comme tel, précepte laconique et directif. Le geste est d'autant moins explicité d'ailleurs qu'il relève des mœurs. Aucun commentaire sinon que le comportement contraire ne serait pas « honnête ». A. de La Sale ne dit pas autre chose au xve siècle en recommandant à Jehan de Saintré de ne pas servir son seigneur avec des mains sales, « car en tous les offices de servir à table le vôtre le requiert [15] ». La cour seigneuriale, focalisant une vie sociale quelque peu cérémonieuse, ne pouvait d'ailleurs que renforcer des codifications. Elle ne pouvait que donner une dynamique nouvelle aux pratiques de « décence ». Cette propreté immédiatement visible, s'associant à des remarques anciennes de retenue et de respect, est apprise en définitive comme un code indiscuté :

« Enfant d'honneur lave tes mains
A ton lever, à ton dîner
Et puis au souper sans finer [16]. »

Donner de l' « eau aux mains » d'une personne est un signe de politesse et d'amitié. Le geste revient dans les romans courtois, comme dans les règlements de plusieurs institutions religieuses. Marque d'attention et d'hospitalité :

« L'eau lui donnant à ses mains
Et la touaille à essuyer
Puis lui apportent à manger [17]. »

Mais aussi comportement quotidien et réglé. Les sœurs de l'Hôtel-Dieu de Vernon doivent, au XIIIe siècle, « passer au lavoir » avant de se « rassembler au réfectoire » [18]. Une cloche spéciale même appelle les moines du Bec à l'*ablutorium* où ils lavent leurs mains avant les repas (*sonare ad manus lavandas* [19]). La règle de saint Benoît enfin, en évoquant l'entretien des objets de la communauté, cite « les linges avec lesquels les frères essuient leurs mains et leurs pieds [20] ».

L'allusion répétée au lavement des mains, la fréquence du « bassin à laver mains » dans les riches inventaires du Moyen Âge donnent au geste une dimension quasi rituelle, au moins pour les maisons nobles : quatre « bassins d'argent à laver mains » par exemple, chez Guy, comte de Flandres en 1305 [21] ; deux « bassins à laver sur table » servant au même usage, un siècle plus tard, chez Clément de Fouquembert, chanoine de Notre-Dame [22] ; un seul chez l'usurier rouennais Jéhen Baillot, au milieu du XIVe siècle [23], alors que l'inventaire royal en compte, au même moment, une dizaine, dont deux « en émail de roses semé de petits écussons de France sur les bords [24] ». Les objets royaux ajoutent, quant à eux, un ou deux bassins à laver la tête ou à laver les pieds. Ce qui prouve une diversification possible du rôle de tels objets. La quasi-totalité des inventaires se limite toutefois au bassin à laver les mains. Ce dernier geste est dominant au point de paraître quelquefois exclusif, lorsque est évoquée la conduite du lever par exemple, la toilette matinale se limitant à jeter de l'eau sur les mains :

> « De mon lit tantôt me levai
> Chouçai moi et mes mains lavai [25]. »

Les surfaces lavées sont « restreintes », mais surtout la propreté ancienne affleurant dans ces pratiques peu commentées est d'abord sociale : un art de la convenance limité aux parties visibles de la peau (avant tout les mains). C'est cette double limitation à la « décence » et aux « parties » qui fait sa spécificité.

Le linge et l'invisible

L'ensemble du corps n'est pas vraiment concerné, enfermé dans un habit sur lequel porte l'essentiel du regard. Le statut de cet habit est d'ailleurs à son tour d'autant plus important qu'il permet de mieux comprendre celui des propretés. C'est le rôle précis de celui-ci dans une stratégie des convenances qui fait comprendre à quel point l'attention ne quitte pas le visible ; mais, dans ce cas encore, la propreté ne s'impose pas clairement. Citée rapidement dans des textes de courtoisie, elle ne l'est plus, par exemple, dans les règlements des institutions. Ceux des collèges, en particulier, où l'habit doit d'abord être honnête (*vestes honestas*) : ni trop long ni trop court pour respecter la décence. La forme et la couleur seules sont retenues. Ce qui valorise et importe, c'est la silhouette : « qu'ils ne portent point de vêtements qui les fassent remarquer, coupés court ou trop ajustés, ni des souliers découpés ou lacés. Mais qu'ils aient un extérieur honnête et décent [26] ». Les règlements des hôpitaux, à leur tour, qui insistent sur la robe bien close (*clausam*) et quelquefois sur sa couleur grise ou foncée [27]. L'habit c'est une ligne. Elle compte, en tout premier lieu et presque uniquement.

Mais l'habit, c'est aussi une structure, un agencement entre les tissus de dessus et ceux de dessous, par exemple, une

57

architecture entre les matières. A cet égard, l'habit du Moyen
Âge commence à comporter des pièces de linge opposées au
drap de la robe (la laine). Or, c'est précisément dans ce jeu
entre les niveaux différents que pourrait s'introduire une
propreté corporelle : celle du changement de linge par exemple.

Depuis le XIIIe siècle, la chemise a restructuré l'habit,
opposant les tissus fins, encore cachés, aux tissus de drap qui les
recouvrent. La chemise ne se voit pas mais avec elle le costume
s'étage dans ses surfaces et dans ses matières : du plus léger au
plus lourd, du plus intime au plus visible. La pièce est maniable,
doublure souple entre la laine et la peau. Une enluminure,
accompagnant la traduction française du *Décaméron,* en 1430,
illustre clairement les deux niveaux du vêtement[28]. Un aigrefin
armé d'une longue faucille dépouille sa victime au bord d'un
chemin creux. Le coquin est même suffisamment avide pour
laisser sa proie en chemise : une fois l'habit ôté, le linge blanc
flotte jusqu'à mi-cuisses. Le contraste est évident : aucune
portion de ce linge n'émerge de l'habit. Les témoins de la scène
en sont eux-mêmes la preuve : seule apparaît la robe enveloppant l'ensemble et n'offrant au regard que ses plages de couleur.

Dans le quotidien, le linge demeure caché. Mais tout est en
place pour qu'il serve, à travers son rythme de renouvellement
par exemple, une image de la propreté. Or, ce jeu ne semble pas
s'amorcer ; en tout cas, il n'est jamais, à ce même moment,
clairement défini. Une succession d'épisodes d'un lai de Marie
de France, au XIIIe siècle, met au premier plan la chemise du
héros, comme s'il était banal qu'il n'en change pas. L'histoire
n'a même de sens qu'à cette condition. Objet unique, reconnais-
sable à ses marques et à ses signes inscrits sur elle par d'autres
personnages, cette chemise l'accompagne tout naturellement
dans le temps et l'espace, collée à sa chair. Il voyage, traverse
les mers, revient en Bretagne, la même pièce de linge demeure
l'objet, toujours identifiable, en toute simplicité et en toute
évidence. La Dame, longtemps éloignée, y retrouve le pli
qu'elle y avait placé[29]. Le signe lui-même ne devient pensable
que parce que cette chemise est bien la seule qu'a portée le
héros. A Montaillou, au début du XIVe siècle, Pierre Maury

change, quant à lui, quelquefois de chemise. Il le fait de loin en loin. L'épisode est suffisamment rare et marquant pour que Pierre le note au passage, en parlant de tout autre chose, lors d'un procès en inquisition [30].

Les comptes des grandes fortunes éclairent à leur tour ce statut encore ambigu du linge. Sur les dépenses d'Étienne de La Fontaine, argentier du roi, sont portées une douzaine de robes entre 1351 et 1352. Leurs matières, faites pour l'œil, cumulent les draps marbrés ou d'écarlate, les garnements fourrés, les doublures précieuses. La fourrure de menu-vair, en particulier, tirée du ventre des écureuils, imposant le soyeux des cols et des manches, est le critère essentiel de l'éclat. Le corps du roi est totalement enveloppé par des matières qui doivent avant tout associer lourdeur opulente et variété de couleurs. C'est le drap de laine, minutieusement fourré, qui symbolise le faste royal. La robe que porte Jean le Bon le jour de l'Ascension en 1351 est « un marbré dosien de Bruxelles », composé de quatre garnements et fourré de menu-vair [31]. Dans le même temps, le compte réservé aux frais de linge (la chanevacerie) enregistre des dépenses pour la chapelle ou pour les coiffes du roi, alors que n'apparaissent ni confection ni achat de chemise. Le plus souvent invisible, celle-ci ne peut franchir le statut d'objet peu évoqué et, sans doute, peu manipulé.

Les comptes de Guillaume de Murol, noble Auvergnat du début du xve siècle, le confirment à leur manière. Ils permettent de distinguer les achats de houppelandes, de robes ou de chausses, et beaucoup plus difficilement les achats de linge. Ceux-ci existent pourtant, mais leur destination n'est pas clairement précisée, ni leur quantité. La mention d'une toile payée deux francs en 1407, dont la dénomination même se distingue des laines réservées au vêtement « de dessus », n'est accompagnée d'aucune indication sur sa confection future. Aucun repère ne permet de dire qui portera, et pendant combien de temps, le linge qui en sera fait [32].

Non pas que cet habit « de corps » soit systématiquement méprisé ou ignoré, bien au contraire. La qualité de l'étoffe achetée respecte souvent la distinction sociale : « l'aune de toile

de Reims[33] », fine et coûteuse, dont est faite la chemise de
Mme de Rochefort, noble Forézienne du début du xvᵉ siècle,
n'est pas la même que la toile achetée pour le linge des
domestiques. De l'une à l'autre, la valeur passe de 5 à 1[34]. De
même, la cotte (équivalent possible de la chemise) que mentionne l'inventaire du château de Beaux, à la mort de la
comtesse d'Alevin en 1426, est suffisamment précieuse pour
mêler des fils d'or à son étoffe de toile. Mais elle semble bien la
seule pièce de linge, alors que, dans le même inventaire, se
multiplient les robes et les fourrures d'hermine[35]. Le linge
suppose un tissage fin, plus complexe que celui de la laine. Sa
production est plus coûteuse. Son matériau plus rare au Moyen
Âge. Nombre d'inventaires ne comportent pas, ou très peu, de
chemises : une seule par exemple chez le bourgeois parisien
Galeran le Breton en 1299[36], mais aucune chez la bourgeoise
provençale Alicia Bonefoy en 1400[37] ; une seule chez le
collégien parisien mort en 1348[38] ; une seule encore chez Jehan
de Viersville, artisan sans enfants, mort en 1364, dont la
succession revient par mainmorte au duc de Bourgogne[39].

On ne peut lier cette rareté au seul coût du produit. Ceux qui
possèdent du linge, des nappes très nombreuses en particulier,
n'ont que peu de linge de corps. Comme si cette dernière
possession ne semblait pas utile. L'inventaire de Jehanne de
Presles, femme du fondateur du collège de ce nom, comporte en
1347 plusieurs dizaines d'aunes de nappes et d'étoffes finement
ouvrées. Les toiles abondent. Certaines sont simplement entre-
posées, sans destination précise ; d'autres sont faites pour la
table ou pour les objets de la chambre. Seuls, par contre,
émergent de ce long inventaire deux doublets (autre équivalent
possible de la chemise) et deux cottes[40]. Le linge pour le corps
se recense à l'unité, même si rien n'interdit son « abondance ».
La richesse ne s'investit pas dans la multiplication d'un tel
vêtement, alors qu'elle s'investit dans celle des nappes dont la
matière est pourtant très proche, et qu'elle s'investit surtout
dans la lourdeur extérieure du vêtement. Dans ce monde noble
ou bourgeois, seule importe vraiment la chaleur colorée de
l'habit, que la fourrure semble d'ailleurs devoir le mieux

exprimer. On voit bien, dans ce cas précis, que ce n'est pas le manque de toile ou sa rareté qui limitent d'abord le nombre de chemises. C'est plutôt une tradition culturelle ; un mode particulier de rapport à l'habit : celui qui privilégie avant tout lignes formelles et surfaces. C'est sans doute aussi un mode de rapport à la peau : le changement fréquent ne s'impose pas encore. Certaines manifestations physiques, comme la transpiration par exemple, sont évoquées essentiellement dans le cadre thérapeutique et livrées au silence dans le cadre des propretés. Les normes sociales demeurent ici flottantes. Elles ne semblent ni fixées ni prescrites.

Ce qui ne signifie pas évidemment qu'il n'y ait aucun lavage ou changement de linge. C'est le rythme ou la réalisation de ces derniers qui ne sont jamais clairement mis en avant. Quelquefois évoqués, rarement précisés. Ils demeurent flous, comme peu importants. Leur enjeu s'efface largement devant le contour et la matière extérieure du vêtement. Les règles des communautés, explicites sur la fréquence de certains nettoiements, ne le sont plus sur celui des étoffes touchant à la peau, alors même qu'elles les mentionnent : « Il suffit à un moine d'avoir deux tuniques et deux coules pour en changer la nuit et pour les faire laver[41]. » Mais la régularité de ce lavage n'apparaît pas dans les règlements du Moyen Âge.

Au-delà de l'ascétisme que préconise ici saint Benoît, c'est la gestion du linge qui devient indicative durant cette période des cours seigneuriales et des puissantes communautés monacales. Le renouvellement de ce linge demeure « limité », même lorsque le luxe pourrait le multiplier. Les chemises des inventaires les plus riches ne dépassent guère les quelques unités. Pièce encore fonctionnelle de l'habit, la chemise en est le versant quasi nocturne. L'attention ne la néglige pas mais ne s'y attarde pas non plus. La focalisation essentielle de l'habit va à sa surface. C'est elle qui, non seulement retient le regard, mais le canalise. Richesse et décence sont les deux qualités dominantes. La présence de la peau, la représentation concrète du corps basculent largement face à l'enveloppe de laine et de fourrure. Comme si tout devait se reporter sur le visible. Matière et forme saturent les qualités possibles. C'est cette enveloppe qui ramasse le tout du corps.

A la fin du XVe siècle, encore, alors même que les repères deviennent lentement plus complexes, un épisode du roman de Jehan de Paris souligne l'importance longtemps centrale et spécifique de tels indices de surface.

Des Anglais conviés au mariage de l'infante d'Espagne sont venus de leur pays sans vêtements de rechange. De Londres à Madrid, les mêmes habits : ils ont navigué et chevauché de bout en bout avec leur robe d'apparat, leur chemise et leur houppe-lande. Ils ont suivi des chemins cahoteux, traversé de mauvaises rivières. Ils ont essuyé les orages, les pluies. Ils ont souffert aussi sous le soleil. A l'arrivée, leur mise est médiocre. Leur tenue, durant la cérémonie, suscite des comparaisons. Les Français se moquent de ces voyageurs sans malles ni coffres. Ils narguent leur incapacité à préserver toute garde-robe. Ils ridiculisent leur allure. Mais lorsqu'ils les décrivent, ils ne retiennent guère que leurs fourrures fatiguées et leurs ajustements déformés par les pluies. Aucune remarque sur leur possible inconfort physique ou même leur possible puanteur. La dévalorisation des Anglais tient à des motifs précis : leurs effets ont perdu en éclat, leurs robes manquent de couleur, leur maintien de prestance. L'iro-nie explicite des Français (et de l'auteur) ne touche pas au registre des propretés ou des sensations « intimes ». Les Anglais n'ont pas péché envers un code de la netteté corporelle, ils ont péché envers un code du cérémonial et de l'élégance : « Et si portent les Anglais leurs bonnes robes qu'ils ont fait faire pour leurs noces, car en leur pays n'étaient point nouvelles de porter malles ne mener bahuts, par quoi vous pouvez penser en quel état peuvent être leurs robes. Les unes étaient longues, les autres courtes, les autres fourrées de martres, de renards et de plusieurs autres fourrures qui s'étaient retraites par l'amour de l'eau, et le lendemain eussiez vu le drap qui flottait sur lesdites fourrures qui étaient gâtées et retraites[42]. »

Il y a bien une grossièreté à porter pendant plusieurs semaines les mêmes vêtements entre Londres et Madrid, mais d'abord parce que ceux-ci y perdent leur brillant. Ce sont eux qui se fanent. Ce sont eux, et eux seuls, que retient l'ironie des autres convives. La balourdise anglaise tient d'abord à l'oubli des « formes ». Seul, apparemment, compte l'état de l'habit : richesse de la trame, fraîcheur des fourrures, respect des lignes.

Cette absence de préoccupation sur la condition immédiate de la peau caractérise assez bien les pratiques du Moyen Âge. Un peu comme si l'existence du corps était déléguée à d'autres objets, ceux qui l'enveloppent ou qui l'entourent. Le thème de la propreté en est totalement orienté. Une telle « qualité » existe, mais centrée sur les parties corporelles visibles ou sur le milieu dans lequel elles baignent.

Corps et espaces

Les règlements des communautés religieuses restituent clairement ces lignes de partage, insistant beaucoup plus sur la propreté des espaces et des objets communs que sur celle des personnes et des corps. Linges de cuisine, chapelles, ustensiles divers, dominent, et saint Benoît est plus explicite à leur égard qu'à l'égard de tout autre objet : « Si quelqu'un montre de la négligence ou de la malpropreté dans le maniement des meubles du monastère, il sera repris [43]. » Le corps ne semble saisi qu'indirectement, à travers les choses qu'il touche, les lieux qu'il traverse, les outils qu'il emploie. L'attention glisse sur ses surfaces. L'évocation répétée de certains objets indique seulement l'orientation du regard : « Les hebdomadiers essuieront sans honte, surtout à l'intérieur du monastère, toutes les atteintes de la saleté ainsi que les taches de marmite du chaudron et du goudron [sic], sans compter la chaleur du feu et les diverses saletés de la cuisine [44]. »

Un silence se fait sur un réel espace intime du corps : monde d'objets où les frontières s'arrêtent aux enveloppes des vêtements. Dans le cas des communautés religieuses, la valeur de tels vêtements tient d'ailleurs beaucoup plus à la décence qu'à la richesse : couleur grise et unie, tuniques longues et closes. Les lignes et les matières obéissent aux critères de modestie. Il ne saurait s'agir de fourrures ni de laines précieuses. Mais il s'agit toujours de surface : « Si un frère fait preuve de coquetterie et de complaisance excessive dans sa mise, aussitôt ses prévôts lui ôtent ce qu'il a et le donnent à un autre[45]. » C'est toujours, et seulement, la forme et l'allure de l'enveloppe qui retiennent le regard et le discours.

Des moines bénédictins aux nobles parisiens, la distance est immense. Le vœu de pauvreté n'est que trop étranger à la multiplicité des laines coûteuses. L'habit est ici le symbole d'une totale disparité sociale. Plusieurs ressemblances sont pourtant décisives : une même attention aux visages et aux mains, une même polarisation sur les signes vestimentaires, une même absence de références sur l'existence possible d'un espace intime, donnent à la propreté une constellation de normes semblables : essentiellement sociales ; leurs objets corporels sont, quant à eux, essentiellement visibles.

Les dispositifs adoptés par d'autres communautés permettent de mieux mesurer encore la cohérence de ces polarisations. A l'hôpital, par exemple, où s'entassent et meurent les pauvres, une propreté est présente. Mais ce n'est précisément pas celle de ces corps nus, pressés sur de maigres surfaces. Eux restent cachés, accumulés entre les hardes et les draps. A leur entrée, les mains hospitalières ne touchent les pauvres que pour les disposer les uns contre les autres, une fois reçue la confession chrétienne qui symbolise leur nouvelle appartenance : « Avant que le malade soit mené au lit, l'on le fera confesser ou provoir [*sic*] de l'hostel et de ses péchiers et tantôt, si mestier est, dévotement et honnêtement, et à grand révérence li soit porté li corps de notre Seigneur [...] Et après bientôt, soit mené ou porté au lit[46]. » L'accueil demeure moral et la propreté n'est pas évoquée au sujet de ces souffrances bientôt juxtaposées. Sur ce dernier point, c'est, à la limite, l'espace qui importe. Les comptes recensent, au tout début du xve siècle, les balais « distribués par chacun samedi[47] » et répartis selon les quartiers de l'hôpital. Ce nettoiement, à vrai dire, demeure évoqué plus que décrit. Mais sa stratégie ne saurait être celle des quadril-lages : il s'agit, du moins pour ces institutions livrées aux aumônes et aux initiatives privées, de repousser l'encombrement plus que de « nettoyer ». En 1413, un compte est encore réservé, à l'Hôtel-Dieu de Paris, pour faire tuer les chiens qui errent dans les chambres et couchent sur les lits. Trente-six « chiens truands allant par céans sur les lits des malades » sont ainsi abattus[48]. Lutte contre l'encombrement donc ; contenir le désordre, avant même que puisse s'imaginer un réel nettoyage des corps.

Un tel problème ne se limite évidemment pas à l'institution hospitalière. Les remarques qui, dans les règlements des collèges des XIVe et XVe siècles par exemple, peuvent évoquer plus ou moins directement la « propreté », portent d'abord sur l'accumulation des déchets. Défendre qu'ils n'envahissent l'espace, repousser l'entassement : « Que personne ne dépose d'immondices dans la cour, dans les lavoirs, devant les portes ou devant l'entrée arrière de la maison[49]. » Ces règlements ne s'attardent pas au rythme des lavages. Leur problème majeur est de dégager les passages et d'endiguer les amoncellements. La propreté concerne l'espace et les déchets : « Que personne ne dépose d'immondices au bas des murs de la maison, si ce n'est dans les lieux à ce destinés[50]. » Une netteté corporelle intime, celle par exemple qui pourrait échapper au regard, n'est pas désignée, alors qu'elle le sera plus tard, dans la même catégorie de textes. La robe des collégiens respecte, en revanche, la décence formelle.

Le même problème se pose pour l'espace urbain. Il s'agit, ici aussi, de repousser l'encombrement plus que de nettoyer. L'essentiel est de libérer des surfaces toujours menacées ; évacuer le sol en transportant les déchets. « Désencombrer », c'est d'abord véhiculer. Mais l'absence de pavé, l'anarchie des écoulements, l'étroitesse des rues y font autant d'obstacles. La ceinture de pierre qui entoure les villes rend également les évacuations difficiles. Les ruisseaux stagnent, les boues s'entassent. La seule stratégie est de repousser l'accumulation des immondices et des rebuts. Non pas, par exemple, fixer un régime des fosses d'aisance ou une circulation des eaux, mais assujettir les propriétaires à « faire enlever les boues[51] ». Non pas constituer des réseaux d'écoulement, mais acheminer patiemment les rejets à la rivière ou aux lieux de voirie. Non pas laver, enfin, mais emporter. Les étuves voisinent donc avec ces encombrements mal maîtrisés.

Toutes ces difficultés sont accrues par les dispositifs des latrines privées et publiques. Les latrines privées, très rares, ont presque toutes des fosses à ciel ouvert : lunettes suspendues dans le vide, souvent entre deux maisons ; comme celles de Naples que décrit *le Décaméron,* lorsqu'Andreuccio, le jeune marchand de chevaux, basculant entre les planches d'un cabinet en surplomb, tombe dans la fosse sous les yeux des passants[52]. Les latrines publiques sont en tous points semblables. Lorsqu'elles ne sont pas installées sur des rivières, elles finissent par empester des secteurs entiers : « Les bourgeois sont alors, par la force même des choses, obligés *de faire leurs aisements et souillures* n'importe où, de *lascher leurs eaux* à l'intérieur des tours et des casemates de veilleurs, dans les ruelles les moins fréquentées sous les porches des particuliers[53]. »

Le pavement des rues ou la réglementation plus sévère de l'enlèvement des boues ne transforment pas de tels dispositifs. C'est à la fin du XIVe siècle « seulement » que la place Maubert est pavée pour mieux faciliter l'évacuation de ses boues. Les raisons évoquées disent assez les mélanges dont cette place est le théâtre : « Nous avons reçu la supplication des habitants et demeurants en la place Maubert et environ, contenant que, comme naguère pour ce que ladite Place était empêchée de plusieurs fientes boues et autres ordures qui empêchaient iceux habitants et aussi les denrées et marchandises qui y étaient descendues pour vendre [...] icelle Place ait été vidée et nettoyée, et après ce, ait été pavée aux coûts et dépens d'iceux habitants[54]. » C'est à la fin du XIVe siècle aussi, que les propriétaires de Paris sont menacés de 60 sols d'amende et même de prison s'ils ne font pas « ôter et porter en lieux accoutumes [...] les ordures et immondices infectés ou corrompus étant devant leurs hostels[55] ». C'est en 1461, enfin, que les échevins d'Amiens délibèrent pour créer un service de tombereaux chargé de l'enlèvement des ordures[56].

Ce paysage urbain encombré des boues et des déchets n'explique évidemment pas à lui seul les critères de propreté corporelle qui dominent au Moyen Âge. Il explique au moins les luttes entreprises par certaines institutions pour ménager une « propreté » collective. Il souligne aussi le travail renouvelé et partiellement impuissant contre l'accumulation. Force est de trouver du sens dans le fait que les règlements d'hôpitaux et de collèges restent quasiment silencieux sur les principes d'une propreté corporelle et réservent par contre une place marquée à l'éloignement nécessaire des immondices et des boues.

2

La peau et la blancheur du linge

Dans une nouvelle de Bonaventure des Périers, au milieu du XVIe siècle, un maître cherche un subterfuge pour battre un valet. Il veut l'amener à se dénuder pour mieux l'abuser et, peut-être, l'humilier. Venant brusquement interrompre une des nombreuses parties de paume de l'étourdi, il le conduit chez un barbier tout proche. Son ton est paternel : « Mon compère, je vous prie, prêtez-moi quelque chemise pour un jeune fils qui est tout en eau et le faites un petit frotter [*sic*]. » Le compère est complice : « Ils font entrer Fouquet en une arrière-boutique et le font dépouiller au long du feu qu'ils firent allumer pour faire une bonne mine. Et cependant les verges s'apprêtaient pour le pauvre Fouquet qui se fût bien volontiers passé de chemise blanche[1] » : l'histoire, en elle-même, n'a guère d'importance. Elle illustre une rudesse bien connue. Plus significatif pour notre propos est le « prétexte » qu'elle met en scène, même s'il demeure aux marges de l'épisode : il paraît naturel de changer de chemise à la fin d'une partie de paume, autant qu'il paraît naturel de ne pas user d'eau pour effacer la transpiration. Le barbier lui-même, en l'occurrence ici, ne lave pas. C'est le changement de chemise qui tient lieu de lavage. L'acte, sans être totalement banal, puisqu'il y faut pour Fouquet le secours d'un tiers, est au moins assez commun. Chez Rabelais, par exemple, circonstances différentes, gestes identiques : « Après le jeu de paume on se rafraîchit devant un clair feu et change l'on de chemise et volontiers banquête l'on, mais plus joyeusement ceux qui ont gagné[2]. » Le déplacement est essentiel au xvi⁰ siècle : le linge n'a plus le même statut. Le renouvellement régulier de celui-ci devient règle de propreté.

Linge et sueurs

La règle s'étend d'ailleurs aux situations familières. La sensation de sueur provoque le changement de linge : « Și un homme a sué de travail, on trouve bon qu'il change de chemise incontinent[3]. » C'est le linge qui « lave ». A la limite, l'essuiement est la même chose que l'ablution. La propreté est toute dans ce geste et elle concerne avec lui les parties du corps qui ne se voient pas.

Ces textes du xvi⁰ siècle semblent correspondre à une lente montée des autocontraintes : socialisation des espaces corporels échappant au regard. Il s'agit d'une sensibilité toute physique aussi. L'inconfort qui parvient à se formuler demeure personnel et, en un sens, intime. Une sensation le déclenche. C'est elle qui est soumise à socialisation. C'est elle que vise Joubert lorsqu'il tente, en 1578, de redresser « les erreurs populaires », répercutant sur un public plus large les normes acquises dans les milieux raffinés. Le changement de linge s'exprime en termes de sensibilité : « Tellement que si on y prend garde, vous verrez que on est tout recréé, résiouvy et renforcé d'avoir changé de linge et d'habillement, comme si cela renouvelait nos esprits et la chaleur naturelle[4]. » Montaigne parvient, sans doute le mieux, à évoquer cette sensibilité devenue habitude. Il l'exprime dans sa force déjà acquise. Elle fait avec lui partie des gestes qui se sont imposés. Elle intervient tout banalement dans le quotidien, au milieu d'autres comportements, eux aussi habituels : « Je ne puis ni dormir sur jour, ni faire collation entre les repas [...] ni porter ma sueur [...] et me passerais autant malaisément de mes gants que de ma chemise et de me laver à l'issue de table et à mon lever, et de ciel de rideau à mon lit, comme de choses bien nécessaires[5]. » Une telle juxtaposition peut donner une impression de confusion. Mais il est facile d'y retrouver l'importance du lavage des mains et d'y deviner le changement de chemise comme acte décisif de la propreté corporelle.

Les préceptes changent aussi, comme le montre le dialogue entre la servante et l'écolier, dans les Colloques de Vivès en 1575, où la servante s'enquiert de la blancheur du linge, une fois les ablutions matinales rapidement accomplies : « Emmanuel, voulez-vous une chemise blanche ? — je n'en ai point de besoin maintenant. Ceste-cy n'est pas trop sale, j'en prendrai demain une autre. Donnez-moi mon pourpoint[6]. » Si la réponse du jeune garçon, dans ces Colloques à but pédagogique, révèle bien la relativité de cette blancheur et l'installation lente des rythmes qui y conduisent, elle révèle sans conteste aussi que le cérémonial du lever a changé. Non pas que la chemise soit renouvelée tous les jours. Mais elle est maintenant prise en compte. Un élément supplémentaire fait fonctionner la norme : elle a franchi la surface des vêtements, laissant indirectement, mais clairement, imaginer une physique du corps. Elle suppose une sensibilité qui n'est plus seulement celle du regard. Changer de linge, c'est encore nettoyer la peau, même si cette peau elle-même n'est pas touchée par une main qui nettoie.

Un principe durable s'est installé. La propreté, dans la France classique par exemple, n'aura pas d'autre critère. Le renouvellement du blanc efface la crasse en atteignant une intimité du corps. L'effet est comparable à celui de l'eau. Il est même plus sûr et surtout moins « dangereux ». Aux inquiétudes que suscite le bain s'ajoute donc la certitude de son inutilité. Le linge retient transpiration et impuretés. En changer, c'est au fond se laver. Les textes d'hygiène tentent laborieusement d'expliquer ce qui, dans l'aristocratie et la bourgeoisie, est devenu une sensibilité partagée : le blanc s'imprègne de crasse. La chemise devient éponge. Elle « nettoie » : « On connaît pourquoi les linges éloignent la transpiration de nos corps, car les sueurs sont oléagineuses ou salées, elles imbibent ces plantes mortes (le linge) comme les engrais qui sont composés de mêmes substances[7]. » Formule bien savante pour illustrer une pratique qui peut exister sans elle. L'hygiéniste commente ici ce que les mœurs ont déjà inventé. Il y ajoute, au plus, le jeu de ses métaphores et de sa langue « sérieuse ». Reste que le linge est jugé porteur de toute netteté : « Le linge blanc purifiant le corps, le raréfie et fait que les excréments et les matières de la graisse exhalent plus facilement pour s'attacher au linge blanc[8]. » C'est lui qui aurait transformé l'hygiène moderne au point que toute comparaison avec les anciens est perçue, au même moment, comme inutile. Lorsque dans son ouvrage de 1626 sur les constructions de châteaux, demeures et hôtels particuliers, Savot envisage l'existence éventuelle des bains, en comparaison avec certaines constructions antiques, aucun doute ne subsiste à ses yeux : « Nous nous en pouvons plus commodément passer que les anciens, à cause de l'usage du linge que nous avons, qui nous sert aujourd'hui à tenir le corps net, plus commodément que ne pouvaient le faire les étuves et bains aux anciens qui étaient privés de l'usage et commodité du linge[9]. » La certitude s'installe que le linge prouve l'originalité des « modernes ». Il prouve aussi leur propreté, témoins direct et « suffisant » de leur raffinement. Ce serait même, en définitive, le meilleur témoin ; rien moins, pour Perrault en 1688, que le parachèvement de la grandeur « moderne » : « Il ne tient qu'à nous de faire de grands bains, mais la propreté de notre linge et l'abondance que nous en avons valent mieux que tous les bains du monde[10]. »

Il est clair ici que le refus explicite et conscient du bain, loin de correspondre à un recul de la norme, est au contraire parallèle à son accroissement. Exigences et contrôles ont grandi, qui vont au-delà de l'apparence première. Ils enjambent lentement les surfaces vestimentaires, sans être suffisamment pressants néanmoins pour rendre obligatoire une pratique de l'eau. Et il est tout aussi clair qu'une telle norme constitue une figure nouvelle. Elle peut se décrire comme une forme : elle approche au plus près de la peau sans vraiment la toucher. Elle n'est qu'un moment dans une longue dynamique temporelle. Le vecteur de celle-ci se laisse d'ailleurs deviner : passage du plus extérieur au plus intime, du plus visible au moins visible. L'intérêt pour le linge semble correspondre à une zone transitoire sur une trajectoire : la surface de la peau n'est encore qu'indirectement visée. Avec cette norme, quoi qu'il en soit, basculent bien des repères. L' « envers » de l'habit a une présence et un rôle qu'il n'avait pas : parler de lui, c'est maintenant parler aussi de ce qu'il recouvre. Son traitement devient un signe de l'entretien du corps. Il en marque l'observance ou l'abandon. La frontière entre la vigilance et la négligence s'est déplacée. Si une propreté existe, en tout cas, c'est bien par le linge, et surtout par lui, qu'elle doit passer.

Linge et regards

Ces transformations prennent tout leur sens avec une autre transformation décisive : la restructuration du vêtement. L'insistance sur la blancheur des chemises et leur changement fréquent est aussi contemporaine de leur place nouvelle par rapport au reste de l'habit. Celles-ci deviennent en effet des signes maintenant très visibles. Elles ne sont plus enfouies sous l'habit. La disparition de la robe longue du Moyen Âge au profit de l'habit court, dans la deuxième moitié du xve siècle, s'est accompagnée d'un déplacement insensible de la chemise qui émerge maintenant au col et aux poignets. Jusque-là cachée, sa présence se laisse bientôt saisir.

Les étapes de ce déplacement sont à peu près repérables. *Les Heures d'Étienne Chevalier,* peintes par Fouquet entre 1440 et 1480, font apparaître la rupture initiale. Le roi mage agenouillé devant la Vierge, dans la première miniature, et dont les traits sont ceux de Charles VII, porte les chausses et le pourpoint. Mais cette partie haute du vêtement est bordée et doublée de fourrures comme les robes du Moyen Âge. Seule cette fourrure apparaît en dehors du tissu de drap [11]. Au contraire, les portraits de Bellini — celui du jeune sénateur par exemple [12], postérieur à 1480 — montrent le fin liséré blanc de la chemise tranchant au cou sur la couleur du pourpoint. De même, pour le jeune homme de Memling, peint à la fin du xve siècle [13]. De même encore pour toute la série des Clouet peints au début du xvie siècle [14] ; l'exemple le plus achevé étant le François Ier du Louvre [15], où la chemise émerge à la poitrine et aux manches. Elle échappe de minces fentes ménagées sur le pourpoint, comme pour accentuer la présence de ce qu'il enveloppe.

La chemise qui se voit, celle qui révèle très précisément son statut d'intermédiaire entre la peau et le drap, peut jouer plusieurs rôles. Sa blancheur est, globalement bien sûr, un signe de netteté vestimentaire. Cette dernière qualité s'ajoute à celle de richesse ou de décence jusque-là retenues en priorité. La chemise permet encore diverses combinaisons entre les matières et entre les couleurs. Elle accroît la diversité du vêtement. L'habit s'enrichit en s'étageant. Contrastes et alliances y trouvent un terrain plus complexe et plus ouvert. A la variété des tons s'ajoute celle des tissages. Mais le blanc permet surtout un jeu sur les profondeurs du vêtement. Il est un témoin du « dessous ». Avec lui, la présence de la peau est comme déléguée à la surface de l'habit. C'est le caché qui se montre. Il rend en partie visible ce qui ne se voit pas. L'étoffe qui touche la peau devient un témoin discret ou appuyé aux marges de l'habit. Elle « révèle » ce que l'habit recouvre. Le blanc, dans ce cas, signe une propreté particulière : celle de l'intérieur. Une qualité s'est donc ajoutée qui permet en outre d'évoquer l'intime.

A partir du XVIe siècle, le linge est bien l'objet d'un double repère : celui de la sensation qui tolère mal le maintien de la transpiration et celui du regard qui évalue, à la blancheur des chemises, la propreté de la personne. Dans la pratique sociale, les deux thèmes sont liés : cols et poignets deviennent une objectivation de l'intime. Lorsque est évoquée la propreté corporelle, c'est par eux que passe la référence. Brantôme, par exemple, est choqué par la rusticité des militaires jetés sur les routes après les guerres de religion. Leur maintien lui paraît grossier, ils sont frustes, épaves condamnées par ailleurs aux brutalités et aux expédients. Leurs courses sont instables, mal contrôlées, souvent violentes. Leur déchéance inquiète. Leur malpropreté rebute. Brantôme en fait un signe. Mais ce n'est évidemment pas pour dire qu'ils ne se lavent pas. La question ne se pose pas en ces termes. Le linge seul a du sens : « Et Dieu sait comment représentés et habillés plus à la pendarde vraiment, comme l'on disait de ce temps, qu'à la propreté, portaient des chemises à franges et grandes manches qui leur duraient vêtues plus de deux ou trois mois sans en changer [...] montraient leurs poitrines velues et découvertes [16]. » Il est facile de mesurer la distance entre l'ironie de Jehan de Paris évoquant les voyageurs anglais, un siècle auparavant, et celle de Brantôme. Jehan de Paris évaluait un maintien en appréciant le faste et la fraîcheur des matières vestimentaires. La richesse et le brillant des fourrures devaient s'imposer. Les valeurs nobles ou bourgeoises avaient à cet égard un seul registre. Brantôme retient des indices plus nombreux, visibles et moins visibles à la fois. La propreté devient avec lui un attribut explicite de l'habit. Elle le qualifie. Elle donne d'autres indications : Brantôme imagine, avec l'entretien du linge, un entretien du corps. La propreté de la chemise a un sens bien plus global que celle de la seule étoffe. Elle a encore un versant « intérieur », tout en complétant les qualités du vêtement, jusque-là limitées à la richesse et, pour les pauvres, à la décence.

La propreté a donc basculé au-delà de la surface vestimentaire, mais en même temps cette surface ne quitte pas l'axe de l'attention. Elle a seulement diversifié ses qualités et ses significations. Le dessous de l'habit a réorganisé les repères. On voit comment cette propreté demeure largement sociale. Elle n'a même jamais été autant « visible ». Elle ouvre, sous cette forme enfin, un champ de raffinement à une société de cour d'un nouveau genre : celle avec laquelle apparaît le courtisan. Ce milieu très centralisé, fixé à demeure autour du roi, trouve ainsi un critère supplémentaire pour désigner la distinction. C'est au moment même où s'organise cette nébuleuse entourant le souverain, avec son réseau de relations, d'attentes, de vigilances, au moment aussi où s'accentuent, avec elle, les convenances et les maintiens, que le linge est l'objet de ces précautions nouvelles. C'est avec l'invention de l'étiquette qu'il devient ce signe privilégié de finesse. Il souligne les manières. Signe d'autant plus exploitable d'ailleurs qu'il a un sens quasi symbolique. Sa matérialisation toute visible couvre un spectre allant de la netteté du vêtement à celle du corps. L'apparence a donc d'autres enjeux qu'auparavant : elle souligne des critères de netteté et elle est censée, à cet égard, suggérer ce qui ne se voit pas. C'est par elle, en tout cas, que s'étend le champ et la norme des propretés.

Les traités du savoir-vivre, inspirés précisément des pratiques de la cour, répéteront du xvɪᵉ au xvɪɪᵉ siècle, et avec une insistance grandissante, cette analogie : la netteté du linge est celle de toute la personne. Elle est, avec celui du courtisan, le signe de l'homme distingué : « Il faut avoir le plus beau linge et le plus fin que l'on pourra trouver, l'on ne saurait être trop curieux de ce qui approche de si près de la personne [17]. » L'homme de cour, pour Faret, est convié à en faire son premier objet d'attention. Blancheur obligée, même si l'ensemble n'est pas somptueux. Les lourdeurs vestimentaires, les richesses ostensibles des fourrures s'effacent devant les finesses travaillées de la blancheur : « C'est assez qu'il ait toujours du beau linge et bien blanc [18]. » Critère essentiel aussi chez Mme de Maintenon lorsqu'elle parle de la tenue. La netteté de ses élèves est tout entière dans leur linge. C'est avec les cheveux et les mains le seul thème de propreté personnelle abordé à Saint-Cyr. C'est en tout cas le seul qu'ont réellement à surveiller les maîtresses : « Je vous assure que rien n'aurait si mauvaise grâce que de vous voir vous autres bien étoffées, bien vêtues en linge blanc, pendant qu'elles seraient dans la saleté et la négligence [19]. » Si une « saleté » du corps existe, seuls de tels objets sont censés la porter. Elle n'a de présence qu'avec eux et elle ne se constate que par eux. Ils la concrétisent. Aussi leur rôle déborde-t-il les apparences. Agir sur eux, c'est agir sur ce qui se voit et sur ce qui ne se voit pas.

Comptes et inventaires expriment enfin, à leur manière, les nouvelles polarités. C'est bien à partir du xvɪᵉ siècle que s'effectue le changement. Un recensement des dépenses vestimentaires à la cour des Valois en 1561 indiquerait à lui seul l'importance de ces transformations. Il s'agit des dépenses engagées par le duc d'Anjou, frère du roi : achats d'étoffes, de cuirs ou de peaux, auxquels s'ajoute le paiement des artisans confectionnant les tenues du duc, le futur Henri III. Une continuité apparente avec les comptes anciens pourrait tromper : les robes fourrées de martre ou de loup cervier, les pourpoints de velours, les tissus doublés de soie blanche demeurent nombreux, même si pour des vêtements de dessus apparaissent beaucoup plus fréquemment les matières légères comme le satin et le taffetas. La grande nouveauté tient à la répartition des dépenses : celles du linge dépassent les autres. C'est le « linger » Pierre Amar qui est le mieux doté. Il reçoit, pour des achats et des travaux à façon, plus de deux mille livres ; davantage que n'obtiennent le tailleur, le brodeur et le cordonnier. Des « toiles » sont même spécialement confectionnées pour « envelopper le linge de Monseigneur[20]. » Ce compte résume assez bien les nouvelles formules vestimentaires : l'intérêt pour la lingerie se dit et se voit, dominant, dans certains cas, les autres dépenses d'étoffes.

Plus modestes sont les comptes d'un jeune noble breton à la même date, mais tout aussi significatifs. Les achats de linge y sont clairement mentionnés, avec leur destination et leur prix, auxquels s'ajoutent les frais de façon. Quatre chemises de fil de lin sont confectionnées en moyenne par an de 1573 à 1577. Elles sont même régulièrement acheminées de Bretagne, lorsque le jeune seigneur de Lanuzouarn entre dans un collège parisien en 1576[21].

Restent évidemment des nuances, que les inventaires peuvent apporter. Au tout début du XVIe siècle, par exemple, les chemises sont encore des objets dispersés, parfois rares, même pour les maisons nobles, alors que les nappes et les pièces de toile s'y comptent souvent par centaines. C'est le cas du château d'Hallincourt par exemple, où l'inventaire retient, à la mort de Pierre le Gendre en 1512, deux chemises de lin isolées au milieu de coffres d'étoffes légères, nappes, draps de lit, pièces diverses. Le recensement, à la mort de Jeanne d'Albret, en 1514, offre déjà une autre image : à côté de quelques linges de corps, relevés de loin en loin, un coffre contenant des chemises : « Un certain nombre de chemises à usage de ladite demoiselle avec certaines ceintures[22]. » Les quantités augmentent durant le XVIe siècle. A la fin de celui-ci, les doublets de Gabrielle d'Estrées, au seul château de Monceau, « ne se comptent pas[23] ». Finesse extrême du linge enfin pour Henri IV dont la rusticité est demeurée un lieu commun de l'histoire, Mme de Verneuil et bien d'autres l'accusant, par exemple, de « puer comme une charogne[24] ». Le nombre des chemises d'Henri, que réclame spécialement Louis XIII, dépasse plusieurs dizaines et elles sont « faites de toile fine à ouvrage de fil d'or et de soie et plusieurs couleurs aux manchettes, coulets et coutures[25] ».

Les inventaires changent d'ailleurs de structure vers le milieu du XVIe siècle. Ils permettent peut-être mieux qu'auparavant de suivre l'organisation de chaque demeure, suggérant quelquefois une véritable reconstruction topologique. Mais surtout, ils rassemblent et catégorisent davantage les objets, soulignant l'importance nouvelle de certains d'entre eux. Le linge, par exemple, est toujours mentionné séparément, après le paragraphe consacré aux vêtements ; ce qui confirme sa présence spécifique. Et les chemises se comptent par séries ; ce qui confirme leur accroissement. Les quantités touchent enfin un public plus diversifié. En 1570, le mercier parisien Cramoisy laisse, avec plusieurs « habillements à usage d'homme » et d'autres « à usage de femme », un « coffre de bois de chêne » renfermant du linge : dix-huit chemises, dont douze tissées de lin[26]. Mais il y a déjà trente-deux chemises de lin dont douze « plissées par le collet », chez le médecin parisien Jean Lemoignon en 1556 et trente-quatre chez son collègue Geoffroy Granger en 1567[27]. Les chiffres oscillent encore jusqu'au XVIIe siècle. Dix chemises par exemple chez la marquise des Baux en 1580[28]. Puis les chiffres se stabilisent : une trentaine de chemises dans l'aristocratie et la bourgeoisie. Trente, par exemple, chez Molière à sa mort en 1672. Trente encore chez Racine en 1699. Trente-six enfin, « fines et déliées », chez le prévôt d'Anjou, seigneur de Varennes, en 1683[29]. L'important n'est déjà plus, pourtant, dans ces chiffres.

Fréquences

Le linge se manipule, se quitte, se lave. Comptes et inventaires ne sont qu'indicatifs. Ils montrent que les quantités disponibles se sont sensiblement accrues, depuis le milieu du

XVIᵉ siècle, chez ceux qui dictent la norme ou en sont proches. Encore faut-il suivre les rythmes selon lesquels se changent et se renouvellent ces étoffes maintenant visibles. La cour demeure le meilleur critère. Lorsque Arbus Thomas, avec *l'Isle des Hermaphrodites,* critique, en 1580, l'entourage d'Henri III, il condamne implicitement les mœurs du prince, mais il décrit aussi les pratiques vestimentaires indépendantes de celles-ci. En particulier, son étonnement devant le changement quotidien de la chemise révèle la nouveauté d'une telle pratique, autant que la résistance envers elle de milieux étrangers à la cour. L'affinement des mœurs est aussitôt vécu par ces derniers comme un attendrissement, voire comme un affadissement. D'où chez Arbus Thomas une véritable exubérance sur ce linge si fréquemment changé. Thomas n'y perçoit que délicatesse étrange ou sensibilité extrême. Mais c'est une façon de révéler aussi que la norme est en pleine mutation : « Je vis venir un autre valet de chambre tenant en ses mains une chemise où j'y voyais, par tout le corps et par les manches, force ouvrage de point coupé, mais de peur qu'elle ne blessât la délicatesse de la chair de celui qui devait la mettre [...] on l'avait doublée d'une toile fort déliée [...]. A ce que j'ai appris, ils ne laissent pas d'en changer, dans ce pays-là, de jour et de nuit, encore y en a-t-il quelques-uns qui ne se servent jamais deux fois d'une même chemise, ne pouvant endurer que cela qui les doit toucher ait été lessivée [30]. » Il semble que, dans les milieux de la cour, le changement soit quasi quotidien depuis la fin du XVIᵉ siècle. Le phénomène est très sensible par exemple lorsque certaines circonstances font obstacle à cet usage. Brichauteau, jeune capitaine des chasses du roi, venu brièvement en août 1606 à Ollainville pour un entretien avec Henri IV, dit ne pouvoir y demeurer une seule nuit : il ne possède ni linge de rechange ni chemise de nuit (ce qui confirme au passage l'usage de ce dernier vêtement, ainsi que son changement fréquent dans l'aristocratie [31]). La privation de linge ressemble dans ce cas à ce qui, bien plus tard, correspondra à la privation des ablutions : sentiment de gêne, voilé ou explicite, expédients pour entretenir coûte que coûte un maintien jugé menacé. Guerres ou accidents en sont des illustrations répétées. En 1649, Mlle de Montpensier doit fuir le Louvre avec une telle hâte, pendant la Fronde parlementaire, qu'elle ne peut emporter ses coffres. A Saint-Germain où elle se réfugie, tous les fuyards, dont la reine, sont dans le même cas. Elle attend dix jours qu'un équipage, guidé prudemment entre les lignes des armées parisiennes, lui rende ses « commodités ». Entre-temps ses habitudes semblent compromises. Elle les préserve pourtant et juge l'épisode suffisamment pénible pour le noter scrupuleusement : « Je n'avais pas de linge à changer et l'on blanchissait ma chemise de nuit pendant le jour et ma chemise de jour pendant la nuit[32]. » Même l'avarice de M. de Louvigny, dont se moque Tallemant, s'incline devant le nettoiement quotidien : « C'était une gueuserie en habits qui n'eut jamais de pareille [...]. Il n'avait qu'une chemise et qu'une fraise : on les reblanchissait tous les jours[33]. »

L'exemple royal constitue évidemment, durant le XVIIe siècle, la norme la plus marquante, toujours approchée, plus qu'exhaustivement imitée, toujours indicative en tout cas. Il est clair, par exemple, que le cérémonial du lever ne se limite pas à une démonstration théâtrale des hiérarchies, même si sa destination est d'abord le spectacle. L'étiquette mise en place par les Valois, selon un code précis désignant le rang de ceux qui seuls ont le droit de présenter la chemise au roi, est aussi le signe de la distinction et de la « propreté » royales. Avec Louis XIV, par exemple, le cérémonial est précédé d'une action soulignant combien le geste envers le linge peut être dense, tout en limitant la propreté quasiment à lui : « A huit heures le premier valet de chambre en quartier, qui avait couché dans la chambre du roi et qui s'était habillé, l'éveillait. Le premier médecin, le premier chirurgien et sa nourrice, tant qu'elle a vécu, entraient en même temps. Elle allait le baiser ; les autres le frottaient et souvent lui changeaient de chemise, parce qu'il était sujet à suer[34]. » Autant de soins excluant l'usage de l'eau. La chemise du roi est cependant changée avant même qu'il ne reçoive celle de jour. Deux chemises dans la nuit donc. Les rythmes s'accélèrent. Ceux de la journée s'accélèrent davantage encore. Le roi renouvelle l'ensemble de ses vêtements au retour de la promenade ou de la chasse, parfois même en quittant une activité pour une autre, ce qui multiplie l'usage du linge : « Ces changements d'habits, chapeaux, souliers, perruques, et même chemise, deux ou trois fois par jour, étaient la conséquence de l'amour du roi pour ses aises et de sa crainte d'être incommodé[35]. » C'est bien la structure de la norme qui est particulière. Elle a sa force propre. La quasi-absence du bain n'empêche pas une référence aux sensations de la peau et au malaise qu'elles peuvent occasionner. Les réponses suggèrent une sensibilité pesant en permanence sur le quotidien. Cette sensibilité applique même un code avec une étonnante rigueur : la blancheur du linge renforcée par une relation particulière à la sueur traverse toutes les pratiques. Le roi semble conduire cette logique à son terme. La norme mobilise une domesticité, du temps, des objets. Exactement comme le luxe. L'ensemble est d'autant plus marquant, du reste, que la propreté s'allie ici au faste vestimentaire. Elle existe par lui et elle l'accroît. Elle fonctionne comme lui en tout cas, avec ses coûts, ses services, ses signes.

Mais l'exemple est marquant aussi parce qu'il ressemble à un point ultime. Comment envisager plus d'exigence ? En fait, ce n'est qu'une étape. Il ne faudra pas longtemps pour qu'une telle exigence paraisse toute relative. Il faudra seulement que changent les critères. Il ne saurait s'agir, par exemple, d'accélérer toujours le renouvellement du linge. Dans ce cas, l'exemple royal permet aussi de mieux comprendre le changement futur. Ce n'est pas parce que les repères utilisés par le code classique se sont, par la suite, directement alourdis que la norme est devenue aujourd'hui plus contraignante. C'est parce qu'ils se sont transformés. Leur évolution s'est faite dans la diversification, la complexification.

Un jeu de surfaces

Reste que dans ce même code classique, le linge joue un rôle central. Sa présence s'étend et se diversifie. Un ensemble d'artifices vient accroître, au xvıı[e] siècle, le jeu entre les profondeurs et la surface du vêtement. Plusieurs pièces s'autonomisent, multipliant les intermédiaires visibles entre l'habit et la peau : les collets qui accusent jusqu'aux épaules un col indépendant de la chemise, les canons qui laissent flotter le linge sur le haut des bottes, les manchettes, indépendantes aussi, et qui remontent très haut le long des manches. Le fait que de telles pièces se manipulent et se lavent séparément révèle, plus encore, la volonté d'illusion. Comme s'il y avait une intention délibérée de prolonger le linge, d'accroître sa surface, même si celle-ci ne garde qu'un lien artificiel avec les parties cachées. Toutes les marges de l'habit laissent maintenant échapper les étoffes légères. Et ces étoffes reviennent encore sur lui, elles le recouvrent partiellement. Elles l'envahissent. La chemise n'apparaît plus seulement sous le pourpoint, elle le déborde en commençant à l'enrober. Elle ne joue plus seulement le dessous, mais la surface. Le linge s'étale, beaucoup plus qu'au xvı[e] siècle, où il ne faisait qu'émerger. Dans les gravures d'Abraham Bosse, par exemple, le collet retombant de l'épaule n'est plus loin de la manchette s'éloignant du poignet. Leurs extrémités se touchent presque. Le blanc ne se limite plus aux bords. Il s'étend. C'est le dessous qui s'affiche sur le vêtement. C'est le dessous qui devient à lui seul un spectacle. L'eau-forte de 1640 sur les boutiques de *la Galerie du palais* [36] montre même que le spectacle se dédouble. Il tient à l'habit des passants, il tient aux marchandises exposées. Le vêtement de ces acheteurs nonchalants est à lui seul un tableau : le blanc a multiplié les niveaux puisque, en s'étalant, le linge recouvre aussi le drap. Venue de la peau, ou supposée telle, cette étoffe reflue sur les autres tissus. Elle y crée des dessins uniquement faits pour l'œil. La surface de l'intime est bien ce signe totalement externe. Il amorce une enveloppe nouvelle dont le rapport avec la peau est toujours plus symbolique. D'autant plus symbolique, enfin, que ces objets n'ont aucun contact avec elle. Ils s'ajoutent et se détachent, postiches accrochés aux revers de l'habit. Selon un retournement appliquant jusqu'au bout la logique du visible, le linge devient, de fait, un élement de surface. Ce sont ses itinéraires au-dessus de la robe ou du pourpoint qui focalisent en partie l'attention.

Mais le spectacle est aussi dans la boutique où les collets, les manchettes, les canons sont déroulés sur les murs pour mieux être évalués. Pour mieux séduire aussi. Ils sont là, jouxtant les rayonnages du libraire : la noblesse du luxe à deux pas des ouvrages savants. Boîtes décorées, objets disposés autour des armoiries du roi, la lingerie est bien une matière noble. Elle exhibe, déroulés au fond de la boutique, des dessins symétriques et étudiés. Elle s'expose. De tels voisinages marquent sa promotion définitive. Ces signes du corps ne sont plus que des taches blanches, fines et précieuses, faites pour l'agrément du costume. Mises ainsi à plat, elles sont totalement réduites à ce pour quoi elles sont faites : non plus ustensiles fonctionnels, mais ustensiles d'apparat, juxtapositions d'articles formels. Elles offrent, à vrai dire, dans ces échoppes largement visitées, toute l'ambiguïté du linge classique.

Avec lui se sont déplacés les rapports à la sueur, ainsi que l'imaginaire d'une propreté de la peau. Il « lave » sans usage de l'eau. Mais en même temps, il « montre ». Et ce dernier rôle peut devenir essentiel. Les postiches ne sont qu'exhibition de matières rares. Tissages fins et blancheur, bien sûr, mais allègement des trames. A la couleur s'allie un jeu sur la légèreté. La dentelle, bordure de fil jetée dans le vide au-delà de la toile, crée depuis le xvie siècle un matériau nouveau. Elle gagne lentement manchettes et collets, rendant plus aériennes ces pièces supposées venir du dessous de l'habit. Certains portraits, au début du xviie siècle, en sont des exemples extrêmes : le *Jeune Prince* de Le Nain [37], par exemple, ou le *Louis de Bourbon* de Michel Lasne [38]. Toutes les surfaces du linge y sont ajourées. Les points se compliquent selon une variété de dessins. Leur finesse ajoute un coût supplémentaire à la légèreté. Dans ce jeu, enfin, les dentelières flamandes, milanaises ou vénitiennes ne sont pas dépassées. Les personnages de Cornelis de Vos[39], en particulier, avec leurs longues manchettes, déliées et émincées jusqu'à la transparence, témoignent, à eux seuls, de la maîtrise des Anversoises.

Est-ce étonnant si les lois somptuaires, après avoir visé les fourrures, visent maintenant les broderies de fil précieux et des dentelles ? Seules ou presque, celles-ci distinguent en focalisant le luxe. Les États généraux de 1614 recommandent de « retrancher les passements de dentelle de Flandre et ceux de Milan, les étoffes de la Chine et autres marchandises inutiles que l'on apporte des extrémités de la terre par le moyen desquels se tire hors de notre royaume quantité d'or et d'argent[40] ». Les lois somptuaires tentent vaguement et vainement d'endiguer les dépenses « ruineuses ». Elles tentent, plus subtilement, de canaliser les marchés en évitant l'effondrement des manufactures ou des confections locales : repousser ici les travaux des artisans flamands ou italiens qui, depuis le XVIe siècle, imposent leurs matériaux. Colbert, en économiste, préférera d'ailleurs installer faubourg Saint-Antoine deux cents dentelières du Hainaut et du Brabant, dispersant aussi une trentaine d'ouvrières vénitiennes dans les provinces, promouvant enfin les techniques et les métiers d'Alençon.

Mais les lois somptuaires sont surtout des lois discriminatoires. La lutte contre le luxe est ici une façon paradoxale d'en réserver l'accès. Il s'agit de contenir tout mélange social, fixer les distances sur l'habit lui-même, figer pour le regard un ensemble de hiérarchies vestimentaires. Il faut que soit toujours distingué « un grand seigneur duc et comte d'avec un soldat ou autre qui n'a que la cape et l'épée[41] ». Et le refus des dentelles au début du XVIIe siècle n'aboutit qu'à mieux sélectionner le nombre de ceux qui en portent. Le vêtement maintient coûte que coûte sa valeur différenciatrice. Un certain blanc distingue. Ce qui confirme tout simplement que l'image de la propreté, lentement élaborée à travers cette architecture de la lingerie, n'est autre que sociale. Le courtisan qui, au XVIIe siècle, s'abstient de dentelles donne à son geste un sens très marqué. Lorsque

Mlle Saujon quitte le Louvre, s'y estimant méprisée et rejetée après ses amours avec le frère du roi, elle abandonne aussi le grand habit, les dentelles et le linge raffiné. Or, un tel acte laisse des traces. Une fois revenue, quelques mois plus tard, pour accepter une charge proposée par le roi lui-même, Saujon tient encore à manifester, par la forme et la matière de son linge, ses déceptions et ses refus passés : « On lui offrit la charge de dame d'atour de Madame, qu'elle accepta, et ensuite elle revint tout comme une autre. Excepté qu'elle n'était habillée que de serge et n'avait que du linge uni [42]. » Situation banale au fond, Saujon refuse explicitement certains attributs de luxe. Elle sait le signifier.

Ce refus est quelquefois plus révélateur encore. Le signe s'« intériorise ». Dans sa disgrâce, par exemple, Mme de Montespan déploie une mortification qui étonne Saint-Simon. Elle porte cilices et ceintures à pointes de fer. Elle multiplie les aumônes jusqu'à fabriquer elle-même des objets pour les pauvres. Noblesse qui entretient un maintien, et humilité, au contraire, qui consent au travail des mains. Son linge enfin cache « des chemises de toile jaune, la plus dure et la plus grossière [43] ». Certes, il les cache bien : le visiteur ignore tout. L'apparat est maintenu. Le contraire signifierait un changement immédiat de condition, ce qui est impensable. Il s'agit d'une mortification secrète : retournement moral de l'ancienne « souveraine », contrition plus ou moins affectée. Mme de Montespan souffre sans public. Ce qu'elle cache garde néanmoins tout son sens : celui d'une certaine « noirceur ». Le chanvre est pour elle avilissant. Il est trop terne et trop grossier. Le porter c'est déjà déroger. C'est lui dont usent le peuple et une partie de la bourgeoisie : Madeleine Béjart, la compagne de Molière, se « contentant » avec quelques étoffes précieuses de « 15 chemises de chanvre, dont 7 blanches et 8 jaunes [44] ». Question de prix évidemment. Les chemises fines, en toile de lin, d'Isabeau de Tournon, valent en 1610 chacune 8 livres, l'équivalent de quinze journées de salaire d'un manœuvre [45]. Celles de la reine qui, en 1642, en fait confectionner environ deux par mois, valent 7 livres [46]. Le chanvre est plus accessible : les chemises faites de cette toile valent au milieu du siècle environ 2 livres, le salaire de deux journées de tailleur et de trois à quatre journées de manœuvre [47]. Différence de coût que l'ajout de dentelles ne fait, bien sûr, qu'accroître.

Avec Mme de Montespan le chanvre est donc un équivalent du cilice. Il avilit. Il est rude et il est sombre. Mais il montre indirectement à quel point l'insistance sur le linge blanc a, au XVIIe siècle, une signification particulière. Seul le lin, par sa matière et son mode de tissage, peut réellement prétendre à cette couleur. Et seul il signifie une certaine « propreté ». Évoquer le linge en l'associant au blanc, c'est donc bien l'associer à une condition. Cette propreté a d'emblée une tonalité sociale et distinctive. Lorsque les traités de civilité du XVIIe siècle insistent sur la netteté du linge, son changement, sa finesse, ils mêlent largement aussi matière et propreté. Il s'agit quasiment de la même chose. L'effet du lavage et l'effet du matériau se confondent. Ensemble, ils sécrètent cette propreté qui ne saurait appartenir à tous. Le faste du vêtement peut, à la limite, s'effacer, pourvu que demeure la qualité de l'étoffe. L'entretien de sa blancheur sauve les apparences : « Si les habits sont nets et, surtout, si on a du linge blanc, il n'importe que l'on soit magnifiquement vêtu [48]. » Critères identiques encore chez Mme de Maintenon, lorsqu'en évoquant sa jeunesse elle rappelle ses efforts laborieux pour maintenir un rang à tout prix : « Si la qualité de l'étoffe était simple, l'habit était bien assorti et fort ample, le linge était blanc et fin, rien ne sentait le mesquin [49]. »

De tels critères rejettent un ensemble d'autres pratiques dans l'obscurité. Ils suggèrent, en tout cas, un spectre où les nuances ne manquent pas. Le fait que la qualité de l'habit permette partiellement de définir ce qui est propre ne peut demeurer sans conséquences. Les frontières passent nécessairement par les objets. La « propreté » ne saurait, à cet égard, exister pour les plus pauvres. Elle n'a même pas à être mentionnée. Ni la crasse d'ailleurs. Les institutions charitables du XVIIe siècle, par exemple celles qui ont, selon le geste centralisateur que l'on connaît, commencé à rassembler les orphelins et les enfants pauvres, ne s'attardent guère à leur tenue et à leurs habits. Les droguets, les futaines, les tiretaines ne retiennent pas le regard. Ces étoffes ne peuvent évoquer l'image de la propreté. La toile à chemise elle-même n'existe pas dans un tel contexte. Le vêtement des enfants enfermés à l'Hôpital général le montre bien : « Les dits enfants, garçons et filles, seront vêtus de tiretaine et auront des sabots[50]. » Lorsque Démia envoie quelques-uns de ses instituteurs visiter le logement des élèves qu'il soumet aux premières initiations professionnelles, ses intérêts ne touchent ni aux lieux ni aux apparences physiques. Les êtres qu'il faut visiter demeurent comme diaphanes. Leur dénuement ou leur crasse ne peuvent émerger de la grille des enquêteurs. Les questions sont morales, prolongeant les entreprises contre-réformistes et les colonisations intérieures inaugurées par saint Vincent de Paul. Une fois sur les lieux de la visite, l'instituteur « recommandera aux parents d'avoir grand soin de leurs enfants, de ne les pas flatter dans leurs vices et de faire une neuvaine au Saint Enfant Jésus, afin que leurs enfants soient bien sages [...][51] ». Si la chambre est entrouverte, c'est pour s'assurer qu'y existe une place réservée à la prière. Ce n'est jamais pour juger l'état physique des lieux. Maîtriser ces enfants au seuil de l'errance et du vagabondage serait donc obtenir leur présence régulière et leur attention aux règles morales. Ou encore, dans le cas de l'Hôpital général, exercer sur eux une pression directement physique.

Plus complexe déjà est la règle des petites écoles. Elles peuvent concerner les enfants d'artisans, par exemple, ou de tous ceux qui ont franchi le seuil de la pauvreté. Les préceptes de propreté n'y sont plus absents. Mains et visages, bien sûr, dans la tradition entretenue par les traités de civilité, et l'habit enfin. Mais, dans ce cas, plusieurs réserves soulignent clairement la limite d'une telle propreté. L'évocation du vêtement est rapide et négative : éviter ce qui pourrait être trop spectaculaire ; s'en tenir, en particulier, à des prescriptions interdictrices : ni linge de couleur ni surtout exhibition dans les tissus. Comme si la modestie et la discrétion impliquaient une évocation exclusivement allusive de la propreté. Celle-ci est indiquée, mais avec cette analogie au « terne » qui caractérise l'ensemble du vêtement : « Que les enfants soient propres en leurs habits, non pas avec vanité ou affectation, leur donnant des habits somptueux, au-dessus de leur condition : qu'ils ne portent des plumes à leurs chapeaux et bonnets ; mais qu'ils soient proprement vêtus, que les cheveux soient peignés et non pas poudrés ou frisés et qu'ils soient nets de vermine [52]. » Il faut que l'habit soit net à son tour. Publics intermédiaires où propreté et sobriété tendent à se confondre.

Restent enfin les publics plus proches de ceux qui dictent la norme. Tous ces comportements anonymes dont l'évolution est évidente à la même période. Certaines communautés, parce qu'elles répètent la transformation des pratiques de cour, mais de loin, en estompant leur rythme et leur rigueur, sont à cet égard très éclairantes. Les jésuites, en particulier, qui marquent bien ce qui s'est transformé.

C'est l'allure qui provoque d'abord chez les jésuites une attention dominante. Pour la première fois, une inspection régulière des boursiers est prévue. Leur chambre et leurs habits surtout : « Les préfets doivent avoir un très grand soin que les écoliers dans leur chambre soient propres ; et pour cet effet ils prendront garde, dans les basses classes, que les valets les peignent deux fois le jour, qu'ils visitent leurs habits le soir et particulièrement en été, qu'ils ne les souffrent jamais paraître devant eux déchirés, malpropres ou en mauvais état [53]. » Mais la propreté des boursiers et des internes est surtout, au xviie siècle, celle de leur linge. C'est elle qui est répétée et soulignée. Une telle insistance implique d'ailleurs une gestion spécifique, l'indication de rythmes, la création de véritables cycles. Autant de gestes supposant une organisation nouvelle. Ce sont les communautés qui montrent sans doute le mieux les contenus et les enjeux de telles transformations. Il s'agit de confirmer des critères, de désigner des tâches et des fréquences. Les règles des jésuites, en 1620, arrêtent, pour longtemps, rythmes et responsabilités. Le rôle de « celui qui garde les habillements » est par exemple de tenir les écritures des entrées et des sorties de linge, de rassembler celui-ci pour le lavage, de le distribuer, de vérifier son état : « Le linge se donnera par écrit au compte du lavandier, soit domestique soit externe et se reprendra de la même façon[54]. » Les chemises, quant à elles, sont marquées, afin que ne se glisse ni erreur ni oubli. Un « circuit » est organisé, des fréquences clairement indiquées. Un cycle est en place : « Le samedi soir qu'il répartisse le linge blanc par toutes les chambres et le dimanche matin qu'il ramasse le linge sale des mêmes chambres, prenant garde qu'il reçoit tout ce qu'il a donné[55]. » Les comportements ne sont évidemment pas uniformes. Il faut par exemple que le régent du collège, décrit par Sorel en 1623, devienne amoureux pour qu'il invente un rythme que les jésuites ont déjà dépassé : « Au lieu qu'il n'avait accoutumé de changer de linge que tous les mois, il en changea tous les quinze jours[56]. » Mais le cycle du linge est globalement plus régulier et plus général au xviie siècle, avec ses règles et ses tâches spécifiques. Dans les communautés, il s'est en tout cas institutionnalisé. Et les fréquences s'accélèrent au cours du siècle. Les oratoriens de Troyes, par exemple, qui consacrent dans leur règlement de la fin du xviie siècle un paragraphe particulier à la propreté : « On change de souliers tous les jours et de linge deux fois la semaine, le dimanche et le jeudi pour l'ordinaire. On change de bas le plus souvent qu'on pourra[57]. » Les ursulines décrivent longuement les charges de la lingère : « Elle aura la clef des coffres de celles qui ne sont pas capables d'avoir soin de leur linge : elle leur en donnera du blanc deux fois la semaine ou plus souvent si la maîtresse générale le juge nécessaire, et elle le portera sur leurs lits le mercredi et le samedi ; en hiver elle le fera sécher auparavant[58]. »

Les communautés traduisent clairement le changement de sensibilité : la propreté des personnes est celle de leur linge. Les critères de celle-ci passent donc par les objets. Le corps délègue ses représentants. A lire les règlements des institutions éducatives en particulier, une double dynamique se confirme : l'accélération des fréquences de renouvellement de linge, la diversification des objets surveillés. Cette accélération des fréquences est très sensible entre les xvie et xviie siècles : distance évidente entre les recommandations du père Maggio au provincial parisien en 1585 : « Il est bon de changer de chemise tous les mois [59] », et les cycles bi-hebdomadaires de plusieurs collèges, à la fin du xviie siècle [60]. Les normes et les autocontraintes s'accusent dans les rythmes. Et ces derniers changent avec la France classique, la cour demeurant un exemple central, quelque peu éloigné aussi. A ces fréquences s'ajoute une diversification des objets. La norme pèse encore en intégrant de nouveaux ustensiles. Les lieux d'attention s'étendent, s'ajoutent. La chemise demeure longtemps le repère essentiel. Mais plusieurs règlements montrent qu'à la fin du xviie siècle, les souliers, les bas ou les collets (lavés une fois par semaine chez les ursulines) ne doivent échapper au regard des préfets. La propreté se promeut dans un monde de choses. Ce qui compte, c'est de montrer les objets. Et dans l'aristocratie ou chez ceux qui tentent de l'imiter, le linge se conjugue avec la mode pour envahir l'habit.

L'intime, bien sûr, a gagné une place qu'il n'avait pas. Le changement de la chemise après transpiration, par exemple, peut demeurer un geste entre « soi et soi ». Il s'agit d'un acte sans témoins, relevant de la sensibilité privée. L'essentiel est ce qu'en ressent son auteur. La norme a créé cet espace. Elle l'a même réglé avec une exigence grandissante. Mais en même temps, linges et dentelles font de la propreté un équivalent du spectacle. C'est ce qu'en remarque le regard de l'autre qui importe d'abord. C'est ce qu'il en retient. D'où le fonctionnement de stratégies d'illusion.

3

Apparences

Avec le linge, la propreté n'a fait qu'étendre sa valeur d'apparence. Celle-ci s'est précisée. Son code s'est renforcé : visages et mains, selon la tradition, mais encore manchettes, collets, voiles ou rabats divers. Une cartographie s'est installée, traversée de lignes de forces : plusieurs points focalisés se répondent. Extension des signes et des lieux donc.

La propreté qui distingue

C'est au XVIIe siècle toutefois, avec la langue de Louis XIII et celle de Louis XIV, que le mot « propre » change réellement de statut. Il fonctionne plus fréquemment comme verdict dans les portraits ou les descriptions. Il accentue les profils, nuance les commentaires, s'étendant même quelquefois aux attitudes et aux comportements. Suffisamment notable en tout cas pour que sa présence ait toujours du sens ; suffisamment important aussi pour n'être pas galvaudé. Tallemant par exemple l'introduit comme un jugement bref et entendu : « J'ai vu mille fois un homme muet et sourd, assez bien fait de sa personne et assez propre[1] » ; la marquise de Sablé, par contre, « est toujours sur son lit faite comme quatre œufs et le lit est propre comme la dame[2] » ; la femme du chancelier Séguier, quant à elle, « n'a jamais été belle, mais elle était propre[3] ». Saint-Simon exploite les mêmes repères. Il insiste sur la « propreté recherchée de Mme de Conti[4] » ou la mise « noble et propre[5] » de Mme de Maintenon. Lui aussi ne commente pas. Le mot se suffit à lui-même. Son sens semble acquis. Qu'il soit jugé digne d'être cité et qu'il soit distribué avec parcimonie confirme, une fois encore, que la propreté distingue. Elle n'appartient pas à tous. Elle est le signe d'une bienséance non partagée. Cette évocation littéraire, plus fréquente et plus précise, prouve une prise de conscience renforcée. La référence est immédiatement discriminante.

Il s'agit d'illustrer, en un mot, ce qui ne va pas de soi. Dans sa traversée de la France frondeuse, par exemple, Mme de La Guette, reçue au château de Beauvilliers, demande pour la nuit la présence d'une femme. Son hôte croit qu'il s'agit d'un subterfuge plus ou moins avoué : il soupçonne la visiteuse d'être un « très grand seigneur » contraint, par les troubles du temps, au déguisement et à la dissimulation. Il s'exécute avec d'autant plus d'empressement : « Madame il n'y en a qu'une céans que vous trouverez assez passable. Je vas vous l'envoyer. » Une jeune femme se présente. Elle est élégante et soignée : « La fille vint, fort ajustée et bien propre[6]. » Tout est dit. Le mot, à lui seul, fait tableau. La jeune Beauvillaise est plus distinguée que Mme de La Guette ne pouvait s'y attendre. Évoquer sa propreté, c'est évoquer cette surprise. Comme si le mot « propre » suffisait à désigner d'emblée une tenue et une urbanité qui ne sont pas celles de tous. Il marque une bienséance, particulière, notable. Il est directement distinctif.

Mais c'est ici, précisément, que le mot change réellement de statut. La propreté est, au XVIIe siècle, si souvent associée à la distinction qu'elle lui est en définitive assimilée. Et cette association répétée pèse bientôt sur le mot lui-même : puisque ce qui est propre se définit partiellement par l'apparat, des équivalences deviennent possibles. L'un des termes peut valoir pour l'autre. Un glissement s'effectue. A force de qualifier un extérieur distingué, le mot « propreté » qualifie aussi la distinction. Ce sont de tels rapprochements qui donnent à l'ennuyeuse et traditionnelle interrogation sur la « vanité des parures » une dimension toute nouvelle. Non pas seulement parce qu'une société de cour récuse ce soupçon de vanité. Elle ne peut, à l'évidence, que mal l'accepter. Mais parce que l'argumentation elle-même s'est déplacée. L'absence de parure peut maintenant être dénoncée comme absence de propreté. Ce qui la rendrait moins acceptable encore. La malpropreté, la rusticité et l'austérité vestimentaire perdent leurs frontières possibles. Des assimilations s'installent. Les interlocutrices de Mme de Maintenon le disent clairement. Impossible, pour cette seule raison, de négliger l'ajustement des habits ; faudrait-il « être malpropre pour être estimée[7] » ? La réponse ne fait aucun doute : la propreté c'est encore la « manière ». Pour y souscrire il faut que l'habit soit bien coupé, qu'il respecte la mode... Il faut ajouter l'élégance à la netteté. L'une d'ailleurs ne va pas sans l'autre. Un même adjectif finit par les qualifier. Et lorsque chez Tallemant encore, c'est le train lui-même du maréchal de Grammont qui est dit être « toujours propre et en bon état », le sens du mot a évidemment rallié les notions d'ordre et de convenance[8].

L'évolution des traités de bienséance est à cet égard transparente. Les ouvrages sur la « civilité puérile » et surtout les manuels du courtisan ont, à la suite d'Érasme, accumulé les remarques sur le vêtement. La propreté de celui-ci devient lentement celle du linge. La décence enfin suppose toujours davantage le respect des modes et des coutumes : « Je veux que le courtisan en tout son habit soit propre et poli et qu'il ait une certaine conformité d'un honnête et modeste agencement[9]. » Or, c'est cet ensemble qu'un même terme va bientôt qualifier. Que le courtisan soit « propre » et c'est une totalité qui est aussitôt désignée : « La propreté étant une certaine convenance des habits à la personne, comme la bienséance est la convenance des actions à l'égard des autres, il est nécessaire, si nous voulons être propres, de conformer nos habits à notre taille, à notre condition, à notre âge [...]. La loi que l'on doit observer indispensablement pour la propreté, c'est la mode, c'est sous cette maîtresse absolue qu'il faut faire ployer la raison[10]. »

Cette propreté, toute portée par les convenances, peut apparemment concerner plusieurs publics et plusieurs objets. Lorsque Colbert inaugure son château de Sceaux par une fête royale, suivie d'un feu d'artifice, *le Mercure galant* se perd aussitôt en formules pompeuses : « Les ornements et les meubles étaient dans cette merveilleuse propreté qui n'arrête pas moins les yeux que l'extraordinaire magnificence. » Sur le parcours du château, les villageoises à leur tour ont fait de leur mieux. Elles ont choisi leurs plus belles étoffes et elles ont dansé. Elles aussi se sont montrées « propres » : « Les chemins étaient couverts de feuillées. Toutes les paysannes dansaient dessous ; elles n'ont rien oublié de ce qui pouvait les rendre propres [...][11]. » Dans le cas des appartements comme dans le cas de ces femmes modestes, le qualificatif est le même. Chacun offre au regard ce qu'il a de meilleur.

Même usage du mot avec la visite que l'évêque de Chartres consacre à Saint-Cyr en 1692. Même amalgame aussi : tout est « propre » dans l'institution de Mme de Maintenon. Tout y est en ordre. Il ne reste qu'à admirer : richesse des objets, symétrie des lieux. Le brave évêque veut tout voir. En trois jours, il parcourt les offices, les jardins, les dortoirs. Il fait ouvrir la lingerie, il s'attarde à l'église : le linge y est le plus fin, les moulures de bois y sont les plus imposantes, le tout mêlé dans le même qualificatif : « propreté » inimitable. Les cellules sont visitées une à une, toutes « très propres » bien sûr : cruche et pot à l'eau complètent même le mobilier. En revanche, que de tels ustensiles manquent dans le dortoir des élèves n'est pas relevé. Il ne s'agit pas, à vrai dire, de « manque ». La question ne se pose pas. La propreté, c'est la ligne. Elle fait rêver de régularité, d'élégance. La « convenance » l'emporte même sur la « netteté ». Chaque exemple le dit à sa manière : « Aux deux côtés de la première tribune il y aurait deux oratoires faits de menuiserie et de vitrage sur toute ladite église, dans l'un desquels, *très proprement* paré, il y aurait une grille de fer *très propre*, d'environ deux pieds et demi de large sur trois de haut[12]. »

Quant à l'habit, mode et propreté finissent au XVIIe siècle par se confondre. La propreté c'est d'abord le respect du canon. Une telle superposition de sens entre ligne et netteté n'a pu se produire que parce que l'apparence a joué un rôle central. Il fallait qu'un privilège systématique soit accordé à l' « extérieur » pour que la définition elle-même ait pu se mettre à bouger. Il fallait que la netteté soit essentiellement celle des étoffes pour que le mot ait pu ainsi se focaliser sur l'habit jusqu'à, lui-même, se modifier. Le succès de cette définition nouvelle ne fait que confirmer la vision de la propreté au XVIIᵉ siècle : celle-ci participe à un art de la représentation. Plus largement, elle s'intègre à un modèle social circonstancié : la cour comme exemple et spectacle. Il ne s'agit pas seulement d'offrir des signes vestimentaires ostensibles. Il s'agit de cultiver, presque consciemment, une pratique d'illusion. L'art de cour est nettement un art de la représentation. La fête de Sceaux et l'opéra de Versailles appartiennent au même univers. La valeur est celle du décor en tant que tel, la tactique celle de la scène. Art baroque aussi, où montrer est en même temps une façon de cacher. C'est le geste théâtral, c'est l'ostentatoire qui l'emportent. Les paysannes de Sceaux sont, à la limite, d'autant plus propres qu'elles ont transformé leurs rues en théâtre. Leur ordre, plus ou moins arrangé, a pu maintenir le mirage. L'investissement va en trompe l'œil[13]. Le linge en est le meilleur exemple, qui se donne pour un signe de l'intérieur. Il vaut pour ce qu'il n'est pas. Il représente. Le code est si serré que chaque élément de la tenue vient se corréler aux autres. Seul compte le visible. Mais celui-ci, pour ceux qui dictent la norme au moins, forme un tout. Les détails ne peuvent jamais être dérisoires. La composition est celle du tableau, réfléchi, étudié, où chacune des pièces ne saurait s'envisager séparément.

C'est à partir d'une telle solidarité que plusieurs éléments peuvent s'échanger. De la place du chapeau à la netteté de l'habit, ne s'agit-il pas, en un sens, de la même chose ? « Que tout soit fait dans la propreté. Ne portez le chapeau trop haut sur la tête, ni trop enfoncé sur les yeux à la façon des fanfarons et des extravagants [...]. Ne portez vos habits sales, décousus, poudreux ni pelés et les nettoyez, époussetez, pour l'ordinaire une fois par jour[14]. » Ainsi s'enchaînent les descriptions où le mot « propre », associé à celui d'« habit », ne possède pas, à vrai dire, le sens qu'il a aujourd'hui. La propreté se dit de la forme autant que de la « blancheur ». Elle qualifie aussi bien la silhouette que la matière. Elle confirme ce double critère que seul le temps dénouera : assimilation privilégiée de la netteté au visible et désignation par là même d'une distinction.

L'art de la représentation enfin déborde l'habit. Le tableau se complique encore. C'est le visage, en particulier, qui se recompose. Depuis le xvie siècle, le fard en a redéfini les traits : les blancs très pâles de Clouet, ceux, plus pâles encore, de Bronzino, donnent aux chairs des surfaces d'albâtre [15]. Les lèvres découpent leur rouge sur des fonds lisses et opalins. Les lignes jouent avec une netteté de cire. Quelques décennies plus tard, le tableau s'enrichit d'un rouge accusant les contrastes. Au xviie siècle, les enfants nobles que peint Largillière ont tous des joues de cerise agrémentant leurs visages amidonnés. Le fard, de plus, n'est plus seulement féminin. Le *Louis XIV et sa famille,* de Largillière encore, juxtapose les effigies fardées, sourcils soulignés, joues cramoisies ; la pose théâtrale des personnages n'étant qu'un écho supplémentaire au travail de leurs traits [16].

L'illusion s'accentue par une précaution nouvelle et déterminante : le poudrage des cheveux. L'apparence se recompose comme s'il s'agissait d'accroître toujours l'artifice en jouant sur les objets. Les cheveux donc ne doivent plus être peignés mais poudrés. Le geste ne manque pas d'antécédents. La poudre c'est, depuis longtemps, ce qui dessèche. Elle permet d'éviter le lavage des cheveux en entretenant leur souplesse. Elle se substitue à la pratique de l'eau, nettement redoutée : « Quand il sera question de subtiliser les poils de la tête, il faudra user de lavage avec grande prudence [...]. Au lieu d'icelui usez de frictions avec son de fourment fricassé en la poële, en le renouvelant souvent ; ou bien épandez par-dessus, et entre les cheveux quelque poudre dessicative et détersive à l'heure de dormir et le matin l'ôterez avec le peigne [17]. » La poudre, par ailleurs a déjà eu un succès durable à la cour d'Henri III. Odorante, elle n'était plus seulement un outil de lavage, elle devenait un cosmétique du cheveu lui-même.

Si, quelques décennies plus tard, son usage est presque

systématique dans l'aristocratie, c'est bien qu'il accroît le jeu sur l'apparence. Il ordonne le cheveu en le colorant partiellement. Il assujétit davantage à l'artifice l'ensemble du maintien. L'entreprise serait de masquer la « nature » comme pour mieux manipuler un écran entre le regard et le corps. Il s'agit, au fond, de poursuivre une pratique délibérée du factice. Un tel travail grignote lentement le visible. Avec la coupe du vêtement, le poudrage du cheveu fait maintenant partie de la propreté. Il parfait la représentation. Lui aussi est immédiatement retenu dans l'évaluation des « nettetés » physiques. Et il est adopté par ceux dont la vie bien sûr ne se limite pas à la cour. Beaufort par exemple, opposant au pouvoir royal, capitaine agité et brouillon, révèle que cette pratique devient lentement la norme aristocratique au milieu du xviie siècle. Sa tenue « déçoit » souvent : collets négligés, cheveux défaits. Mais Beaufort n'ignore pas le code. Il suffit même qu'il l'applique pour que chacun se récrie sur cette propreté retrouvée : « Il était ajusté contre son ordinaire. C'est l'homme du monde le plus malpropre ; il avait la barbe et les cheveux poudrés, un collet de buffle, une écharpe bleue, un mouchoir blanc à son cou : sa propreté étonna la compagnie et il en fit des excuses [18]. » L'imitation d'une telle pratique s'étend. Telle matrone de Scarron ne peut recevoir un ami que si elle « se recoiffe, se frise et se poudre [19] ». Scarron ironise sur les gestes maladroits et tremblants de la vieille dame. Mais la propreté tient toute dans cette apparence de forme et de couleur. La norme est acquise. Et lorsque Furetière moque les bourgeois et leurs cheveux « noirs et crasseux [20] », c'est évidemment pour leur opposer implicitement la poudre, qui n'est plus pour lui un simple raffinement. C'est pour leur opposer aussi la perruque qui est le point ultime du factice.

Le poudrage joue le même rôle que les dentelles du linge. Son absence a une signification de malséance (de « malpropreté ») et en même temps de franc renoncement. C'est dans les périodes d'amertume que Mlle de Montpensier, la cousine de Louis XIV, affiche diverses austérités en ne se poudrant plus, en modifiant ses habits, en suspendant certaines habitudes. La chronique de ses mariages impossibles est aussi celle de ses replis sociaux. A chaque déception, à chaque douleur, elle y abandonne un temps certains signes vestimentaires comme autant de signes de « propreté ». L'absence de poudre ne peut que traverser toutes ces équivalences négatives : « Je n'allais plus à la cour, je ne mettais point de mouches, ni de poudre sur mes cheveux ; la négligence que j'avais pour ma coiffure les rendait si malpropres et si longs que j'en étais toute déguisée [21]. »

Le parfum qui « nettoie »

La poudre, en dernier lieu, relève d'un autre objectif : celui du parfum. Au XVIIe siècle, elle n'a pas encore l'aspect argenté qu'aura la pellicule blanche plaquée sur les perruques un siècle plus tard. Son blanc se perçoit, tout en demeurant flou et disséminé. C'est qu'il joue non seulement sur le visible mais sur l'odeur :

> « Une dame ne peut jamais être prisée
> Si elle n'a son chef de poudre parfumé [22]. »

Des essences séchées et pilées entrent dans sa composition [23]. Elles mêlent leur senteur à une couleur vaguement feutrée. L'illusion se complique. Ses indices sont plus ténus et plus élaborés. Masquages encore, mais différents. Ce que retiennent aussitôt les quelques pamphlets suscités par le renouvellement des modes au début du XVIIe siècle : « Elles gastent tout avec leurs fausses perruques, saupoudrées de poudre de Chypre pour corrompre une plus mauvaise odeur [24]. »

Le parfum est un outil modèle dans cet art de l'apparence : il est d'autant plus trompeur qu'il échappe aux repères visibles. Ce sont d'abord les coffres, saturés de poudre afin que le linge en garde une trace durable. Un tel usage permettrait même, sous certaines conditions, de surseoir au changement quotidien de la chemise : « L'on fait des boîtes à linge en petit coffre d'une grandeur capable de contenir le linge fin qu'un homme de

qualité peut employer en deux jours ; on les garnit tant par-
dedans que par-dehors des mêmes étoffes odeurs et matières
que les boîtes à perruques [...][25]. » C'est aussi l'eau de cannelle
« tenue en la bouche » pour assurer à l'haleine « une bonne
odeur[26] ». Ce sont les cassolettes enfin, diffusant lentement
leurs vapeurs aromatiques : celles de la réception « magnifi-
que[27] » donnée à Don Carlos dans *le Roman comique,* celles
des galeries de Saint-Germain pour l'ambassade fastueuse de
Soliman Aga[28]. Le parfum entête parfois tant que l'ouverture
d'un coffre devient tout simplement une épreuve. Les specta-
teurs suffoquent lorsque les laquais déballent à Saint-Germain,
en 1649, les coffres de la reine. Ils s'échappent ou étouffent,
n'osant respirer avant que les coffres ne soient aérés. Logique
d'un parfum si envahissant qu'il en devient irrespirable[29].

Reste que le parfum n'est pas une découverte du xviie siècle.
Les inventaires du Moyen Age en donnent déjà des exemples
nombreux. La reine Clémence de Hongrie, l'épouse de Jean le
Hutin, possédait à sa mort en 1328 plusieurs pommes d'ambre
dont une « garnie d'or et à pierreries[30] ». L'inventaire du
château de Beaux, un siècle plus tard, recense une « boistelette
d'argent en quoy a du musquet[31] ». Les comptes royaux
mentionnent depuis longtemps des achats d'eau de rose et de
chèvrefeuille ou même des « pampres, roses et lavande [...]
pour mettre avec linge[32] ». A Brocéliande enfin, lieu mythique
du roman de Chrétien de Troyes au xiiie siècle, les dames
d'honneur de la cour ne tiennent-elles pas leur prestige d'un
savoir très étudié : la distillation de l'eau de rose[33] ? Cela
prouve la valeur déjà acquise d'une pratique autant que sa
rareté relative.

Le vrai changement intervient, une fois encore, avec l'usage
ostensible du linge, avec son étalement sur l'habit et l'attention
systématique à sa légèreté. Comme si la dentelle devait plus
particulièrement retenir le parfum : chemises parfumées des
personnages de Marguerite de Navarre[34] ; senteurs imprégnant
« manchons et collets » des « muguettes » de Dupont de
Drusac[35] ; ou encore « huile impériale servant à laver le linge de

quelque grand prince » que décrivent les éditions successives des *Secrets* d'Alexis Piémontais au xvie siècle[36].

Le xviie siècle ne fait d'abord qu'hériter de ces attentions, parallèlement à l'usage du linge et celui des civilités. Certaines sensibilités n'y sont même plus explicitées tant elles sont installées dans la culture des privilégiés : trop « évidentes » pour être légitimées. Le laborieux débat sur les odeurs fortes — où l'ail, entre autres, apparaissait comme un stimulant nécessaire contre les fatigues et contre certaines maladies — est définitivement périmé. Bouchet, avec un brin d'ironie d'ailleurs, demeurait encore proche, au xvie siècle, de la culture populaire en vantant ces odeurs déjà rejetées par les bienséances : « L'ail est la vraie viande du soldat, lui baillant cœur pour combattre, aussi bien que l'oignon [...]. Et, comme nos prédécesseurs ont usé des aulx, ils n'avaient point honte de les sentir [...][37]. » Au xviie siècle la rupture est consommée. La distance se creuse entre les odeurs raffinées et les autres. La polémique est devenue inutile : « L'ail mangé avec vinaigre chaque jour au matin[38] » est un cordial du peuple. Rien ne vaut, pour le même usage, « du bon myrrhe dans la bouche[39] ». Les deux solutions n'ont plus à être comparées. Le partage est celui des sensibilités et du coût. Tout au plus les traités des parfumeurs ou des apothicaires vont-ils entretenir certaines distinctions, destinées à leur public. C'est Lemery qui propose, en 1709, la classification la plus achevée en différenciant un « parfum royal », un « parfum pour les bourgeois » et un « parfum des pauvres ». Mais ce dernier n'est pas d'ordre esthétique. Composé d' « huile commune » mêlée à de la suie, il est seulement utile « pour désinfecter l'air[40] ».

C'est que le xviie siècle hérite aussi de repères thérapeutiques : le parfum conforte. Son usage sert à renforcer le corps ; il « recrée merveilleusement le cerveau[41] ». Il redresse l'air corrompu et dangereux. L'évolution des défenses contre la peste en est le meilleur exemple. Chauliac, outre les conseils de fuite, recommande le feu lors de la grande peste de 1348 en Avignon. Le feu purifie ; il « amende l'air[42] ». Mais ce sont insensiblement les feux de matières odorantes qui seront considérés comme plus efficaces encore. L'épuration et les effluves parfumées gagnent en complicité manifeste. De même, aux odeurs pénétrantes et endurantes, chargées de préserver la bouche par temps de peste, sont insensiblement préférées celles qui ont un parfum suave et « odoriférant [43] ». Aux aigres se substituent le benjoin, le storax, la myrrhe, le musc, le bois de rose, composant les pastilles portées à la bouche. Reste le vinaigre. Sa fraîcheur acide s'oppose aux pourritures dont la peste est supposée la compagne. Les passants en respirent des tampons imprégnés. L'acide contiendrait des principes actifs. Le parfum préserve cependant plus profondément de la contagion, en corrigeant la corruption de l'air. Son rôle déborde évidemment le jeu social. Les odeurs séduisantes seraient, jusque dans leur composition matérielle, l'envers des pourritures. Elles ajouteraient une fonction protectrice au seul plaisir des sens. Elles pèseraient sur les physiologies en « soulageant merveilleusement la faculté animale et céphalique [44] ».

Dans l'art du masquage et de l'apparence, le parfum joue donc un rôle complexe. Il ne se limite pas à la dissimulation ou au plaisir. Il est aussi, très concrètement, « purification ». C'est même l'apparence qui prend force de réalité. Déjà, quand les hommes de Thélème s'enduisaient de parfum avant de retrouver leurs compagnes, ils croyaient transformer très réellement leur corps. Aucun usage de l'eau, dans ce cas, mais une imprégnation d'odeurs. Le lavage tient d'une stratégie du parfum : « A l'issue des salles du logis des dames étaient les parfumeurs et les testonneurs [coiffeurs] par les mains desquels passaient les hommes quand ils visitaient les dames [45]. » Autrement dit, le parfum efface autant qu'il dissimule.

La France classique n'hérite pas seulement de ces images, elle les amplifie. La panoplie des objets jugés fortifiants, parce que parfumés, ne fait que s'accroître. Ce sont les bonnets médicamenteux, par exemple, dont la doublure chargée de poudre exerce un effet stimulant en « réparant manifestement les esprits animaux par sa vertu aromatique [46] ». Ce sont les sachets de senteurs portés entre linges et pourpoints. Mais ce sont encore les ustensiles quotidiens eux-mêmes accommodés et transformés. Le linge qui accueille les objets de la toilette par exemple, peignes, miroirs et poudres, peut être placé sur des doublures chargées à leur tour de parfum : « Vous y sèmerez de la grosse poudre de violette et ensuite vous couvrirez le tout avec du tabit. Il faudra, avant de passer le tabit, le frotter bien légèrement par l'envers avec un peu de civette [...] [47]. » Les inventaires royaux comportent à la fin du xviie siècle plus de quarante pièces de ce genre dont douze spécialement parfumées par Martial [48]. Le parfum joue ici tous les rôles. Il est directement associé à un objet de propreté. Il séduit l'odorat. Mais il est en même temps purificateur. L'inverse immédiat du « sale » et déjà sa correction. Toutes les valeurs de l'apparence sont passées dans celles de l'opérationnel. Le parfum nettoie. Il repousse et il efface. L'illusion a basculé jusqu'à devenir réalité.

Marcher dans les rues en portant du parfum n'est donc pas simple geste esthétique. Se promener en tenant une pomme d'ambre à la main n'est pas simple effet de mode. Et le spectacle, prolongé sur plusieurs décennies, tel que le décrit le visiteur italien du Paris d'Henri IV, devient en un sens symbolique : « Il circule dans toutes les rues de la ville un ruisseau d'eau fétide où se déversent les eaux sales de chaque maison et qui empeste l'air : aussi est-on obligé de porter à la main des fleurs de quelque parfum pour chasser cette odeur [49]. » Tout aussi importante devient la différence entre quelques hôpitaux parisiens faite par Locatelli, voyageur bolonais, curieux de tout, qui traverse en 1664 la France de Louis XIV : atmosphère « puante » de l'Hôtel-Dieu par exemple, où les malades séjournent à quatre, ou même à cinq, dans les lits, dangers permanents de « peste » aussi, aux Quinze-Vingts, où les incurables sont trop largement en surnombre ; apparente « quiétude » en revanche à la Charité où une odeur toute particulière saisit le visiteur. Un parfum flotte dans les salles que des cassolettes diffusent jour et nuit. Cet arôme, sensible de pièce en pièce, fascine le prêtre italien. L'odeur agréable ne protège-t-elle pas le corps ? C'est elle qui fait, pour Locatelli, toute la différence entre les hôpitaux. Elle chasse la contagion, donnant une force particulière aux organes les plus brisés :

« Près de chaque lit se trouve un petit autel orné de fleurs avec un brasier où, de temps en temps, celui qui en a soin jette d'excellents parfums[50]. » La fascination est même si grande que Locatelli souhaite, un instant, partager la vie de ces malheureux pourtant aussi amoncelés qu'ailleurs.

Le recours aux « contre-odeurs » achève ainsi la panoplie de la propreté classique. Il ajoute même une vertu protectrice quasi thérapeutique. Mais il est d'abord, lui aussi, « spectacle », prolongeant l'image du linge et celle des parties visibles de la peau. Les sachets placés sous les aisselles ou sur les hanches, glissés dans les plis des robes ou les revers des pourpoints, sont bien des sachets de propreté. Ils servent d'instruments supplémentaires au jeu serré des apparences.

Le plus important, dans cette propreté de l'âge classique, demeure pourtant la limite imposée à l'usage de l'eau. Le geste de la princesse Palatine, après un voyage exténuant, dit bien quel est l'objet décisif. Un jour d'août 1705, la princesse a suivi de longs chemins desséchés, brûlés de soleil. Elle arrive à Marly harassée, le fard défait, le corps baigné de sueur. Son visage est si marqué par la terre des chemins qu'elle consent à le laver : « Je dus me laver la figure, tellement il y avait eu de la poussière : j'étais comme couverte d'un masque gris[51]. » La circonstance est exceptionnelle. Pour le reste, la Palatine change au même moment de chemise, de robe et de « chiffons ». Elle est « propre » à nouveau. Mais c'est bien le linge qui lave. Au château de Marly où l'eau jaillit à profusion dans les jardins, le liquide ne touche quasiment pas la peau de ceux qui y logent. Une propreté existe donc, mais c'est la propreté de ce qui se voit.

TROISIÈME PARTIE

De l'eau
qui pénètre le corps
à celle qui le renforce

1

Une douce sensation de la peau

En décrivant le bain de la marquise du Châtelet, dont il est le valet en 1746[1], Longchamp peut surprendre le lecteur d'aujourd'hui : son service interdit toute relation de pudeur. Le valet entretient la chaleur de l'eau. Il surveille la bouilloire. Il en verse quelquefois le contenu à même la cuve, tout en évitant de brûler la marquise. Bref, il est présent dans la chambre, empressé et attentif. Aucune gêne chez la baigneuse qui se dénude et s'affaire, jugeant inutile aussi de rendre opaque la surface de l'eau. Les statuts du maître et du valet sont trop distants pour que la décence soit menacée. La main servile n'est pas encore celle d'une personne. Aussi « neutre » que les objets et aussi « familière » que les choses de la maison, elle est totalement incorporée au cadre. Elle est portée par lui, mêlée aux ustensiles quotidiens, et bornée. Le regard de Longchamp ne saurait avoir quelque poids : il n'appartient pas à l'univers de la jeune femme. Elle ne le voit pas. Il flotte quelque part, entre l'enfance et le domestique. Trop loin, en tout cas, pour toucher la baigneuse.

En rapportant la scène, Longchamp est conscient d'illustrer des mœurs que la fin de l'Ancien Régime va modifier. Il insiste sur le détachement de la marquise, sa froide familiarité, sa distance extrême et pourtant toute naturelle. Le valet est entièrement défini par une fonction : celle des services proches et indifférents. Un (ou une) autre, comme lui, peut faire ces gestes « insignifiants ». Longchamp avoue sa gêne. Le corps de la marquise le trouble au point que sa main tremble en versant de l'eau. Cette émotion très consciente, cet étonnement aussi,

indiquent déjà que les mœurs changent. Des « baigneuses »
seules serviront les grandes dames de la fin du siècle[2].

A l'inverse, aucune remarque sur le bain lui-même. Longchamp trouve la pratique tout à fait normale. Ce qui implique
un autre changement : le bain ne surprend plus. Il s'intègre à un
certain quotidien. L'épisode ainsi raconté est doublement
révélateur : transformation des décences privées, transformation des pratiques de l'eau, du moins chez les privilégiés. Dans
un tel cadre, le bain a, depuis le deuxième tiers du xviiie siècle,
une présence nouvelle. Ce qui ne veut évidemment pas dire
qu'il est devenu familier, ni même que la propreté en est
explicitement l'objet. Au moins rend-il indirectement possible
la transformation de celle-ci. Avec lui, ce sont les ablutions qui
lentement s'installent. Une immersion, jusque-là rarissime,
commence à être acceptée. L'eau s'intègre dans de nouveaux
circuits. Un usage s'amorce qui peut s'étendre. Sans doute
demeure-t-il très limité et, peut-être même, très irrégulier, au
moment où se baigne la marquise du Châtelet. Il concerne une
élite particulièrement étroite en tout cas ; il ne correspond pas,
par ailleurs, à quelque approfondissement de l'argument hygiénique. Mais en promouvant une pratique quasiment nouvelle, il
ne manque pas de conséquence : pour quelques-uns, au milieu
du xviiie siècle, le changement de linge pourrait ne plus être le
seul geste chargé d'entretenir la peau. Un traitement nouveau
de l'eau existe. Très lentement, dans les cabinets de la haute
noblesse, s'élaborent des critères inédits. Un bain est pensé avec
ses lieux et ses attentions. Qu'il soit spécifique ne fait aucun
doute, par ses fréquences encore rares, par les images du corps
qui les sous-tendent. Cette originalité reste à cerner. Elle
suggère, une fois encore, que tous les usages de l'eau ne
sauraient se ressembler. Mais il faut évoquer ce bain aristocratique et encore inhabituel pour comprendre comment, par
corrections successives, par inversions même quelquefois, la
pratique de l'eau a pu se transformer.

Un bain nouveau et rare

Les signes de la pratique nouvelle existent. Travaux successifs à Versailles, par exemple, pour construire des pièces réservées aux baignoires, les installer dans la dépendance de quelques grands appartements, les déplacer aussi selon des plans fréquents de réaménagement[3]. Luynes juge utile par exemple d'évoquer la demande faite par la reine pour utiliser temporairement les bains du roi lorsque des travaux rendent les siens inaccessibles : « La reine se baigna avant-hier. Les bains qu'elle a dans son appartement ont été changés pendant le voyage de Fontainebleau [...]. Les bains qui précèdent son grand cabinet vert ne pouvant lui être d'aucune utilité présentement, elle a fait demander, ou demandé elle-même, au roi, la permission de se baigner dans son bain. Le roi a accordé cette permission de la meilleure grâce qui soit possible[4]. » La scène peut quelquefois même être spectacle. La maîtresse royale, se baignant en 1742, prolonge l'épisode en séquences successives qui seront suivies par les courtisans : « Mme de Chateauroux a obligé le roi d'assister à ses bains et ce prince y conduisit les courtisans, entrant lui seul dans le salon, laissant ceux-ci dans la chambre la porte entrouverte et faisant avec eux la conversation. Quand Mme de Chateauroux sortait de son bain, elle se mettait au lit, y dînait et tout le monde entrait alors dans sa chambre[5]. » Cette pratique ostentatoire prouve d'abord la puissance nouvelle de la favorite. Elle confirme aussi que le bain change de statut vers le milieu du XVIIIe siècle.

Allusions inédites enfin dans les lettres, dans les mémoires, dans plusieurs textes savants. Les notations sont encore hâtives, mais déjà répétées à partir de 1740, avec, pour la première fois en tout cas, le recours à l'exemple royal : « Lorsqu'il plaît au roi de se baigner [...][6]. » Les préventions de Louis XIV sont oubliées et dépassées, même si demeurent plusieurs précautions : son successeur choisit par exemple « l'eau puisée dans le courant de la Seine de préférence à celle conduite par les tuyaux[7] ». Le liquide agité dans le lit des grandes rivières est présumé conserver une plus grande pureté. C'est que l'eau demeure une matière équivoque. Il la faut pure parce qu'elle se diffuse. Elle est toujours supposée pénétrer le corps. Elle travaille ses organes, ses fonctions. Elle l'ébranle, multipliant les effets mécaniques : « Elle s'insinue dans chacun de ses interstices dont elle augmente la capacité par le relâchement que procure son humidité[8]. » Le corps immergé est un corps imprégné. Le flux exerce même une tension qui ne s'endigue pas : « La force avec laquelle l'eau s'insinue dans les pores est immense. On n'en connaît pas les limites [...][9]. » Comme auparavant, surtout, elle laisse après son passage les pores ouverts et fragiles. En bonne logique donc, l'action du bain risque toujours d'être altérante. Des prudences s'imposent encore : la purge avant l'immersion pour éviter que l'infiltration n'ajoute aux réplétions ; le lit et le repos ensuite pour mieux protéger le corps et le préserver des fatigues. Mais les craintes à l'égard des pestes, des maladies diverses, des faiblesses obscures, sont tombées d'elles-mêmes. Oubliées et sans objet. Non pas seulement parce que les grandes pestes s'effacent. L'effet des ouvertures corporelles lui-même ne semble plus avoir une durée suffisante pour être réellement angoissant ; comme si le corps avait à sa disposition bien d'autres réactions que ces béances passives. L'immersion devient une pratique possible, tolérée, familière même pour certains, comme le montre l'exemple de la marquise du Châtelet. Très lentement le bain s'installe dans les classes supérieures de la société du XVIIIᵉ siècle.

Cette nouveauté ne bouscule pourtant pas, en un coup, la tradition. Il est facile de montrer qu'au milieu du siècle, le bain demeure encore très limité pour l'aristocratie elle-même. Dans l'*Architecture française* de J.-F. Blondel qui, en 1750, recense les plans de soixante-treize hôtels particuliers parisiens, cinq seulement possèdent un cabinet de bains[10]. Sur la vingtaine d'hôtels luxueux que décrit Marot au même moment, deux possèdent un cabinet de bains[11]. Au milieu du siècle donc, moins d'un grand hôtel sur dix possède un espace pour le bain. Sans doute y a-t-il plus de baignoires. L'*Encyclo-*

pédie en 1751 donne de ce meuble une définition et une description attestant un usage bien réel. L'objet aurait même une forme plus ou moins codée : 4 pieds et demi de longueur sur 2 et demi de largeur et 26 pouces de hauteur. Il peut être en cuivre ou en bois cerclé. Sa forme n'est plus ronde donc, et proche déjà de celle d'aujourd'hui [12].

Mais la fréquentation des cabinets de bains existants n'est pas systématique. A Commercy par exemple, lors des visites de Louis XV en 1755, le cabinet de bains devient l'appartement de la marquise de Boufflers [13]. La baignoire est recouverte, dissimulée. Le lieu, perdant ses fonctions, est aménagé en logement d'habitation et de réception. La marquise y offre fêtes et dîners. Quelques épisodes confirment ces pratiques labiles. Lorsqu'il décrit le mariage de sa fille avec le duc d'Havré, en 1762, le duc de Croÿ en donne indirectement un exemple. Le bain de sa fille ressemble à celui du XVIIe siècle, réservé aux grandes occasions de la vie, celui qui, la veille des mariages de distinction en particulier, avait pour cadre l'établissement du baigneur. Signalant explicitement ce bain, les mémoires du duc en confirment la rareté. Pourquoi insister ainsi si le bain était pour cette jeune femme une simple banalité ? « Les 17-18-19 se passèrent à faire des visites, ma fille à être purgée et baignée et à se bien préparer le corps et l'âme [14]. » De même, lorsqu'en 1769, Condorcet dit se baigner quelquefois, Julie de Lespinasse n'associe pas spontanément ce geste à la propreté : « Est-ce que votre santé serait moins bonne ou bien est-ce par goût que vous vous baignez et seriez-vous né sous le signe des poissons [15] ? » Plus significatives encore sont certaines scènes de réception, de halte, de voyage. Quelques années plus tard, Gauthier de Brecy, quittant Paris pour se rendre dans son intendance provençale, passe la première nuit chez un parent dijonnais. Il évoque à cette occasion la propreté comme une nécessité, non le bain : « J'étais arrivé chez lui vêtu en voyageur. J'avais besoin d'un peu de toilette : il me fit donner une chambre [...]. On alluma dans cette chambre un très bon feu dans la cheminée à la prussienne. Je me fis raser, j'en avais grand besoin [...] [16]. » Rejoignant sa secrétairerie auprès d'un cardinal de Rome, en

1754, Casanova quant à lui est l'objet d'une réception qui le surprend et le charme. De l'eau déjà, une cuve aussi, mais non encore une baignoire : « On m'introduisit dans un appartement de trois pièces dont la chambre à coucher était tendue de damas [...]. Un domestique vint me donner une légère robe de chambre, sortit et revint à l'instant d'après avec un second portant du linge et une grande cuve remplie d'eau. On la plaça devant moi, on me déchaussa et on me lava les pieds [17]. ». Il s'agit bien de propreté, il ne s'agit pas vraiment de bain.

Ce goût hésitant, incertain et présent à la fois, pourrait s'expliquer par la nouveauté d'une telle pratique : le balbutiement des commencements. Une implantation jusque-là inédite n'échappe pas à de telles fragilités. Elle laisse planer ces « manques », ces lenteurs. Le déclenchement ne saurait entraîner une extension géographique et sociale immédiate. Il y faut du temps. Le cabinet de bains, la baignoire, seraient réservés à quelques nobles avant de se diffuser insensiblement pour devenir plus commune.

Un travail de sensibilité

Mais ces lenteurs et ces hésitations ont aussi d'autres causes. Si le problème est plus complexe, c'est précisément parce que les effets mécaniques de l'eau demeurent foisonnants. L'intérêt nouveau à l'égard du bain les a même renforcés. L'organisme agité, ballotté par cette eau qui lui est étrangère, est d'abord totalement travaillé par elle. L'immersion correspond à une succession d'actions dont l'influence sur le corps est loin d'être la seule propreté. Celles-ci sont même quelquefois bien plus déterminantes. Au milieu du siècle, ces effets dominent toujours l'imagination. L'eau chaude, la plus pénétrante, exportant à toutes les parties de l'organisme ses influences émollientes ; l'eau tiède tempérant les échauffements, susceptible d'apaiser nervosité et malaise durant les grandes chaleurs ; l'eau froide, enfin, suscitant des contractions en cascades, capable, quant à elle, d'affermir les muscles et les vigueurs. C'est précisément

110

lorsque l'eau semble mieux « acceptée » que la multiplicité de ces actions est rappelée comme une évidence. Longtemps vont voisiner cet intérêt nouveau pour le bain et l'insistance sur la variété de ses effets. La température du liquide, en particulier, apparaîtra déterminante. Des oppositions vont même s'affirmer : le bain régulier contre le bain saisonnier par exemple, le froid contre le chaud surtout, les vigueurs contre l'affadissement. Choix d'autant plus important que l'eau est un milieu subtil. C'est en agissant sur cette subtilité que la chaleur en peut précisément varier les effets. Mais l'eau est encore un milieu d'ondes et de chocs, de mouvances et de pressions. Elle crée un état pour le corps immergé. Elle l'investit avec plus de force qu'un climat. Elle le domine en l'enveloppant. La matière n'est pas neutre. Comment alors penser le bain en dehors de tels effets ?

Ces opérations physiques sont d'autant plus importantes que s'y ajoute bientôt une signification sociale. Ceux qui, les premiers au milieu du xviiie siècle, se livrent aux chaleurs de l'eau, ne sont pas les mêmes que ceux qui, une ou deux décennies plus tard, découvrent les vertus du froid. Une pratique raffinée et lascive peut s'opposer ici à une pratique austère, voire ascétique. Un luxe s'oppose en tout cas aux sévérités que les méthodes froides vont inventer. La divergence devient sensible entre une « mollesse » toute aristocratique et un ascétisme aux ambitions conquérantes. Le luxe ostentatoire contre les vigueurs ambitieuses[18]. Il fallait que l'eau soit une matière active pour suggérer de telles applications. Il fallait qu'elle soit l'objet d'images turbulentes, dynamiques. En se mêlant aux repères de l'hygiène, cet imaginaire rend donc ces mêmes repères plus opaques.

Les premiers bains du xviiie siècle, ceux des hôtels particuliers, sont des bains chauds apparemment réservés à la propreté. Mais l'attention à une mécanique de l'eau laisse déjà deviner une plus grande complexité. La distinction de Richelet en 1728 suggère des nuances : « Les jeunes gens se baignent par plaisir et les autres prennent le bain pour se conserver en santé[19]. » Le plaisir donc est premier. Quant au rapport à la santé, il ne vise peut-être pas ici l'entretien de la peau. Les effets dynamiques de l'eau sur les organes pourraient être plus importants. Quoi qu'il en soit, le cabinet de bains est un luxe. Un luxe rare bien sûr, mais délibéré. C'est en tant que tel qu'il doit être compris. Il implique une pratique spécifique. Ce n'est peut-être pas la propreté qui, au milieu du siècle en tout cas, y est la référence dominante.

Qu'il valorise l'habitation noble ne fait bien sûr aucun doute. Le conte publié par Bastide en 1753, *la Petite Maison*[20], en donne une illustration d'autant plus intéressante qu'elle est sans nuances. Pour séduire Mélite, une amie réticente, le marquis de Frémicour lui propose de visiter la maison qu'il vient de faire achever en bordure de Seine, aux portes de Paris. Hésitations, moqueries de la jeune femme qui enfin accepte. Et la situation « inévitablement » se retourne. La visiteuse est conquise au fur et à mesure qu'elle traverse les pièces. La progression du sentiment se calque trivialement sur la découverte de ce nouvel espace. Ce n'est pas la magnificence qui l'emporte, au demeurant, mais la « commodité » et l'élégance des lieux. Le goût plus que la grandeur. Le subtil et l'utile plus que l'ostentatoire : « Il s'agit de ces commodités dont nous sommes devenus idolâtres et que nos prédécesseurs négligeaient un peu trop[21]. » Distribution harmonieuse des pièces, services multiples et dérobés, profusion très calculée des tableaux, des gravures, des stucs et des parfums. Prestige des techniques donc, et raffinement des lieux. Le progrès tient aux commodités et aux esthétiques. La séduction de Mélite trouve son origine dans ce double choc. Ce n'est plus un hasard si la visite s'achève par le cabinet de bains : « Elle marcha et entra d'elle-même dans une nouvelle pièce plus délicieuse que tout ce qu'elle avait vu encore [...]. Cette nouvelle pièce est un appartement de bains. Le marbre, les porcelaines, les mousselines, rien n'y a été épargné [...]. A côté est un cabinet de toilette dont les lambris ont été peints par Houet [...]. Je n'y tiens plus, dit-elle, cela est trop beau. Il n'y a rien de comparable sur terre[22]. » Propreté, esthétique et raffinements viendraient s'entrecroiser dans une même émotion.

La publication du conte de Bastide, dans le journal économique en 1753, donne au texte tout son sens. Confortant le projet du journal né en 1751, cette nouvelle mêle le thème de la technique à celui de la sensibilité, le thème du luxe à celui du progrès. Ce sont les propositions de Voltaire ou celles de Montesquieu qui sont en fait reprises ici : le raffinement des arts est la condition du raffinement des sens. Et l'économique commande les deux thèmes. Puisque les arts, loin « d'amollir les peuples[23] », éblouissent la sensibilité et servent les richesses. Bastide prolonge cette prise de conscience du premier XVIIIe siècle : les arts, en atteignant les sens, multiplient aussi les ressources. Ils dynamisent les industries. Le « superflu » déborde d'enjeux économiques. Le luxe détermine la puissance d'une nation. Par ses plaisirs, le Mondain de Voltaire « enrichit en fait un grand état[24] ». Ce sont ses envies, ce sont ses goûts, qui sollicitent les artisans et les manufactures, avant d'être affermis par eux. De vieilles raideurs morales peuvent, plus clairement qu'auparavant, basculer. Le plaisir, et quelquefois « même la mollesse[25] », trouvent autrement à se formuler. Une référence nouvelle et insistante à l'économie leur en donnerait maintenant le droit.

Avec cette référence nouvelle, le bain aussi a une place nouvelle. Il est d'abord raffinement supplémentaire pour le mondain. Il est finesse des sens et du goût :

> « Il court au bain : les parfums les plus doux
> Rendent sa peau plus fraîche et plus polie
> Le plaisir presse : Il vole au rendez-vous[26]. »

Lorsque Casanova décrit l'appartement que lui prête, en 1754 à Venise, l'ambassadeur de France pour faciliter ses rencontres amoureuses, il voit dans la baignoire de marbre, attenante au « boudoir préparé pour la mère des amours[27] », un faste particulier. Mais ce faste est très orienté. Il s'y mêle une érotique, une sensualité qui repoussent au second plan l'image de quelque raison fonctionnelle. Le bain est un surplus, presque un superflu, nécessaire. Il n'est en rien une pratique élémentaire ou banale, en ce milieu du XVIIIe siècle. Il est l'affirmation d'un luxe où domine le sensuel. Même ambiguïté encore lorsque le diable de Le Sage permet à l'écolier de pénétrer successivement dans chaque maison de Madrid. Survol social et culturel en quelques pages. Une seule scène de bain dans cet ensemble de visites. Mais très significative : « Le second corps de logis est habité par une belle dame qui vient de se baigner dans du lait, et de se mettre au lit tout à l'heure. Cette voluptueuse personne est veuve [...] [28]. » Délicatesse et blancheur de la peau motivent sans doute ces pratiques rares. Mais c'est le raffinement voluptueux que retient le commentaire.

Et lorsque, pour la première fois, en 1759, un texte sur l'art de la beauté est introduit par un long éloge du bain, l'exemple est emprunté à l'imaginaire contemporain du harem oriental. Connotations lascives et espaces féminisés. Avec le bain de l'odalisque, le plaisir l'emporte toujours quelque peu sur l'utile, et l'ébranlement des sens l'emporte sur le nettoiement. Le décor du sérail, décrit par l'auteur, désigne la volupté : la nacre, les perles, les plantes aromatiques, la baignoire elle-même transformée en coquille, créent plus qu'un effet d'ambiance. De tels objets désignent d'abord un milieu. Chaque geste n'est pas totalement superposable au lavage. Porté par un imaginaire des délicatesses et des préciosités, le bain ne saurait être simple pratique fonctionnelle. Splendeur des cultures raffinées, il travaille la sensation. Une fois baignée, l'odalisque peut « se livrer entre les bras d'un sommeil doux et voluptueux [29] ». Elle est à la fois sirène et alanguissement.

Mme de Genlis dira plus tard à quel point cette pratique vise un « état » du corps. Les valences de l'eau atteignent immédiatement les sens, mélange de détente et d'oisiveté, culte de l'artifice en tout cas. Le bain, au milieu du XVIIIe siècle, touche à l'indolence distinguée : « Les bains ont été une nécessité dans les pays chauds, dans les autres une mode ; on ne les a jamais vus si multipliés et si connus parmi nous que dans ces derniers temps. La paresse et l'oisiveté ont beaucoup contribué à les établir et à les maintenir. Les matinées sont si longues pour les désœuvrés depuis qu'on dîne à six heures [...] [30]. » Plus que jamais ce bain chaud des cabinets de la

114

noblesse est d'abord pratique de femme. Outre la référence à la féminité et à la nonchalance, la pratique gagne les mœurs comme un surcroît d'agrément que le luxe autorise.

Et c'est ce luxe, précisément, que les premiers architectes des cabinets de bains au xviiie siècle, exploitent d'abord. Ils ne destinent pas toujours leur création à une pratique constante, ni même régulière. Les nouveaux espaces sont souvent des lieux de rafraîchissement, de détente. Il s'agit de privilégier l'ombre, l'humidité. Les plantes et les herbes ne sont guère loin. Si l'emplacement choisi est l'orangerie ou l'aile exposée au nord, c'est que le bain est fait ici pour les chaleurs et moins pour les grands froids. L'attention à la verdure, aux jardins peu exposés, aux niches cachées, retient, comme allant de soi, une période préférable dans l'année : « La destination de cet appartement demande de la fraîcheur et c'est pourquoi on le place le plus souvent dans le bas étage d'un bâtiment à l'abri de quelque bois et près de quelque fontaine ; afin qu'en sortant de ces sortes de lieux, on puisse respirer un air froid à l'ombre de quelque agréable verdure[31]. » Le cabinet de bains est fait ici explicitement pour les chaleurs de l'été[32]. Même tonalité, plus furtive et sans doute plus indirecte, lorsque Diderot écrit aux sœurs Volland le 10 août 1769 : « Ô qu'il fait chaud, il me semble que je vous vois toutes les trois en chemises de bain[33]. » C'est avec la chaleur que s'associe immédiatement une telle pratique sous la plume de Diderot. Le bain ne semble pas encore suffisamment fréquent ni familier pour être indépendant du temps et des saisons. Une association insistante lie l'immersion à la chaleur, à l'atmosphère ambiante. Cette immersion est d'abord faite pour créer un état. Même tonalité enfin lorsque le prince de Ligne rappelle les bains pris après ses lectures dans l'île et sous le soleil de son parc. Espace luxueux aussitôt associé « à l'air frais embaumé de toutes les odeurs[34] ». *Le Médecin des dames* dit à ce sujet l'essentiel en 1772. Pratique saisonnière, largement élitiste, vaguement sensuelle : « Les bains de précaution, de sensualité, de propreté, ne s'administrent guère en hiver. Le printemps et l'été sont les saisons les plus favorables [35]. »

Pratique mêlée donc, où la propreté voisine avec d'autres mobiles. Les mouvances de l'eau font dominer l'imprégnation du corps et l'intervention sur ses états. Se baigner, c'est peut-être d'abord ressentir une atmosphère, traverser des influences portantes, éprouver un affect. Il s'agit d'un échange de matières et d'un déploiement de pressions. Le bain alerte le système « impressif ». C'est la sensibilité quasi interne du corps qui semble en jeu. Pratique de luxe en tout cas, bien peu partagée au milieu du XVIIIᵉ siècle. Mais pratique suffisamment importante enfin pour faire naître, presque au même moment, des initiatives nouvelles.

Un premier établissement rompant avec celui du baigneur se construit sur la Seine en 1761 : bains chauds qui pompent l'eau de la rivière pour alimenter de petites cabines réparties de part et d'autre d'un bateau. La distribution des lieux est neuve, faite pour faciliter la circulation des flux. Le projet, quant à lui, est thérapeutique et hygiénique à la fois : « Je vois à tout instant des malades soulagés et guéris par le secours des bains ; ils concourent également à conserver la santé [36]. » Approbation de la faculté de médecine, publication d'avis divers, les bains Poitevin bénéficiant d'un « privilège exclusif [37] » sont les seuls de ce genre jusqu'en 1783 [38]. Luxueux (un bain coûte trois livres en 1761, alors que le salaire quotidien d'un artisan est, à la même date, d'une demi-livre, et celui d'un journalier d'environ un quart de livre [39]), ils sont conçus pour un public encore rare. Ce qui confirme l'appartenance élitiste du bain chaud. Mais, surtout, l'établissement hésite entre l'institution thermale et l'institution de propreté. Poitevin répète plusieurs fois qu'il faut « donner l'occasion aux riches d'être guéris plus promptement que s'ils étaient obligés d'aller chercher loin de leur patrie les secours nécessaires [40] ». Il insiste aussi, avec ravissement même, sur les douches conçues pour multiplier les effets mécaniques : « Les guérisons s'opèrent en déplaçant par une force supérieure les humeurs étrangères qui forment des engorgements dans les membranes douloureuses et dans les muscles engourdis par leur présence [41]. » C'est le thermalisme, en définitive, qui domine. L'établissement est, par sa forme, le précurseur des bains du XIXe siècle. Il ne l'est pas réellement par ses pratiques.

Enfin, l'intérêt nouveau pour le bain se traduit au milieu du XVIIIe siècle par un brusque accroissement des monographies médicales à son sujet. La question posée par l'académie de Dijon en 1755 (« les vertus du bain aqueux simple [42] ») atteste l'importance du thème. La pratique connaît donc son versant théorique. Et les premiers textes insistent, chacun sans nuance, sur l'influence des ébranlements portés à l'intérieur même des organes. L'attention aux phénomènes de sensibilité domine. L'organisme est bercé par le bain autant qu'il est atteint par lui : « L'eau chaude excite une douce sensation de la peau qu'elle baigne : la faculté sensitive relâche avec délectation le système charnu [43]. » L'intention première est de décrire. Il s'agit de restituer un état. Le bain chaud est essentiellement « délecta-ble », parce qu'il saisit les sens par sa matière même : « Cette douce détente qui cause une sorte de délectation sur la peau, en passant de là dans tout le système nerveux, rend le bain calmant. Il en naît une disposition au sommeil [44]. » A y regarder de près, c'est une fois encore la logique des flux et des chocs qui s'impose. Et lorsque Guillard en 1749 tente, en une phrase, de légitimer le bain pour son « heureux citoyen », les phénomènes internes l'emportent systématiquement. Une fois franchie la description des états, l'intérêt va aux mécanismes profonds déclenchés par le bain. Le texte est révélateur parce qu'il marque le renouvellement du bain et, sans doute déjà aussi, l'amorce d'une propreté nouvelle, tout en demeurant largement centré sur la physique des organes : « Il se baigne et se frotte d'huile pour entretenir la souplesse de ses nerfs, pour faciliter la transpiration, pour empêcher les humeurs de se fixer trop abondamment en aucune partie de son corps et d'y causer des douleurs aiguës souvent mortelles qu'il eût été facile d'évi-ter [45]. » Le bain chaud allège parce qu'il fait circuler les humeurs. Telle est sa vertu essentielle.

Les « commodités »

D'autres pratiques de l'eau, physiquement plus limitées, témoignent par contre d'une transformation, sans doute plus profonde, de l'hygiène de l'élite dans le deuxième tiers du XVIIIᵉ siècle. Un objet inédit apparaît, après 1740 surtout, repérable dans les inventaires nobles et les comptes des grands ébénistes, il s'appelle « chaise de propreté » ou, déjà, « bidet ». Son usage s'amorce un peu avant les années 1730. Un jour de 1726, d'Argenson est reçu par Mme de Prie à sa toilette. Échange de banalités et de convenances. La scène est sans relief. Or Mme de Prie s'assoit brusquement « à son bidet [46] » amorçant une toilette intime. D'Argenson veut se retirer. Mme de Prie insiste. La scène bascule au marivaudage. Le geste étonne par son prosaïsme. Mais c'est la date qui importe ici. Aucune trace de l'objet par exemple dans l'inventaire de la Malmaison en 1713, alors qu'il y est présent en 1750 [47]. De même, Remy Pèverie, ébéniste tourneur rue aux Ours, à l'enseigne de la « Belle Teste », peut concevoir, en 1739, d'étranges bidets doubles, aux dossiers accolés [48]. L'instrument dénote, pour longtemps, une distinction sociale. Composé généralement d'un châssis de bois, d'une cuvette en étain ou en faïence, son apparence est le plus souvent travaillée et luxueuse. Le dossier et le battant qui masque la cuvette en font aussi un meuble siège, quelquefois repérable dans les chambres de la noblesse. Celui que livre Duvaux à Mme de Pompadour, en août 1751, est caractéristique dans sa préciosité : « Un bidet à dossier plaqué en bois de rose et fleurs garni de moulures, pieds et ornements de bronzes dorés [49]. » Celui de Mme de Talmont à Saint-Germain-en-Laye est également caractéristique : monté « en merisier à filet de bois d'amarante à dessus de tabouret couvert de maroquin rouge cloué de clous dorés [50] ». Quelques-uns de ces objets raffinés possèdent des flacons de cristal incorporés au dossier. Lorsqu'il confectionne en 1762 un bidet de métal avec des pieds qui se dévissent pour en faire un meuble de voyage, J.-B. Dulin montre indirectement l'importance qu'un tel objet commence à revêtir[51]. Son usage n'est pas seulement féminin : chaise percée et bidet par exemple sont recensés dans la garde-robe de M. de Hérault, comme dans celle du maître des lieux, à l'inventaire du château de Montgeoffroy en 1775[52]. De même, chaise percée et bidet encore, dans la garde-robe du prince de Condé et dans celle de sa femme à l'inventaire du Palais-Bourbon en 1779[53].

Les gravures de G. de Saint-Aubin disent assez ce luxe particulier. *Les Papillonneries humaines* (1770) permettent d'illustrer une profusion de situations sociales en animant des papillons aux formes graciles et anthropomorphes : jeu sur l'image et témoignage de mœurs. La scène de toilette y est celle des grands hôtels nobles : mobilier raffiné, étoffes luxueuses, domesticité attentive et affairée. Un « insecte » se laisse coiffer dans une pose nonchalante. L'ensemble des instruments en usage au milieu du siècle agrémente le lieu : miroir ciselé, mouchoirs brodés, dentelles recouvrant la table, coffrets aux formes délicates protégeant les flacons, bidet enfin, glissé à l'écart au pied d'un paravent de toile peinte[54].

Le bidet est un objet très rare néanmoins qui, au milieu du siècle, ne se trouve quasiment pas dans l'univers bourgeois. La maison de J.-L. Tamisier, par exemple, négociant mort en 1767 à Apt, avec plus de cent mille livres de rentes, n'en possède pas[55]. Le propriétaire sait pourtant apprécier le luxe : il utilise plus de soixante chemises fines et brodées. La garde-robe de Mme Tamisier, placée au premier étage, possède quant à elle le meuble de toilette où se disposent miroirs, crèmes et flacons à parfums. Rien, en fait, n'indique que, dans ce cadre, l'hygiène du xviie siècle ait pu se modifier, même si la « toilette » devient maintenant une table spécifique avec son attirail de miroirs, de tiroirs et de senteurs[56]. L'inventaire fournit tous les signes de cette hygiène « classique » : qualité et quantité du linge, objets soulignant l'attention à la forme apparente et au parfum. De même, le logement de Rousseau à Montmorency ignore encore le nouveau meuble en 1758[57]. Absence identique, enfin, dans le logement de Collin, intendant de Mme de Pompadour, à la mort de celle-ci en 1764[58]. Les divers emplacements dans les châteaux sont d'ailleurs, à eux seuls, indicatifs : au milieu du siècle, et durant quelques décennies encore, la présence du bidet ne se limite qu'à la chambre ou à la garde-robe des maîtres. C'est le cas de la Malmaison en 1750[59]. C'est le cas de Montgeofroy en 1775[60].

Signe plus ou moins apparent de distinction, l'existence du bidet suppose une pratique de propreté plus intime, modifiant gestes et attentions. L'apparition de ce meuble mérite d'autant plus d'intérêt qu'elle n'est précédée ni accompagnée d'aucune modification des manuels d'hygiène, et moins encore des manuels de civilité, dont la propreté classique tirait jusque-là l'essentiel de ses normes. C'est après 1760, par exemple, que certains textes commencent à évoquer une propreté entretenue sectoriellement, selon les parties du corps. Le traité de Jacquin (1762) demeure quelque peu euphémique. L'ablution locale y est indiquée. Les zones « secrètes » du corps y sont présentes. Mais impossible encore d'y reconnaître un geste précis. Le principe d'une telle ablution ne franchit pas la généralité : « La propreté demande qu'on lave aussi souvent plusieurs parties du corps, surtout celles où la sueur, en séjournant, produit une odeur désagréable. La délicatesse y est au moins autant intéressée que la santé[61]. » Le Conservateur de la santé (1763), au contraire, nomme très consciencieusement ces parties. Il s'attarde aux odeurs, aux échauffements. Il décrit les « risques » encourus à ne pas laver toutes ces surfaces « particulières » et dissimulées : « Si la transpiration ou la sueur séjournent dans ces parties (les aisselles, les aines, la région du pubis, les parties génitales, le périnée, l'entre fessons ou la raie), la chaleur les exalte et, outre la mauvaise odeur qu'on porte et qu'on répand partout, une partie de ces exhalations, et de ce qui en font la matière, est reprise par les vaisseaux absorbants et portée dans la circulation où elle ne fait que nuire en disposant les humeurs à la putréfaction[62]. » Image monotone du corps qui absorbe (en l'occurrence, c'est ici la sueur qui peut « refluer » vers les pores), mais usage de l'eau pour entretenir des parties : il faut bassiner celles-ci régulièrement avec une éponge humide, propose le Médecin des dames en 1772 ; pour certaines de ces parties, enfin, il faut laver : « Le soin des parties naturelles est d'une nécessité indispensable. Il faut les laver tous les jours et mettre dans l'eau destinée à cet usage toutes plantes aromatiques, ou quelques eaux spiritueuses[63]. » L'insistance sur une propreté féminine est pour la première fois très explicite. L'usage du bidet précède ces textes. Il est en fait contemporain d'une autre transformation, plus importante parce qu'elle touche aux espaces et aux intimités : celles des appartements de commodité.

Ce qui différencie par exemple le modèle des grands hôtels de Blondel en 1737[64], ou en 1752[65], de celui des hôtels de Le Muet un siècle auparavant[66], c'est une division plus tranchée entre diverses parties du logement : les appartements de parade et ceux de bienséance, où se déroule l'essentiel de la sociabilité noble, s'agrémentent des zones plus reculées, faites pour les gestes plus familiers[67]. Aux chambres s'adjoignent des dépendances dont le rôle s'est spécifié : cabinets divers, petits et grands, caractérisés chacun par une fonction (« réchauffoir », « serre livres », « toilette », « garde-robe », etc.). Les pièces des grands hôtels du xviie siècle, souvent polyvalentes, ont gagné un siècle plus tard des espaces annexes. Lorsque Michel de La Jonchère transforme la Malmaison en 1737[68], il multiplie les petits cabinets, les « chambres de garde-robe », dans une résidence qui jusque-là n'avait que passages de plain-pied ou antichambres. Les réaménagements effectués à l'hôtel de La Vrillière en 1752, à l'hôtel du baron de Thiers en 1747, ou à l'hôtel d'Armini en 1748[69], vont dans le même sens. La chambre ne perd en rien son « alignement » ; elle s'intègre toujours aux ensembles monumentaux. Mais autour d'elle, entre elle et la suivante, plusieurs lieux apparaissent. A l'hôtel de La Vrillière, une chambre d'aile dispose d'un cabinet de toilette, d'une garde-robe et d'un dégagement[70]. A l'hôtel de Belle-Isle, construit par Bruant, rue de Bourbon en 1721, la même chambre comprend un cabinet de toilette, un cabinet de commodités, une garde-robe et un lieu d'aisance[71]. En comparant les constructions du xviie siècle à celles de son temps, Blondel insiste sur « le manque par les garde-robes » et par les

« commodités dont pêchaient les premiers[72] ». A la fin du xviie siècle, par exemple, aucun lieu n'existe encore pour la « toilette » de Mme de Maintenon. Celle-ci se couche dans une chambre où le roi continue de bavarder avec ses ministres. Ses femmes viennent la « déshabiller[73] » au pied du lit. Elles l'aident ensuite à se glisser dans ce lit, dont les lourdes tentures peuvent seules l'isoler. Or, c'est précisément sur l'intimité que s'opère le changement dans les grands hôtels à partir de 1730. C'est sur cette intimité que porte la différence entre chambre d'apparat et chambre privée. C'est sur elle encore que porte la création de ce lieu de toilette ; pièce suffisamment spécifique enfin pour que puissent être vendus, dès les années 1760, des mobiliers complets pour cabinet de toilette, avec lambris et plafonds de toile peinte[74].

Ces hôtels luxueux du deuxième tiers du xviiie siècle ne bouleversent pourtant pas toutes les relations individuelles. L'appartement du maître et celui de la maîtresse demeurent largement distants. Les liens familiaux entre eux ne se sont pas nécessairement resserrés. Homme et femme continuent, le plus souvent, de s'approprier séparément une aile différente de l'hôtel[75]. Cet espace orienté vers l'appartement de parade et la chambre d'apparat ne travaille pas encore l'intimité familiale. Sa réelle nouveauté est de ménager une plus grande intimité personnelle. En se spécialisant, les cabinets accroissent les services particuliers. L'individu se donne un autre temps. Ses gestes sont moins directement tendus vers le spectacle. D'autres relations de soi à soi deviennent possibles. Il s'agit d'une privatisation atteignant directement l'existence noble elle-même.

A vrai dire, plusieurs modèles s'entremêlent. Ceux de l'aristocratie traditionnelle, bien sûr, et ceux de la grande bourgeoisie financière, important dans l'espace noble une dynamique de privatisation que celui-ci ne connaissait pas. Le grand hôtel des années 1730, celui d'un receveur général des Finances comme de Meulan[76] ou celui d'un ministre comme Rouillé[77], s'inspire des repères de la cour, en même temps qu'il les déplace. L'ostentation cède devant un luxe moins démonstratif. Une place grandit pour les fonctions anonymes. Commodités, boudoirs et garde-robes ne sont plus faits pour le seul spectacle. L'homme privé y aménage un espace qui n'existait pas. Rien n'est plus urgent pour cette élite financière que l'anoblissement et l'imitation de l'homme de cour, rien n'est plus inévitable aussi qu'un infléchissement réciproque de leurs valeurs : « Ainsi tandis que le plaisir noble tend à se privatiser, l'homme privé, sitôt parvenu, cherche à dissimuler ses origines en aristocratisant son train de vie[78]. » L'hôtel d'Évreux, que Mme de Pompadour fait transformer par Lassurance en 1752, et l'hôtel d'Armini, appartenant au financier de Meulan, finissent par se ressembler[79].

C'est d'une telle privatisation que semblent naître « cabinet de toilette », « cabinet de propreté[80] », « cabinet de commodité » ou « lieux à l'anglaise », dont les hôtels de luxe parisien offrent l'exemple, dès le deuxième tiers du xviiie siècle. Les « lieux à l'anglaise », témoignages évidents de luxe, sont à eux seuls significatifs. Ils transforment l'usage de la chaise percée en ménageant un emplacement fixe et clos pour les fonctions naturelles. Ils recourent aux premières « mécaniques » du confort : c'est une soupape, par exemple, qui obstrue la lunette pour éviter le refoulement des odeurs. Lieux spécifiques pour fonctions intimes : un espace s'est bien constitué[81]. Le cabinet de toilette annonce quant à lui une propreté nouvelle : locale sans doute, mais échappant au regard et rendant insuffisante la seule attention au linge. Pratique inédite et surtout dérobée : le lieu compte ici autant que les conduites. C'est en dehors de toute théorie enfin que s'élabore cette série de gestes centrés, plus qu'auparavant, sur la sensation et le rapport à soi. Un lavage intime s'ébauche. Un espace plus replié en favorise l'apparition. Des objets précis en indiquent la présence. Le bidet est l'exemple type de ces renouvellements, mais encore les cuvettes et les brocs de faïence agrémentant à leur tour ces lieux privatisés[82].

Importante parce qu'elle ménage un dispositif intime avec ses propretés fractionnées, une telle transformation n'en est pas moins très circonscrite. Non seulement parce qu'elle se limite à quelques privilégiés, mais aussi parce qu'elle ne s'affranchit pas encore clairement des repères traditionnels de l'apparence et de la bienséance. Le fait que la « toilette » puisse, pour longtemps encore, se donner en spectacle, souligne bien que le moment essentiel de celle-ci demeure la métamorphose orchestrée par la coiffure et les soins du visage. L'imaginaire du visible n'est pas bouleversé. Le duc de Croÿ, assistant à la toilette de Mme de Pompadour, est fasciné par l'effet esthétique autant que par la proximité, toute institutionnelle d'ailleurs, qu'une telle situation autorise : « On ne peut rien voir de plus joli[83]. » L'opération est faite pour le regard. La toilette est d'abord cette transfiguration patiente du paraître. Elle capte l'effet visuel. Une propreté intime, discrète et peu commentée, l'engage sans aucun doute vers d'autres voies. Mais cette propreté demeure largement prisonnière du travail classique sur l'apparence. Le ressort essentiel en est encore l'ostentation. Or, c'est précisément ailleurs que va le renouvellement. C'est en devenant plus « fonctionnelle », par exemple, en trouvant d'autres légitimités, comme celle de la santé et des vigueurs en particulier, et surtout en affrontant les images mécaniques dont l'eau est porteuse, que la propreté va changer de sens. Un des paradoxes, enfin, est qu'une part des transformations futures passe par la remise en cause du « luxe » ici encore dominant : une hygiène va s'affirmer contre les valeurs d'apparence, elle ne manquera pas, faut-il le dire, de connotations sociales.

2

Le froid
et les nouvelles vigueurs

Cabinets de bains, baignoires et cabinets de toilette prouvent que l'usage de l'eau change lentement au milieu du XVIIIe siècle. Il s'agit sans aucun doute d'une propreté nouvelle, pour les privilégiés au moins. Mais elle ne concerne qu'un public extrêmement limité, tout en étant très irrégulière. Et surtout, cette propreté demeure allusive, confuse même ; l'eau, à elle seule, ne correspond évidemment pas à celle d'aujourd'hui. Sa chaleur, ses infiltrations, ses pressions accentuent son originalité. Elle est une substance active, un milieu dynamique, agissant sur le corps et le traversant avant même de le laver. Elle bouscule les physiologies, elle véhicule des énergies secrètes.

L'attention aux mécaniques ne saurait d'ailleurs s'épuiser avec les chaleurs et la pénétration. Dans ce registre, bien des effets peuvent encore être imaginés. D'autres images demeurent possibles. Bien des chocs et des commotions, par exemple, semblent en réserve dans la seule masse physique de l'eau. La mécanique ne manque pas de ressources. Or, c'est bien vers elle que s'orientent les curiosités et les suggestions. Agitation de parties, ébranlements et mouvements internes, demeurent encore au premier plan. Une image, en particulier, va jouer un rôle d'autant plus important qu'elle concilie plusieurs séductions : celle des secousses entraînées par l'eau froide. Simple constat d'abord : le froid contracte le corps. Mais spéculation sur les conséquences ensuite : ces contractions pourraient avoir des effets thérapeutiques en agissant sur les humeurs ; elles pourraient avoir des effets quasi moraux en agissant sur les énergies. Une fois encore se mêlent à l'hygiène des préoccupations qui la débordent. Le froid du liquide devient plus important que toute autre qualité. Et le premier regard va aux mouvements internes que ce contact devrait déclencher. Pour beaucoup, le bain et l'usage de l'eau vont être dominés, dans la deuxième moitié du XVIIIe siècle, par cette exigence du froid : « Ne rend-il pas les hommes plus forts et plus robustes[1] ? » Le thème correspond rarement à une pratique bien circonstanciée, mais il occupe une place évidente dans les théories et dans les discours.

De telles spéculations supposent la transformation de bien d'autres repères. Il faut par exemple une confiance toute nouvelle dans les réactions du corps : un liquide aussi inhospitalier que l'eau froide ne doit-il pas soumettre ici l'organisme à un « mal » apparent pour mieux ensuite le renforcer ? Cette eau, qui séduit une nouvelle catégorie d'hygiénistes, après le milieu du XVIIIe siècle, suppose en fait un long parcours théorique et culturel.

L'imaginaire du bain froid

Dans un premier temps, avant 1750, les enjeux semblent être exclusivement thérapeutiques. Guérisons curieuses et histoires édifiantes : celle de ce capucin par exemple, réputé rendre vie aux corps agonisants après quelques applications d'eau à la glace. Les convulsions artificielles aideraient au renouveau des forces, la mort reculerait devant les secousses de la vie. Le *Mercure* de 1724 décrit les manipulations de ce brave ecclésiastique ; appelé auprès d'un mourant, celui-ci recourt vaillamment aux compresses les plus glacées : « Il lui appliqua des serviettes mouillées à la glace ; la mort se moquait encore du bon capucin et tenait le patient. Enfin, d'un ton de colère, le capucin se fit donner huit livres de glace en un seul morceau et lui en frotta l'estomac et le ventre : Ma foi, la mort quitta la partie, le patient se déboucha par le haut et par le bas ; il a ouvert les yeux, il reconnaît tout le monde et boit de l'eau sans façon[2]. » Cette mécanique des réactions appartient aux curiosités pré-scientifiques. Beaucoup de complaisance, à l'évidence, dans l'anecdote du *Mercure,* et un goût à peine dissimulé pour l'étrange. La nature surprend. Son défi séduit la raison. Les cabinets de physique du premier XVIIIe siècle, avec leurs tâtonnements et leurs prodiges vaguement expérimentés, ne sont pas loin. Les cures de ce genre, en tout cas, vont se colporter.

C'est à elles encore qu'appartient le geste du duc de La Force, sauvant un malheureux d'une insolation mortelle. Deux voyageurs venus de loin traversent ses terres par les plus grandes chaleurs. L'été est exceptionnel. L'air est brûlant. Ils n'y résistent pas. L'un d'entre eux meurt à quelques hectomètres de lui. L'autre tombe presque à ses pieds. Le duc de La Force ordonne aussitôt de baigner le malade dans le ruisseau coulant en contrebas. Il l'installe dans un lit, le recouvre d'une couverture et attend : « le patient en revint et, après avoir bien reposé durant la nuit, le lendemain ressuscité pour ainsi dire, il se trouva fort bien[3] ». La fraîcheur du ruisseau a déclenché le retour à la vie. Noguez, qui rapporte les faits en 1730, ajoute cette fois une explication : le froid tempère. Il compense les agitations excessives et contracte les vaisseaux dangereusement dilatés. Il renforce enfin les parties en les resserrant : « La fraîcheur de l'eau et son poids modèrent et arrêtent ces mouvements prodigieux, resserrant les vaisseaux et les rétablissent dans leur tonus[4]. » L'explication va s'étendre, se diversifier, s'appliquer à des maux multiples. La thérapie gagne en variété. Contractant le corps dans ses zones profondes (ou supposé le faire), le froid fait naître des images de circulation d'humeurs, d'évacuation de viscères, de réduction de tumeurs aussi. Il agit sur les « solides » et sur les flux. Avec lui, les volumes se rétractent, comprimés par la pression. Les organes se crispent et s'activent. Leur déformation brusque, enfin, peut être dirigée : « On ne peut employer aucun moyen plus efficace que le froid lorsqu'il s'agit de dissoudre le sang ou d'évacuer quelques matières glutineuses attachées aux parois des vaisseaux ; lorsqu'on veut nettoyer les glandes et procurer une filtration plus abondante des esprits animaux ou les faire couler avec plus de rapidité dans les nerfs, lorsqu'il faut provoquer les

urines ou lever quelques obstructions au foie, à la rate, etc.
[...] [5]. » La thérapeutique exploite une série d'images : conflit
entre ce qui relâche et ce qui resserre, entre ce qui amollit et ce
qui durcit. Le rôle du froid, dans ce cas, est sans surprise : « Il
fortifie et resserre les fibres de ceux qui les ont trop faibles [6]. »
Le bain froid orchestre ainsi le mouvement des fluides et des
solides. En 1763, Pomme immerge ses malades atteints d'affections vaporeuses. Il veut, par le froid, lutter contre leur
mollesse, « rétablir le ressort de leurs solides [7] ». Appliquant
sans balancer la logique de l'endurcissement, Pomme quelquefois s'entête. Il prolonge le bain jusqu'à huit heures par jour.
Ses malades languissantes passent leur journée dans l'eau
glacée. Aucun rapport avec les précautions antérieures. La
rupture est d'autant plus importante que la tradition privilégiait
le chaud : c'est lui jusque-là qui aidait à « expulser » les
humeurs.

Mais les enjeux vont bien au-delà de ces cures nouvelles. Le
bain froid n'est pas seulement, au XVIIIe siècle, une technique
pour thérapeutes rompant avec la tradition, il devient aussi une
technique pour hygiénistes frondeurs. Les fibres resserrées et
affermies ne sont-elles pas susceptibles de renforcer autant les
corps malades que les corps sains ? Puisque c'est le code des
vigueurs et des résistances qui est directement concerné, la
santé l'est nécessairement à son tour. Pour la première fois, le
bain a un rôle explicitement hygiénique, moins parce qu'il rend
propre d'ailleurs que parce qu'il rend fort. Prestige des mécaniques de l'eau. C'est l'action sur la machine organique qui
compte, avant même l'action sur la netteté de la peau. Bon
nombre de textes d'hygiène, durant la deuxième moitié du
XVIIIe siècle, font rêver de duretés en chaîne. Ils promettent un
univers de fermetés physiques. L'eau est toujours confrontée
aux fonctionnements du corps. Sa froideur consolide : « On
attribue au bain froid des avantages considérables : l'impression
subite du froid sur nos corps en resserre promptement les
parties extérieures et celles qui en sont voisines ; par ce moyen,
les vibrations des fibres deviennent plus tendues et le sang et les
esprits circulent avec plus de vitesse. Voilà pourquoi les bains

froids sont bons pour atténuer le sang, le rendre plus fluide, pour réveiller les esprits animaux et les faire circuler avec plus de rapidité [...] pour faciliter la digestion, donner de l'appétit; enfin pour rendre le corps agile et vigoureux[8]. » Filaments et fibres se durcissent, raidis et comprimés. C'est toute la structure « dure » du corps qui est ainsi contractée et, par là, consolidée. Les livres de santé, auparavant dominés par l'attention au « régime » (essentiellement alimentaire d'ailleurs), insistent de plus en plus souvent sur les vertus stimulantes du froid : l'eau froide, l'allègement des vêtements aussi, devant favoriser tensions et réactions musculaires répétées. Sans elle « le ton des fibres sera moindre et le tissu cellulaire se relâchera[9] ».

Certaines pratiques déjà existantes déplacent à leur tour leur signification. Le bain de rivière par exemple, jusque-là réservé aux jeux ou à quelques cures isolées, est perçu, dans la deuxième moitié du XVIIIe siècle, comme instrument de santé. Il est exercice renforçateur, technique revigorante. Et les quelques bains parisiens, grossièrement installés auprès de bateaux munis d'échelles[10], sont l'objet d'une attention nouvelle. Ils sont cités, décrits, voire recommandés. Les *Descriptions de Paris* ou les *Guides des voyageurs* qui, jusque-là ignoraient de tels lieux, indiquent maintenant leurs emplacements, se risquant même à quelque jugement. Jèze, par exemple, dont l'*État de Paris* est réédité quasi annuellement entre 1754 et 1765, adopte l'argument des hygiénistes. De tels bains ne peuvent être que « les plus sains[11] », même si leurs installations paraissent rustiques : « Les endroits appelés bains sont composés d'un bateau tout couvert d'une banne auprès duquel sont plantés dans la rivière une vingtaine de pieux dans une enceinte d'environ 12 toises de long sur 2 toises de large, fermés de planches et couverts aussi d'une banne. On y descend par une échelle[12]. » L'espace est contraint et borné. Aucun luxe, mais une action tonifiante.

C'est après 1760 surtout, que l'image circule chez les hygiénistes, fixée et monotone : « Le bain froid, par la condensation des solides, leur donne du ressort, les fortifie[13]. » Les organismes sont soumis à la règle des aciers trempés. Les fibres en sont la focalisation. Leurs « mouvements convulsifs [14] » provoquent les durcissements. Leur évocation répétée illustre d'ailleurs l'abandon définitif d'une médecine des humeurs même si l'action des solides ne dépasse guère le seuil des physiques élémentaires [15]. Que Maret enfin s'attarde à chiffrer le rétrécissement, sous l'action de l'eau froide, d'une bandelette de peau animale [16] ; que d'autres s'immergent dans les rivières en comptabilisant l'accélération de leur pouls, ou en consignant quelques-unes de leurs réactions physiques [17], autant de faits qui vont au-delà de la vague curiosité.

Ces ambitions savantes n'auraient pourtant guère de poids si elles se limitaient à de simples images physiologiques. Un enjeu autrement important est en fait culturel. Les textes ne s'aventurent pas toujours dans la mécanique des fibres. L'eau froide y est surtout matière austère. La pratique du bain froid y est surtout pratique ascétique. Le durcissement y est autant moral que physique. Et ce durcissement, enfin, y est plus intuitif que réellement explicité. Il s'agit de mobiliser l'énergie, d'affirmer une fermeté.

Tronchin, par exemple, le médecin des encyclopédistes, suivi par quelques-uns dans son repère genevois, ne recense pas les détails du fonctionnement organique. Il fait du bain froid un thème quasi moral : « Tant que les Romains, au sortir du Champ de Mars, allaient se jeter dans le Tibre, ils furent les maîtres du monde. Mais les bains chauds d'Agrippa et de Néron en firent peu à peu des esclaves [...]. Les pères conscrits ont donc bien eu raison de s'opposer aux thermes, mais la troupe dorée, infectée de luxe asiatique, triompha de la résistance et de la vertu des pères conscrits [18]. » Tronchin prescrit lui aussi, sans hésiter, de longues cures de bains froids, la chaleur ne pouvant être qu' « amollissante ». Son argument est éthique : la mollesse s'oppose à la vertu, et la faiblesse physique à la force morale. La physiologie, enfin, cède devant la référence antique. C'est la *Vie des hommes illustres* [19] avec la célébration de vertus toutes primitives. Rome n'a-t-elle pas été perdue par une jeunesse « dédaigneuse de se baigner dans l'eau froide, abandonnée à la mollesse, devenue presque semblable à nos petits maîtres pour avoir délaissé les exercices physiques qui faisaient sa force et sa vertu [20] » ?

Le sauvage joue le même rôle dans cette série de textes. Lui aussi possède ses propédeutiques vigoureuses : « Les habitants de l'isthme de l'Amérique se jettent dans l'eau froide quand ils sont en sueur et leur santé n'en souffre point [21]. » Les récits de voyage offrent à cet égard un terrain. Non pas que le sauvage y soit toujours idéalisé, mais il y devient souvent un exemple de mœurs rudes et de robustesse physique. Les bains pris dans les rivières amazoniennes ou dans les rivières canadiennes illustrent directement une énergie et une résistance qu'il suffirait de transposer : « Je sais de toute science que les Indiens de l'Amérique plongent les enfants dans les fleuves dès le moment où ils sont nés [22]. »

C'est Rousseau qui ramasse sans doute le mieux l'essentiel de ces références volontaristes. Les Romains et les Spartiates de Plutarque, les Indiens de La Hontan et de Le Beau [23] figurent autant d'exemples de mœurs rustiques ; leurs pratiques autant d'exemples de forces. Très clairement surtout, ils deviennent des instruments polémiques : « Des multitudes de peuples lavent les enfants nouveau-nés dans les rivières ou à la mer sans autre façon. Mais les nôtres, amollis avant que de naître par la mollesse des pères et mères, apportent en venant au monde un tempérament déjà gâté [24]. » La référence du héros antique et celle du sauvage sont interchangeables. L'eau froide enfin y est exploitée jusqu'au symbole, celui des eaux qui rendent invulnérable. L'image du Styx ajoute ses allusions culturelles et symboliques, avec ses vieux modèles achilléens encombrant les lectures de collèges. Tous ces nouveaux hygiénistes se souviennent de leurs humanités classiques et les exploitent maintenant à leur manière : « Endurcissez leur corps [...]. Trempez-les dans l'eau du Styx [25]. » Émile sera donc lavé dans un liquide de plus en plus froid jusqu'à l'accoutumance à une eau « même glacée [26] ».

Cette idéalisation de la vigueur ne manque pas de fonction sociale : le citoyen antique contre la victime présente du despotisme, les mœurs « simples » contre la « corruption », la régénération contre la décadence. La critique de la mollesse, c'est aussi la critique d'une cité : « Nous n'avons plus de citoyens[27]. » Et les mœurs rudes sont censées compenser l'étiolement des « petits maîtres ». Ces Romains et ces sauvages profilent un « ailleurs » de liberté et de force. Ils s'opposent au luxe aristocratique devenu ici « affaiblissement » et ils s'opposent à un pouvoir arbitraire implicitement dénoncé. Ils jouent tout simplement un rôle de contre-exemple. C'est cette critique que vont emprunter bien des discours après 1789. L'Antiquité promue modèle et liberté : « Si nous imitons ces peuples libres [...][28]. » L'Antiquité promue aussi modèle de vigueur, l'éducation devant, dans ce cas, prendre en charge l'aguerrissement : « Je veux des luttes, des jeux, des exercices, des courses, du mouvement, bien plus que des livres et des leçons[29]. »

La frugalité contre le luxe, l'énergie contre l'étiolement sont des repères codés. Affaiblissement, délicatesse, efféminisation reflètent l'artifice aristocratique. Leur sens est évidemment social. Et c'est ce sens qui rend le bain froid rigoureusement inverse du bain pris dans les hôtels de la noblesse. Ce dernier, avec sa chaleur qui « alanguit », devient pour la bourgeoisie éclairée, un signe d'abâtardissement. Il a « sa source dans notre goût pour la mollesse, suite nécessaire du luxe qui gagne tous les états[30] ». Privilège inutile et dangereux, le bain chaud est récusé comme un comportement de classe décadente. Symbole lui aussi : l' « excès » qui altère et amollit. Il fait tout simplement « dégénérer la nature[31] » en instaurant une inutile tendresse de mœurs. La jeune oisive submergée de « vapeurs » sur laquelle ironise Mercier, qui « se traîne de sa baignoire à sa toilette et de sa toilette à sa baignoire[32] », représente une oiseveté tout aristocratique. De même « les personnes délicates qui restent quelques heures dans un bain d'eau tiède et qui paient presque toujours leur constance par des courbatures, des faiblesses et quelquefois un anéantissement général[33] », sont évidemment trahies par leur « délicatesse ». Mais celle-ci est d'abord un signe de leur milieu. D'un côté, donc, un raffinement qui affaiblit, de l'autre une rusticité qui renforce, une mollesse qui alanguit et une rudesse qui revigore. Dans chaque cas, surtout, des mots qui débordent largement leur acception physiologique. Bourdieu note déjà chez Montesquieu l'amorce de ces différenciations. Les pratiques chaudes basculent vers la faiblesse : « Relâchement des fibres, relâchement des mœurs, relâchement du ressort vital et de l'énergie virile, lâcheté : pour engendrer des mythes socialement acceptables, il suffit, on le voit, de laisser jouer les mots [34]. »

Une nouvelle classe invente une force, face à des modèles aristocratiques. Elle le fait en réactivant des énergies et des dynamismes. Elle se donne des solidités. Elle trace de grands partages entre un ascétisme inédit et d'apparentes indolences. Avec l'austérité du froid, elle affiche une supériorité sur des plaisirs jugés trop faciles. Elle échafaude des rigueurs pour mieux accroître des distances culturelles et sociales. Insensibilité et énergie deviendraient autant de leçons conquérantes. Ce sont elles que la correspondance de Grimm dit d'ailleurs retenir de Tronchin : « Il nous a rappelé les mœurs de la République et la philosophie morale des anciens [35]. »

Le froid n'est qu'un indice dans un vaste déplacement de valeurs. Ce qui compte c'est la rupture des codes physiques et des valences morales ; plus fondamentalement, c'est la transformation des repères sociaux : imaginer des robustesses là où elles n'étaient pas, circonscrire la décadence à un milieu défini. La référence au bain peut n'être que prétexte. Son impact est d'abord celui de l'imaginaire : faire rêver à des puissances visibles, frapper les esprits en héroïsant des exemples. Conviction toute littéraire, dans bien des cas : le bain froid n'a d'ailleurs pas brusquement envahi les pratiques bourgeoises dans le sillage de tels discours hygiéniques. Il est demeuré le plus souvent référence rhétorique, règle abstraite, argument de raison plus que dispositif pratique.

Millot, conservant en 1801 l'élan et l'utopie de certains discours révolutionnaires, imagine un établissement « régénérateur ». Il suggère l'aménagement sur la Seine d'un espace en forme de cirque. Une série de gradins permettrait l'immersion régulière d'enfants de tous âges et de toutes tailles. Leur séjour répété dans la rivière assurerait leur affermissement progressif.

Il ne s'agit pas de nage, mais de « simple » station dans le froid. L'application pédagogique et publique du bain froid serait « enfin » réalisée : « Quand le gouvernement voudra, il changera la faible constitution de nos Parisiens, il les rendra aussi robustes que les Allemands nos voisins : il ne faut pour cela que faire construire un bain au bord de la Seine, du côté des Invalides ; ce bain s'étendrait sur une ellipse tirée sur le terrain vague que l'on creuserait de 4 pieds seulement et dont la profondeur serait distribuée en manière d'amphithéâtre par des gradins qui seraient élevés les uns au-dessus des autres de 4 à 5 pouces seulement pour y asseoir les enfants de tous les âges après la dentition [36]. » En 1801, le discours de Millot se veut encore instaurateur. Il juge les applications dérisoires. Rien n'a apparemment changé dans le ton militant et persuasif, sinon l'appel à la puissance publique et une ambition clairement institutionnelle et politique : « Ce bain introduirait dans toute la France l'usage du bain froid et, avant 15 années, le gouvernement commencerait de s'apercevoir du bon effet de ces bains [37]. » Évoquant explicitement Rome et Sparte, projetant des obligations inapplicables, les formules de Millot ne pouvaient que demeurer sans effet. Un bain ainsi généralisé et commandé ne pouvait s'imposer. Ce bain a cependant touché un public limité, sensible à sa valeur d'exemple, sensible aussi à la démarcation sociale sur laquelle se fondait son image.

Quelles pratiques ?

Mme de Maraise, collaboratrice d'Oberkampf et femme d'affaire éclairée, est une émule des hygiénistes. Cette amie de Tissot [38], qui a lu ses textes avec passion et qu'elle invite à Jouy en 1780, laisse elle-même percer ses convictions et surtout leurs limites. Aucun doute par exemple sur les vertus du bain froid, mais l'allusion demeure discrète sur son application. Pour cette bourgeoise sociable et dynamique qui dit ne s'être jamais baignée, le bain froid demeure longtemps théorique. Elle en voit la logique plus que l'exécution. Elle en parle au futur plus

qu'au présent : « Votre expérience doit être un meilleur guide
que ma pauvre petite théorie dont je peux seule m'autoriser,
n'ayant jamais essayé d'aucune espèce de bain, et quand mon
état le permettra, c'est par la Seine que je dois commencer [39]. »
Elle se baigne pour la première fois une quinzaine d'années plus
tard, effectivement, dans la Seine. Elle y prend deux à trois
bains par an, tout en s'abstenant quelquefois durant plusieurs
saisons. A la conviction bien réelle s'est donc ajoutée une
pratique, mais cette pratique demeure irrégulière et espacée. Le
12 septembre 1812, Mme de Maraise fait incidemment allusion à
cette fréquence cahotique : « Le 28 du mois passé, vous entriez
chez moi au moment où j'en sortais pour diverses commissions
et notamment pour un troisième bain de rivière de cette année
dont je n'avais pas trouvé le temps depuis 1809 [40]. » L'amie
d'Oberkampf est plus pressante lorsqu'il s'agit des enfants. Elle
s'attache aux bains qui submergent complètement le corps, tête
comprise. Elle les provoque. Elle les décrit. Elle est intarissable
sur leurs effets. Mais elle évoque indirectement réticences et
difficultés : « Je voudrais bien que nos petits fussent plongés
dans l'eau froide comme les petits Anglais, mais il ne leur
faudrait pas une bonne comme ils en ont une pour cette
opération, ni je dirais presque un papa comme le leur, quoiqu'il
est très capable de faire céder le préjugé à l'expérience ; mais
lorsque je prenais sur mon compte l'événement du bain froid, il
voulait absolument qu'on en exceptât la tête [41]. » L'insistance
sur cette immersion « totale » montre indirectement que la
propreté n'est pas au centre. Tissot, dont Mme de Maraise tire
fièrement son ascétisme, ne le dit-il pas implicitement ? Une de
ses phrases, en tout cas, vaut à elle seule toutes les explications :
« Les enfants faibles sont ceux qui ont le plus besoin d'être
lavés ; les très robustes peuvent s'en passer [...] [42]. » L'eau
froide, à coup sûr, lave moins qu'elle ne renforce. Elle est
d'abord « épreuve ». De surcroît, la séduction toute simple est
d'en faire un objet théorique, ce qu'elle est d'ailleurs en partie.
Sa seule évocation frappe les esprits en donnant de nouvelles
images des qualités physiques. L'ambition n'est pas toujours
d'aller au-delà.

Reste bien sûr que les exemples de bain froid ne manquent pas. Mercier note un changement tangible. C'est l'enfance qui est surtout concernée, celle d'une bourgeoisie éclairée, brusquement sensible au nouveau code. L'engouement est parallèle à celui qui, au même moment, condamne maillots et corsets. Les enfants « sont bien mieux élevés qu'autrefois. On les plonge dans des bains froids, on a pris l'habitude heureuse de les vêtir légèrement et sans ligature [43] ». Plus largement aussi, la pratique s'étend au-delà de quelques milieux éclairés. « Exilée » à Louveciennes depuis la mort de Louis XV, Mme du Barry se laisse séduire par le nouveau modèle. Elle prend un bain froid tous les jours, elle modifie sa nourriture, elle s'habille moins chaudement. L' « ascétisme » de l'ancienne favorite est ici totalement inverse de celui que s'infligeait Mme de Montespan, un siècle plus tôt [44] : non plus une dureté qui mortifie, mais une dureté qui renforce, celle qui porte une ambition nouvelle. Lorsque la citoyenne de Louveciennes s'en explique, ses formules demeurent allusives et intuitives, mais la robustesse « acquise » est au centre du propos. Dufort de Cheverny mesure son enthousiasme, son ingénuité aussi, lors d'une rencontre fortuite : « Son joli visage était un peu échauffé. Elle nous dit qu'elle prenait un bain froid tous les jours. Elle nous fit voir que sous sa longue pelisse elle n'avait que sa chemise et un manteau. Elle voulut absolument que nous touchions ses côtes pour nous assurer combien le froid lui était utile [45]. »

Exemple différent, mais signe d'une pratique réelle, cette invention du comte de Milly, de l'académie des Sciences, qui propose en 1776 un procédé complexe de baignoire mécanique. L'eau y est mise en mouvement pour produire un courant comparable à celui des rivières. Le flux ajoute ses pressions à celles que cause le froid. Il accélère des chocs en série. Jamais l'attente des effets mécaniques n'avait été aussi marquée. Elle accuse le relief récemment acquis par l'image de la rivière, avec son froid, ses mouvements, ses pressions dynamiques vaguement idéalisées. Une telle baignoire « augmente l'action de l'eau sur la surface de la peau en produisant en quelques minutes d'immersion plus d'effet qu'on n'en obtiendrait en

plusieurs jours par la méthode ordinaire [46] ». Le mot de
« méthode », le calcul de durée (entre quelques minutes et
plusieurs jours) montrent, sans toujours le dire, qu'il s'agit de
créer des effets physiologiques, autant, et sans doute plus, que
de laver.

Exemple différent encore, la passion avec laquelle Benjamin
Franklin a su parler des bains de rivière ou des immersions
« toniques », auxquelles il s'est régulièrement livré à partir de
1760. Témoignage important sans doute parce que Franklin
insiste sur un véritable engouement autant qu'il insiste sur une
pratique de substitution. Rien ne vaut les « vertus » du bain
froid, mais le choc qu'il produit peut saisir le corps, l'ébranler. Il
peut même violenter certaines constitutions. Franklin trouve à
cet inconvénient la plus « simple » des parades : le bain d'air. Se
levant tôt le matin, il ouvre ses fenêtres, travaille et se promène
nu dans sa maison pendant « une heure ou une demi-heure
suivant la saison [47] ». L'air froid ne devrait-il pas produire le
même effet que l'eau ? Mais bien ambigus, faut-il l'avouer, sont
alors les rapports entre le froid et la propreté.

Quelques institutions enfin sont concernées par l'usage d'une
eau froide renforçatrice. Le règlement des écoles royales
militaires, par exemple, issu des réformes du comte de Saint-
Germain, innove en 1776. Pratique saisonnière encore, mais qui
fait place plus régulièrement à des ablutions locales. Il s'agit
d'endurcir le futur soldat en exploitant les « vertus » de l'eau :
« Les élèves de tous les âges seront habitués à se laver
journellement le visage et les mains avec de l'eau froide. Si il y a
à portée du collège une rivière ou un ruisseau où l'on puisse les
mener se baigner sans danger, on les y conduira de temps en
temps dans la belle saison [48]. » L'eau froide a ses correspondances dans la tenue, dans la disposition des chambres, dans la
légèreté des couvertures. Vertige d'un milieu qui agirait à
chaque instant : « On les laissera pour cet effet aller souvent
tête nue et médiocrement couverts [...]. On ne donnera aux
élèves qu'une seule couverture dans la saison la plus rigou-
reuse [49]. » Les quelques baquets enfin installés pour les bains de
pieds, aux environs de 1780, dans la cour du Mans-Neuf, au

collège Louis-le-Grand, ne s'expliquent pas autrement[50]. Leur usage réel est difficile à évaluer cependant, échappant aux règlements des collèges civils. D'autant plus qu'à Brienne, par exemple, école militaire pourtant, l'inventaire ne mentionne en 1788 que « deux boîtes de bains pour les jambes[51] ».

C'est l'univers des références néanmoins, qui a changé pour les institutions d'éducation. En commentant le plan et le programme de l'établissement qu'il crée en 1777 et qu'il veut au service des « grands emplois de l'État », Verdier s'enthousiasme pour le bain de rivière et la natation. Ils entretiennent santé et énergie. Trop de risques pourtant pour y conduire les élèves : « Jamais on ne mènera les élèves dans Paris, le long de l'eau, sur la glace, ni dans aucun lieu dangereux[52]. » Par contre, le collège Sainte-Barbe, comme quelques autres institutions, conduit, dans les dernières années du siècle, les élèves se baigner dans la Seine aux approches de l'été[53]. Un établissement est né entre-temps : l'école de natation, ouverte au pont de la Tournelle en 1785 par Turquin.

Plusieurs tentatives infructueuses pour créer pareille école avaient déjà eu lieu, depuis celle d'Arnaud en 1777[54]. Elles avaient buté sur des difficultés de financement, parfois même sur des absences d'autorisation. Turquin obtient non seulement l'aval du prévôt des marchands, mais celui de l'académie des Sciences et celui de l'académie royale de Médecine. Le thème a fait son chemin. La recherche d'autant de cautions confirme aussi des visées ambitieuses : Turquin veut en fait créer un établissement d'hygiène. L'apprentissage technique n'y est pas négligé, le rôle utilitaire de la natation y est bien sûr rappelé, mais la finalité du projet ne saurait s'y limiter. D'autres objectifs dominent. Ce qui compte, en particulier, c'est le mouvement dans l'eau froide et, une fois encore, la réaction organique qui l'accompagne. Turquin a bien appris ses modèles : la natation prolonge l'effet du froid[55]. Elle est un instrument supplémentaire pour accélérer la mécanique des liquides. Elle favorise l'action « stimulante » du bain. La théorie est devenue banale. L'*Encyclopédie* l'évoque en 1765[56]. D'autres textes la précisent et la développent. La nage donne à l'eau plus de force, tout en conciliant souplesse et tension. Les organes en sont mieux malaxés et même bousculés. L'agitation parachève la mécanique : « La natation a l'avantage sur le bain simple, parce que les mouvements forts et répétés qu'on fait pour vaincre la résistance de l'eau sont bien plus favorables pour la faire pénétrer intérieurement et assouplir l'activité musculaire de toutes les parties du corps, procurer la sécrétion et les excrétions les plus faciles et les plus favorables, appliquer, en un mot, le sceau de la santé sur les constitutions les meilleures [57]. » La nage, insiste Turquin, accentue « les effets salutaires du bain de rivière [58] ». Elle en est l'accomplissement. L'École de natation n'est à son tour qu'un lieu particulier de tonification.

L'établissement, inauguré en juillet 1785, a rapidement du succès. Turquin y propose un espace neuf et surveillé : quatre bateaux solidement amarrés entre eux délimitent une aire intérieure rectangulaire, la première « piscine » parisienne. Des cabines agrémentent le lieu. Le public y est sélectionné. Ce que révèle le montant de l'abonnement individuel : 96 livres par an pour la première classe, 48 livres pour la seconde [59]. Le prix est élevé. Sa comparaison avec l'impôt est à elle seule éloquente : la contribution patriotique de 1790, par exemple, est réclamée aux revenus supérieurs à 400 livres par an, ceux jugés correspondre au seuil de l'aisance. L'abonnement représente à lui seul le quart d'un tel revenu. La clientèle de l'École ne peut donc être populaire. Ce que confirment à leur tour certaines fréquentations privées [60]. Le duc d'Orléans n'y envoie-t-il pas ses fils en 1788 ? Choix d'autant plus significatif que le duc a, depuis longtemps, adopté la sensibilité de la bourgeoisie éclairée. Pour des raisons sourdement politiques, la tactique des Orléans, branche cousine et rivale de la famille royale, est de s'opposer aux normes aristocratiques. Le terrain culturel étant d'autant plus important qu'il peut quelquefois sembler « innocent [61] ». Le futur Philippe-Égalité a d'ailleurs su doser à cet égard quelques attitudes ostensibles : Tronchin et Desessarts [62], par exemple, sont les médecins de la famille d'Orléans ; Mme de Genlis, préceptrice des trois fils, applique scrupuleusement à leur sujet les règles des hygiénistes. La fréquentation de l'École de natation est bien un signe d'appartenance. Et le bain froid, même limité, n'est plus une simple référence théorique.

Les images d'un corps énergétisé

De telles pratiques, rares pourtant, confirment le statut de l'eau froide après 1760. Celle-ci, tout en participant à un bain inédit, n'est pas vraiment l'eau des propretés. Trop de visées la concernent, trop d'explications aussi. Elle n'est pas une matière neutre, mais une matière encore surprenante, étrange, elle déborde d'effets multiples et peu maîtrisés; presque un milieu insolite pour le corps. Il faut l'apprivoiser. A ce stade, les pratiques demeurent significatives. Elles soulignent que les recommandations hygiéniques ont dépassé les simples références littéraires ou les figures rhétoriques. Elles soulignent, ce qui est déjà plus important, combien le public concerné est directement influencé par une bourgeoisie éclairée, exploitant ici des repères de résistance et de robustesse. C'est la signification sociale de tels repères qui permet de mieux comprendre leur représentation et de mieux évaluer leur portée. Ce sont eux qui expriment le plus clairement la naissance d'une image totalement nouvelle du corps. Ils en sont la traduction la plus suggestive. Ce bain est d'abord l'indice d'un code, jusque-là inédit, des efficacités corporelles. Tel est l'essentiel.

La transformation du bain des enfants est la plus révélatrice : elle donne tout son sens au nouveau code. Ce bain était rare dans la France des XVI⁰ et XVII⁰ siècles, mais il existait (il était surtout fréquent dans les moments qui suivaient la naissance) et il supposait deux démarches sur lesquelles porte précisément le changement dans la deuxième moitié du XVIII⁰ siècle : il s'agissait de laver avec un liquide chaud et protecteur, il s'agissait ensuite d'obturer les pores avec des matières « glueuses » afin de mieux défendre et renforcer. Le jeu avec les ouvertures du corps était essentiel. Ambroise Paré le disait sans nuance : « L'enfant [à la naissance] doit être nettoyé d'huile rosat ou de myrtilles pour lui ôter la crasse et excréments qu'il apporte dessus son cuir ; aussi

140

pour clore les pores afin qu'après, son habitude en soit rendue plus ferme[63]. »

Bain et fermeté avaient déjà engagé leur relation difficile. Ce n'est donc pas l'idée seule du renforcement qui fait l'originalité des propositions de Tronchin et de ses amis. La tradition aussi veut renforcer le corps de l'enfant. Elle le manipule. Elle y rêve des durcissements. Le corps par contre y est passif, soumis à la main qui protège : affermir, c'est d'abord fermer les pores. Renforcer, c'est encaustiquer ou colmater. L'assimilation est celle des objets aux fermetures assistées. Une main étrangère apprête le « cuir », le durcit, l'accommode. Elle ne manque pas d'outils : huiles épaisses, cires, sels ou même écume de nitre. Une fois les pores ainsi travaillés, le flux des humeurs, par ses fuites ou ses retenues, permet de nouveaux affermissements, épaississements ou fluidités. La main joue avec cette peau dont elle commande les issues.

Le mythe du bain froid, au contraire, inverse l'image. Il suppose le corps doté d'une puissance préalable. Celui-ci n'est plus matière inerte. D'emblée, il résiste. Il a des ressources internes, des ressorts inaperçus : « Il n'y a pour l'enfant d'autre chaleur naturelle que la sienne propre et elle lui suffit[64]. » Le plonger dans l'eau froide, c'est donc se fier à cette énergie obscure, celle précisément que le siècle précédent lui refusait. Plus de masse passive : le corps possède, dès le premier jour, une force particulière. Elle seule doit être sollicitée. Les modalités de son accroissement sont à leur tour spécifiques. Plus de main étrangère par exemple : le renforcement vient de l'intérieur. Il vient de la réaction répétée des organes eux-mêmes. Ce sont les contractions renouvelées qui fortifient et non plus les manipulations externes. C'est du « fond » même de l'organisme que grandit l'énergie.

L'image peut être intuitive : elle privilégie les vigueurs cachées, elle fait rêver aux résistances romaines. Visées physiques et morales se figent dans l'affrontement des matières hostiles. L'image peut être plus précise : elle décrit alors comment le froid suscite cette force vitale. Il s'agit d'inventer des réactions organiques particulières, jouer sur l'originalité du

vivant, nommer une autonomie physiologique, désigner ce lieu
« réactif ». Dans l'*Encyclopédie* déjà, le bain froid est au centre
d'une réplique physique précise : « En tenant les vaisseaux dans
un état de plus grande constriction, et en donnant lieu, par-là, à
l'augmentation des résistances, le bain froid occasionne plus
d'action et plus d'effort par conséquent de la part de la
puissance motrice pour les vaincre, d'où l'augmentation du
mouvement progressif des humeurs[65]. » Registre identique chez
Maret : l'irritabilité dont Haller dote le muscle lui permet
d'évoquer une autonomie de réaction physique. Le froid
devient un stimulant. Il agit par sollicitation. Il interpelle. Les
métaphores mécaniques ne font que baliser le sens des enchaî-
nements : « L'effet de ces ressorts est encore proportionné à la
force des stimulants qui excitent leur jeu [...]. L'effet du froid en
condensant les solides et les fluides augmente la force [...][66]. »
Registre identique enfin chez Hufeland, qui va jusqu'à différencier les polarités dynamiques entre « externes » et « internes » :
celles qui assistent le corps et celles qui naissent de lui. Or, la
force de l'organisme ne saurait venir de la main qui soutient,
mais d'une invisible énergie interne : l'interpellation plutôt que
l'assitance. Le froid n'est autre qu'un appel à ces ressources
latentes : « Je ne connais rien de plus pernicieux, rien qui
renferme aussi parfaitement l'idée de faiblesse et d'infirmité que
le caractère de la nature humaine devenu presque général de
nos jours, d'agir de l'extérieur sur l'intérieur [...]. Il faut
considérer que, par une chaleur constante et souvent excessive,
nous faisons tout pour relâcher, dès le commencement, la peau
et lui ôter toute sa force [...][67]. » Le bain froid, au contraire,
provoque réponse et autorenforcements. Il déplace le geste de
fortification. On passe d'un soutien extérieur à une action
interne, d'une gestion de l'inerte à une interpellation du vivant.

Cette inversion d'image fait aussi mieux comprendre la
possibilité, et même le succès, de l'inoculation dans la deuxième
moitié du XVIIIe siècle. L'inoculation ne joue-t-elle pas avec les
« résistances » du corps ? Le geste, qui incise la peau pour y
glisser quelques fragments purulents de boutons varioleux,
suppose une confiance tout aussi obscure, mais tout aussi réelle,

en une force organique réactive. L'hygiène du bain froid ressemble comme une sœur à cette nouvelle pratique préservatrice. L'ensemble des défenses que le corps oppose au mal peuvent d'ailleurs à cette occasion être repensées. Le jeu sur les ouvertures, ou sur la mécanique des enveloppes, n'est plus le seul. Les dispositifs qui faisaient de l'habit un rempart au mauvais air sont partiellement dépassés. L'organisme n'est plus simple machine « passive ». D'autres tactiques existent. Il devient possible de travailler sur des forces propres au corps lui-même. Solliciter, ici encore, des dispositifs internes et actifs. Rien de fortuit : les hygiénistes du bain froid et ceux de l'inoculation sont le plus souvent les mêmes. Aucune surprise non plus dans le fait que Tronchin inocule les enfants d'Orléans en 1756. L'inoculation, comme le froid, suppose une première résistance au « mal ». C'est de cette résistance travaillée enfin que naît le renforcement[68].

Le thème du bain froid ne fait ainsi qu'illustrer une profonde transformation des images réglant l'application et les forces du corps. Le véritable déplacement est d'ailleurs social : croyances en une force autonome, celle qu'invente une bourgeoisie confiante dans ses propres ressorts physiques, confiante surtout dans des vigueurs totalement indépendantes des filiations et des codes du sang. Cette force existe, là dans le corps de chacun, encore faut-il la solliciter, lui accorder une confiance, la mettre au travail. Encore faut-il y « croire ». Peu importe même que le jeu soit plus imaginaire qu'immédiatement pratique. L'affirmation se multiplie et s'étend. L'organique cache des puissances qu'il est possible de s'approprier. C'est la même dynamique enfin qui, dans la deuxième moitié du XVIIIe siècle, va disqualifier le code aristocratique des apparences et des manières. Démarche d'autant plus importante que la propreté relève, à cette occasion, de ce qui « affranchit ». Être propre va consister bientôt à se débarrasser de ce qui fige et contraint l'apparence au profit de ce qui la « libère ».

3

La nature et l'artifice

La rupture qui, après 1760 surtout, dissocie les « vigueurs » nouvelles d'une « mollesse » très aristocratique, se double d'une opposition plus déterminante pour la propreté : celle qui sépare la nature de l'artifice. Une nature, elle-même travaillée bien sûr, mais dont le succès, surtout à la fin du siècle, déborde largement la seule bourgeoisie. Lorsque la baronne d'Oberkirch quitte Versailles au petit matin, le 9 juin 1782, après le bal offert au futur tzar de Russie, elle souligne presque malgré elle combien le thème est présent dans la culture aristocratique elle-même. La description qu'elle donne des quelques paysans croisés sur le chemin de Paris, le regard acide qu'elle porte aux fards et à la poudre de ses compagnons sont traversés par l'imaginaire d'une nature : « Il faisait grand jour et les paysans se livraient à leur travail quotidien. Quel contraste entre leurs visages calmes et satisfaits et nos mines fatiguées : le rouge était tombé de nos joues, la poudre de nos cheveux. Le retour d'une fête n'est pas un beau spectacle et peut inspirer bien des réflexions philosophiques à qui veut en prendre la peine [1]. » La référence « naturelle » n'a pas ici d'enjeu social. La baronne est loin de remettre en cause son milieu. Elle sait même à l'occasion se moquer des « philosophes ». Elle hait Rousseau. Elle persifle l'éducation que Mme de Genlis donne aux d'Orléans. Mais, sur le thème du corps et de la tenue, les mémoires qu'elle laisse en 1787 sont partagés en permanence : une attention insistante par exemple aux outils qui traditionnellement composent les visages nobles, et un dénigrement de ces mêmes outils ; une attirance pour les poudres, les amidons, les postiches, et une dénonciation de leur rôle, voire une crainte de leurs effets : cosmétiques abîmant ou encrassant la peau, artifices « servant à gâter ce qu'a fait la nature[2] ». Le lent infléchissement des ustensiles qui soutiennent l'apparence classique atteint, à la fin du siècle, les milieux mêmes de la cour.

Il ne fait aucun doute qu'une telle critique a d'abord eu sa signification sociale. Elle a pour longtemps ironisé sur « les petits maîtres élégants et retapés[3] ». C'est sur eux qu'a porté, en s'amplifiant, la charge contre les artifices, contre les tenues jugées trop mièvres ou guindées. C'est à travers eux aussi que le code aristocratique des manières a été précisément visé. L'opposition entre vigueur et délicatesse ne peut en définitive que se rejouer ici sur des thèmes à peine décalés : simplicité contre affectation, spontanéité contre travestissement. Perruques, têtes amidonnées, matières colorées sur les joues, affadissent à leur tour par excès d'artifice. Les « frisures pyramidales[4] » incommodent tout en altérant le cheveu. La « nature » est censée s'y perdre jusqu'à l'abâtardissement. Autant de signes « condamnables » du luxe. Il n'y aurait que « faiblesse » et « vanité » dans ces « poudres et pommades odoriférantes que la fatuité a trouvé mal à propos le secret d'inventer et que la sensualité des riches emploie dans la toilette avec une profusion aussi dangereuse que condamnable[5] ». C'est parce qu'il est aussi l'objet d'une critique sociale que le cosmétique désigne mollesse et débilité.

Mais ces thèmes sont d'autant plus importants qu'en réactivant une distance entre nature et artifice, ils bousculent les repères de la propreté. Remettre en cause le code de l'allure ou de la tenue par exemple, dénoncer les seules valeurs vestimentaires du paraître, c'est encore affirmer d'autres valeurs venues de l' « intérieur » ; l'état de la peau par exemple l'emportant plus souvent sur les matières qui la colorent, ou le « naturel » des cheveux sur certains accommodements qui s'y substituent. C'est en polémiquant avec les sophistications mondaines que Rousseau insiste sur la propreté de Sophie. Il en fait une alternative aux coquetteries artificielles, signe inscrit « sur sa personne[6] » même. Il l'exploite en prolongeant obstinément ses propres rêves d'arbres et de jardins, jouant avec la métaphore des sèves et des rosées, épuisant les analogies avec les campagnes et les champs : « Sophie ne connaît que le parfum des fleurs et jamais son mari n'en respirera de plus doux que son haleine[7]. » La propreté contre « la vaine affectation [...][8] ». Aucune confrontation ici avec quelque malpropreté repoussante. Il ne s'agit pas, en 1762, et pour quelques années encore, de redresser les négligences misérables ou d'évaluer le danger des « crasses » paysannes par exemple. Autant de pratiques qui ne sont pas encore désignées comme « lacunes ». Ce n'est pas contre elles en tout cas que naît une propreté militante. Celle-ci réplique paradoxalement aux tenues trop étudiées et aux artifices trop raffinés. Elle s'affirme contre les apparences « superficielles » et surtout contre le statut du paraître. L'enjeu, il faudra s'en souvenir, est celui des distinctions. C'est d'abord dans ce champ que s'amorce un rapprochement tout particulier entre l'hygiène et la propreté.

La santé contre les cosmétiques

Avant même d'être simple critique de mode, la dénonciation des « excès » de poudre ou de pommade joue avec l'argument des santés. En contrariant l'issue des humeurs par exemple, certains artifices peuvent contraindre celles-ci à d'étranges voyages. L'explication est mécanique. Sous ces têtes envahies de matières diverses, les flux naturels ne seraient-ils pas bloqués ? Les poudres entremêlées ne feraient-elles pas barrage ? Et ces mêmes flux ne seraient-ils pas alors condamnés à battre la campagne, altérer le sang, submerger d'autres organes, créant des douleurs ou multipliant les désordres ? Ils peuvent engendrer des gonflements inattendus et propager des fluxions. Ils vagabondent et empoisonnent : « La transpiration interceptée par l'amas de la poudre collée avec la pommade et la sueur reflue sur les parties voisines et cause des catarrhes, des maux de gorge, d'oreilles, d'yeux [...]. J'ai vu un garçon de dix ans mourir d'un abcès à la gorge causé par sa malpropreté. Il y avait si longtemps qu'il ne s'était pas peigné [...]. L'humeur avait reflué dans la gorge et il périt par les abcès qu'elle avait formés[9]. » L'accumulation des cosmétiques dérègle des relations internes. Avec eux s'engendrent des déséquilibres et se renversent des forces. Ils perturbent. Ce sont eux justement qui peuvent provoquer « une couche de crasse considérable dont l'effet est d'empêcher la transpiration[10] ». Il s'agit, comme avec le froid, d'affirmer des forces et des fonctions que l'artifice semble étouffer, et il s'agit de souligner en même temps les failles d'une vigilance limitée au seul paraître. Au-delà même de cette apparence, d'autres enjeux existent, d'autres puissances surtout : « La multitude de pommades et de poudres que la plupart des perruquiers emploient [...] surchargent la tête, bouchent les pores et donnent lieu assez souvent à des migraines, aux maux de tête qui font blanchir les cheveux ou qui les font perdre en peu de temps[11]. » Supprimer ou réduire l'artifice, c'est encore autoriser une libération, une attitude moins contrainte ; c'est s'affranchir, refuser une gêne. Trop encombrante par exemple devient cette « livre de poudre et de pommade que le moindre mouvement fait tomber sur les épaules[12] ». La critique rejoint tout simplement celle des corsets et des vêtements étouffants[13].

Mais une chimie dans l'enfance guide également les images. L'argument est celui des substances qui corrodent, leur « acreté peut irriter les nerfs[14] ». La composition même de l'artifice se met à inquiéter. Ne peut-il pas attaquer la peau, la soumettre à une dégradation quelquefois irréversible ? Il faut en particulier craindre les matières « qu'on compose de plomb, de céruse, de vinaigre de saturne, de magistère, de fleurs de bismuth et autres de cette nature qui sont, à la vérité, les plus beaux blancs du monde, mais qui, par leurs parties salines, vénéneuses, arsenicales, indélébiles, altèrent et gâtent le teint sans remède[15] ». Ce sont encore les vermillons qui « minent » la peau[16]. Ce sont « les matières souffrées[17] », accusées quant à elles de menacer la poitrine et les yeux. La chimie viendrait secourir la « nature ». *L'Encyclopédie méthodique,* en 1789, est péremptoire : « La plupart des fards sont composés de minéraux plus ou moins malfaisants mais toujours corrosifs, et de funestes effets sont inséparables de leur usage [18]. »

Discours d'hygiénistes et discours de modistes convergent, dans les faits, à la fin du XVIIIe siècle. Poudres et fards n'ont plus le même rôle. Les visages nobles, ceux des femmes surtout, perdent leur peinture pour des couleurs moins contrastées. Le duc de Lévis ironise en 1785 sur cette duchesse entrevue chez le maréchal de Richelieu, dont le visage « était recouvert d'une épaisse couche de blanc, rehaussée de deux placards d'un gros rouge [19] ». Mme de Genlis également moque sa grand-mère recourant à « une énorme quantité de rouge et de blanc [20] ». De même, enfin, tel maître à danser « gros homme admirablement coiffé et poudré à blanc [21] » devient, en 1787, tout simplement ridicule. La marquise de La Tour du Pin le montre calculant chacun de ses gestes pour éviter que la poudre ne tombe. Elle lit brusquement de l'hésitation dans ses allures, de la contrainte dans ses expressions. Elle juge son cou trop immobile et son masque trop bien dessiné [22]. Le pastel convient évidemment mieux aux portraits de Vigée-Lebrun, après 1780, qu'à ceux, bien plus contrastés, de Boucher ou de Nattier, quelques décennies auparavant [23]. La tenue des enfants offre le changement le plus net. L'opposition entre vigueur et mollesse, simplicité et affectation, nature et artifice est ici appliquée avec le plus de tranchant. Rêve pédagogique jouant sans doute avec la plasticité supposée de l'enfance, les normes sont plus franches : « On cesse de leur saupoudrer la tête à blanc comme on le faisait autrefois. Ils étaient tout à fait défigurés avec ces rouleaux pommadés, ces boucles et tout cet attirail. Rien n'était plus ridicule que ces petites créatures avec une bourse, un chapeau sous le bras et l'épée au côté. Depuis la révolution établie dans la chevelure, les enfants portent les cheveux en rond, bien taillés, bien propres et poudrés [24]. » La remarque est générale. Mercier emploie les mêmes termes pour insister sur « les cheveux blonds flottant à l'aventure [25] ». L'enfant du noble et du bourgeois n'est plus le même après 1780.

Le discours des modistes exploite explicitement le terme même de « nature ». La poudre blanche « durcit » et « défigure [26] ». Elle fausse les traits, elle les dessert. Au contraire, pour qui veut coûte que coûte maintenir ses cheveux poudrés, mieux vaut un cosmétique blond et légèrement « parsemé ». Celui-ci respecte une couleur naturelle tout en donnant « plus de douceur à la figure [27] ». L'usage partiel de la poudre est donc lui-même codé. De même les *Affiches et Annonces de Paris* se gardent-ils prudemment de proposer des blancs et des rouges autres que « végétaux [28] ». Le modiste ne saurait condamner le cosmétique. Son propos confirme seulement à quel point le procès entre nature et artifice a transformé, dans la deuxième moitié du XVIIIᵉ siècle, les critères de la distinction.

Or, c'est précisément la transformation de tels critères qui a pu déplacer la vision de la propreté. C'est l'attention explicite au « dessous » de l'apparence qui a pu remettre en cause la liaison longtemps entretenue entre propreté et parure, imposant à la tenue d'autres repères que ceux du seul spectacle. Surfaces et parfums ne peuvent être exclusifs. La mise en scène change. La distinction classique, celle du XVIIᵉ siècle et du début du XVIIIᵉ siècle, n'est plus seulement atteinte dans ses profils, elle l'est dans ses structures. Les alliances que celle-ci entretenait jusqu'ici commencent à se dénouer. C'est le sens même du mot de propreté qui change à son tour. L' *Encyclopédie* le sanctionne en 1765 comme une découverte : « Il ne faut pas confondre la propreté avec la recherche du luxe, l'affectation dans la parure, les parfums, les odeurs ; tous ces soins exquis de la sensibilité ne sont pas assez raffinés pour tromper les yeux ; trop embarrassants pour le commerce de la vie, ils décèlent le motif qui les fait naître [29]. » La propreté n'est plus uniquement attachée aux signes de l'ajustement vestimentaire. Elle concerne un objet plus directement corporel. Signification évidente aujourd'hui, mais dont ce lent travail sur les effets spectaculaires de la silhouette montre l'itinéraire. La propreté est d'autant moins dépendante de l'apparence immédiate qu'elle peut précisément en défaire la composition. Un exemple au moins, dans cette série de déplacements : l'interprétation donnée par Mercier sur la modification des visages : « Il paraît que les cheveux courts veulent usurper l'empire : la propreté, la commodité, l'épargne de temps, la santé peut-être, tiennent à cette mode, car il faut que la tête respire, c'est-à-dire qu'elle soit parfaitement nette[30]. » L'ajustement des perruques ou des poudres, les profils et les parfums ne sont plus à l'origine de la propreté, ils en dépendent. De même, le recours au fard requiert-il une condition. Mercier la psalmodie en recensant les blancs et les rouges, leurs mélanges et leurs éclats : « Celui à qui on demandait ce qui faisait la vraie parure d'une femme : la propreté, la propreté, la propreté[31]. »

Les duplicités du parfum

Avec le parfum change un repère dominant dont le sens est le plus révélateur. Simple effet de surface, le parfum ne peut maintenant que tromper : « Les odeurs appartiennent moins à la propreté qu'à un certain goût dépravé ou à un certain air de mode dont les petits maîtres sont les arbitres[32]. » Les critiques se multiplient contre « l'odeur des essences et des poudres ambrées[33] », le « danger » des aromates[34], les troubles et les « vapeurs » provoquées par le musc[35] : autant d'objets qui énervent et affaiblissent ; autant de pratiques qui contrarient la nature. Jusqu'à l'innocent effeuillage de roses, qui « peut faire tomber en défaillance[36] ». Bomare, dans son *Dictionnaire d'histoire naturelle,* en 1764, semble ravi d'offrir les preuves de telles affectations, en comparant l'odorat borné de l'homme à celui des animaux. L'infirmité n'a qu'une source : « l'excès d'odeurs fortes dont les hommes sont sans cesse entourés[37] ». Ce que Buffon affirmait déjà, non sans crispation, évoquant cette « fureur avec laquelle nous cherchons à nous détruire[38] » en sollicitant trop violemment l'odorat. Le parfum entêtant n'est qu'effémination. A quoi s'ajoute le soupçon sur la propreté que celui-ci peut déclencher : exactement comme la « beauté fausse » produit « un effet plus rebutant que la laideur la plus prononcée[39] ».

L'artifice du parfum semble d'ailleurs aux antipodes de l'esprit bourgeois, bientôt triomphant. Il s'évanouit, il s'évapore, symbolisant la dilapidation et la perte. Non seulement, c'est un produit de surface, mais c'est un produit évanescent. Il se gaspille. Il est dissipation, volatilité fugace et sans retour. L'inverse du cumul et de la thésaurisation. Le parfum se diffuse et s'évade. Cette instabilité, maintenant, déçoit. Critique remarquablement notée par Corbin : « Il y a quelque chose d'intolérable pour le bourgeois à sentir s'évanouir ainsi les produits thésaurisés de son labeur. Le parfum, que l'on accuse de traduire la mollesse, le désordre et le goût du plaisir, est antinomique du travail[40]. » Il redouble alors les effets « négatifs » des valeurs d'apparence.

Une telle disqualification ne peut qu'atteindre certains gestes jugés jusqu'ici purificateurs. Le parfum pouvait auparavant corriger les odeurs du corps en modifiant leur matière intime. Il combattait directement la puanteur parce qu'il l' « attaquait » dans sa substance. En un certain sens même, il lavait. Sa seule application nettoyait et purifiait. Il transformait très « concrètement » la source du mauvais air. Or, il « perd précisément tout crédit[41] » dans l'action contre les atmosphères malsaines et les effluves malodorantes. C'est un autre pan des toilettes, et même des pratiques hygiéniques, qui s'efface ici. L'effet du parfum n'est plus celui de l'épuration. Il n'agit pas sur l'essence même de l'air. Et surtout, il ne peut atteindre la source de la fétidité : « Il ne fait que substituer une odeur agréable à une odeur fétide, il trompe seulement l'odorat et ne dénature pas les miasmes putrides[42]. » Tout au plus joue-t-il le rôle de masque. La meilleure riposte demeure encore la suppression des sources malodorantes ou le renouvellement de l'air ambiant. Il vaut mieux ouvrir la fenêtre dans une chambre de malade, ironise Tissot, plutôt que d'y brûler du parfum[43]. Démarches savantes et sensibilité se confortent d'ailleurs. Le parfum est d'autant moins efficace qu'il égare par ses fulgurances. Il trompe deux fois : effémination et illusion sur la correction réelle de l'insalubre. Frivolités et impouvoir convergent : « Les pots-pourris si délicieux par leur recherche et le montant de leurs aromates sont souvent plus propres à blesser les cerveaux délicats, vides et épuisés de ces oisives divinités qu'à ranimer les ressorts de l'air[44]. »

L' « interne » contre l'apparence

Restent quelques exceptions à de tels refus, mais elles ne font que confirmer à leur manière la référence à une « nature ». Mme Necker rêve, dans ses mémoires, d'essences suffisamment « simples » pour imiter « l'odeur de la terre humectée par la pluie[45] ». Jaucourt, vitupérant dans l'*Encyclopédie* les aromates et les fards, épargne quelques extraits de fleurs et de fruits : « Tels sont par exemple l'eau de fraise, l'eau de lavande, l'eau distillée de fève[46]. » Jacquin, qui exploite la réprobation quasi morale du parfum, suggère aussi quelques dérogations : « Il ne faut cependant pas proscrire toutes les odeurs indistinctement : il y en a de douces et agréables qui entrent dans l'ordre de la propreté ; telle est l'eau de vie de lavande[47]. » C'est même le recours à la nature qui impose dans certains cas des artifices plutôt complexes, comme l'usage, en 1782, de ces fioles minuscules dissimulées dans les cheveux, afin que des fleurs naturelles et toutes fraîches puissent y tremper leurs tiges[48]. La qualité du parfum doit épouser l'énergie de la sève. La propreté s'allie aux essences printanières, aux objets gorgés de vie, au plus près en tout cas d'une force du corps. Elle est bien dynamisme et vigueur.

Il s'agit d'inventer pour le corps une autre autonomie : mieux le distinguer de ses panoplies ou de ses tuteurs, travailler des qualités appartenant en propre au sujet, coder une vitalité indépendante de la parure et du maintien. Fraîcheur, netteté ou même éclat, l'association porte toujours sur l'organique. C'est sur lui que s'inscrit la valence nouvelle. Elle s'oppose aux anciens repères du paraître, elle affirme une force plus « interne ». Ce qui ne veut évidemment pas dire que cette valeur soit précise et moins encore qu'elle ait un sens proche des propretés d'aujourd'hui. Bien peu d'ablutions chez Rousseau par exemple, en dehors de quelques allusions au bain froid de l'enfance. L'eau n'est pas évoquée pour la toilette de Julie. La transmutation qui s'y opère est pourtant celle de la « simplicité » : « Elle retrouve l'art d'animer ses grâces naturelles sans les couvrir ; elle était éblouissante en sortant de sa toilette[49]. » Bien peu d'insistance aussi sur le rôle socialement sanitaire de la propreté, malgré l'évidente « promotion » de celle-ci. Tissot lui-même, recensant en 1765 les causes des maladies du peuple, évoque l'ivrognerie ou l'excès de travail et non le propre ou le malpropre[50].

Mais l'opposition entre nature et artifice, simplicité et affectation, importante dès 1760 et plus encore après 1780, marque un infléchissement de la sensibilité à la propreté. Transformation d'autant plus importante, qu'elle engendre de nouvelles catégories de pensée : travail du corps, manifestation d'une vigueur (fût-elle formelle), la propreté appartient maintenant au manuel du médecin bien plus qu'au manuel de civilité. Elle est moins une connotation de la parure qu'une connotation de la santé. Elle touche au régime des humeurs, à la disponibilité des membres, à l'état directement physique du corps. Un travail de l' « intérieur », déjà, plus que de la seule surface. Le docteur B. C. Faust lance un appel en 1792 : « Nos habits sont de fer, ils sont l'invention des siècles barbares et gothiques. Il faut que vous brisiez aussi ces fers si vous voulez devenir libres et heureux[51] » ; cet appel a aussi sa correspondance quant à la « vie » de la peau : attaquer la crasse, c'est donner plus de force aux fonctions et plus de liberté aux organes. La propreté n'est plus seulement faite pour le regard.

Les traités d'hygiène rationalisent une nouvelle fois la représentation des pores : leur entretien donne une issue aux transpirations, tout en assurant au sang plus de fluidité. Face aux vieilles images des engorgements et obstructions circulatoires, nées après la découverte d'Harvey[52], au XVIIe siècle, face aux risques diffus de blocages et de pléthores, la propreté oppose maintenant une légitimité mieux affirmée. Elle facilite excrétions d'humeurs et mouvements du sang. Elle se fait nettement fonctionnelle. Elle défend l'organisme en aidant ses physiologies. Elle entretient circulation et mouvement interne, permettant même de mieux « prévenir la maladie[53] ». Ne facilite-t-elle pas « la transpiration insensible qui est plus importante que toutes les autres évacuations[54] » ? L'insistance sur cette transpiration n'est pas nouvelle, mais sa mise en

relation avec la propreté devient plus systématique, et l'explication de cette propreté elle-même devient plus fonctionnelle :
avec elle les évacuations organiques auraient leur issue régulière
et mieux préservée. L'entretien de la peau en serait comme le
garant. Le thème appartient au même registre que le bain froid.
De même que celui-ci renforce les fibres, la propreté renforce
indirectement les fonctions : « La base de la santé c'est la
régularité avec laquelle se fait la transpiration, pour obtenir
cette régularité il faut fortifier la peau [55]. » La crasse serait
dangereuse parce que bloquant les issues de surface. D'étranges
tumeurs pourraient en résulter. Autant de boursouflures alimentées par les humeurs, autant d'abcès possibles ; le corps
gonflant sous les pressions internes. Être propre, au contraire,
c'est « libérer » la peau : « Il est nécessaire d'avoir les pieds
bien propres : la moindre crasse intercepte la transpiration et
produit des cors et des gonflements douloureux autant qu'incom-
modes [56]. » Une propreté, qui au xviie siècle traduisait
d'abord esthétique et civilité, bascule plus nettement ici vers les
fonctionnalités.

La remise en cause des fards et des poudres, certes centrée
sur le visage mais aussi sur l'allure et le maintien, l'allusion aux
crasses enfin, ont donc leur versant théorique : libérer les
surfaces du corps pour mieux évacuer celui-ci. Il faut répéter
que cette argumentation nouvelle n'implique pas une révolution
immédiate des pratiques d'ablution. A la fin des années 1770,
les traités savants restent évasifs sur le rythme des bains :
« Chacun se fait une règle particulière pour les bains : les uns en
prennent un tous les huit jours, d'autres tous les dix jours,
d'autres tous les mois et plusieurs tous les ans pendant huit à dix
jours de suite, dans un temps le plus propre pour le faire [57]. »
L'entretien de la peau peut encore largement, et pour la plupart
à coup sûr, passer par celui du linge. Mais la transformation des
visages est un indice concret de déplacement des mentalités.
L'argument des santés enfin, même théorique et préoccupé de
mécanismes souvent imaginaires, est un autre indice important.
Ce qui naît, après 1760, c'est au moins la possibilité d'une
propreté totalement nouvelle.

4

Effluves populaires et urbaines

La quantification de la mort

La création de *la Gazette de santé,* en 1773, confirme un déplacement majeur des mentalités dans le dernier tiers du XVIIIe siècle. Rédigée « en faveur des curés, des seigneurs, des dames charitables et des fermiers[1] », elle semble faite pour inverser la fatalité traditionnelle éprouvée envers la mort et la maladie. Les notables sont appelés à répercuter les mesures des médecins. Suggérant des précautions nouvelles sur la petite enfance, ou insistant sur l'assainissement des habitations et des villes, *la Gazette* promeut une vigilance. Elle banalise des règles d'hygiène, sensibilisant à l'occasion au thème des propretés. Elle débat de l'éducation physique des enfants et palabre sur les sources de contagion. Les démarches « aidant à se maintenir en santé[2] » recouvrent ici des préoccupations sociales. *La Gazette* est faite pour informer et pour diffuser. Ses lecteurs en sont les relais : textes brefs, formules simples, elle veut toucher le grand nombre. Des initiatives locales suivent peu après, comme le *Journal de santé* à Bordeaux en 1785[3] ou à Lyon en 1793[4].

L'entreprise suppose enfin un objectif lui-même nouveau : il s'agit d'influer sur la longévité des populations. Le but est d'accroître les hommes, travailler à ce que Moheau appelle déjà, la « durée de la vie[5] ». Recenser les épidémies, cerner les maux mal maîtrisés, renforcer les santés, c'est agir indirectement sur la quantité des habitants. A la vieille lutte contre la souffrance, s'ajoute celle, plus abstraite, contre une atteinte numérique des populations. C'est la collectivité, comme entité quantifiée, qui est au centre de telles visées. Ce qui suppose une focalisation inédite sur la masse humaine : « Les hommes sont la vraie richesse des États et c'est celle que l'on néglige le plus[6]. »

La Gazette n'est, à cet égard, qu'une conséquence, parmi d'autres, de cette première prise de conscience démographique. La création de la Société royale de Médecine en 1776, les enquêtes sur les épidémies que celle-ci est chargée de collecter, la mode des topographies médicales recensant les mortalités dans les campagnes et dans les villes, sont autant d'indices de la sensibilité nouvelle[7]. La population se fait ressource spécifique : « Il faut multiplier les sujets et les bestiaux[8]. » Il faut aussi préserver leur longévité. Prise de conscience lente qui s'impose après 1760 surtout, et qu'illustrent les premiers calculs de mortalité ou les premières tables confrontant les naissances et les morts. Les physiocrates ont évidemment contribué à une telle perception, en associant les richesses de la terre à une rentabilisation de l'humain : « Le nombre d'individus qui peuvent manier la bêche, conduire une charrue, travailler à un métier, porter les armes, enfin se reproduire : telle est la base de la puissance des nations[9]. » Plus largement, c'est l'exigence de nos États contemporains qui se met en place, celle qui fait de la population une puissance anonyme et prometteuse dont doivent d'abord être comptés les bras.

Le raisonnement économique sous-tend le geste d'une organisation sanitaire des collectifs. Il conduit surtout à une transformation de l'hygiène des groupes et des communautés[10]. La prévention commence à relever de pratiques politiques dont les administrateurs et les médecins deviennent les acteurs. Cette prévention intègre insensiblement la propreté jusqu'à lui donner un rôle de « salubrité publique[11] » qui n'était pas encore le sien. Rôle discret bien sûr, puisque le travail sur la contagion et les épidémies est d'abord un travail sur les climats. Les vieilles catégories hippocratiques, retenant les temps et les lieux, sont loin d'être oubliées. Daignan, Razou et Lepecq[12] construisent leurs tables de mortalité en prenant pour repères essentiellement les variations saisonnières. C'est l'humidité ou la froideur des brouillards, changeant selon les mois, qui peuvent faire la différence des morts. Ce sont les vents, soufflant sur les marais, qui peuvent faire la différence des fièvres. L'enquête s'attache au caprice des températures, à la versatilité des saisons, elle nuance sans fin la sécheresse et l'humidité des sols, elle se perd dans la mobilité des sereins et des brises.

Mais le travail sur la contagion, aidé sans doute par les interrogations des chimistes, devient très vite aussi un travail sur les confinements, les odeurs, les exhalaisons malfaisantes. Par un long détour, une prise en compte de la propreté peut émerger.

La localisation de l'insalubre

L'histoire cent fois répétée après 1770, au point de rendre son lieu interchangeable, est celle d'une effluve putride diffusant la mort dans un lieu clos : au mois de juin 1774, de paisibles enfants sont rassemblés dans l'église de Saulieu en Bourgogne pour faire leur première communion. Une « exhalaison maligne » s'élève brusquement d'une des tombes creusées le même jour sous les dalles de l'église. L'effluve se répand et provoque, selon toutes apparences, une catastrophe : « Le curé, le vicaire, 40 enfants et 200 paroissiens qui entraient alors en moururent [13]. » L'anecdote, quasi mythique, est prise au sérieux, rendu exemplaire, colportée. L'odeur des chairs en décomposition peut être mortelle. Les morts menaceraient physiquement les vivants.

Les cloches hermétiques de Hales et de Priestley [14], vouant les animaux d'expérience à mourir empoisonnés par leur propre souffle, multiplient les correspondances imaginaires. Les hommes meurent dans les atmosphères confinées. Ils y meurent par d'obscures exhalaisons venues des corps. Leur souffle porte la mort des matières corrompues. Entre ces respirations et la puanteur des pourritures, celle des déchets et des chairs mortes, toutes les analogies sont tentées. Ce sont les émanations malfaisantes, les putridités, les objets pourrissants qui, à leur tour, peuvent tuer[15]. Les cimetières, comme les fossés des villes où stagnent les matières fécales, répandent brusquement « leur vapeur infectée, dangereuse dans tous les temps et dans tous les lieux[16] ». Le recensement des saisons ne suffit plus. Corbin a bien montré le rôle important d'une analyse déjà précise de l'air dans cette perception du mal. C'est sa décomposition, sa stagnation, sa fétidité, qui communiquent la mort. L'effluve, à elle seule, est menaçante. L'odeur concrétise les risques. Une autre anecdote est tout aussi répétée, relative à la mort propagée par les cloaques et les matières qu'ils imprègnent : « Le 13 juillet 1779, le jardinier de l'hôpital de Béziers fut frappé de mort par le gaz méphitique qui s'exhala de l'eau destinée à arroser le jardin ; l'eau dont on se sert pour cet effet s'y rend par le moyen d'un égout qui reçoit une partie de celles qui coulent dans les rues[17]. » Lorsqu'en 1780 enfin, le mur d'une cave parisienne s'effondre sous le poids des tombes voisines, plusieurs témoins racontent que l'odeur a asphyxié le propriétaire[18]. Le danger, une fois encore, vient de l'encombrement des morts. Les craintes ne font que s'aviver.

Ce qui était perçu comme l'accompagnement presque inévitable de l'environnement humain, ce qui était banal à force d'être proche franchit le seuil de l'intolérable : villes empestées, accumulation des immondices, relents des eaux croupissantes. La mort hante les lieux infects. La puanteur n'est pas seulement incommodante, elle est dangereuse. Le cadre urbain devient alors par endroits insupportable. Ce sont les pavés où « les ordures se mêlant avec l'eau des ruisseaux, et surtout avec ces eaux grasses qui proviennent des cuisines, forment cette boue infecte que la quantité de fer considérable qu'elle tient en dissolution rend noire et tachante[19] ». Ce sont les tueries de bestiaux « où séjournent les matières animales provoquant les fièvres putrides[20] ». Ce sont les lieux d'entassement enfin : ceux des morts et ceux des vivants, les cimetières, les hôpitaux aussi, dont les effluves déclenchent les gangrènes humides empêchant la cicatrisation des plaies et le dessèchement des ulcères. L'accumulation des déchets et des corps entretiendrait une sanie non maîtrisée : « lits imprégnés de substances fétides, amas de linges ou pansements trop lentement enlevés, lieux d'aisance et salles de fiévreux trop mal isolées de celles des blessés [21] ».

Commence alors un recensement de ces emplacements et de leurs « brouillards purulents [22] », auquel s'ajoute la liaison insistante entre la puanteur et la malpropreté, celle des espaces et celle des corps. Mais pas des espaces et des corps nobles ou bourgeois : les lieux soupçonnés sont d'abord ceux où s'accumulent les pauvres, et les corps sont ceux que le linge ne protège pas toujours. C'est le peuple qui est d'abord concerné. De ces recensements et des normes qui les sous-tendent naissent insensiblement après 1780 les prémisses d'une « hygiène publique », amorçant par moments ce que le XIXᵉ siècle va développer. Évoquer la propreté, c'est s'opposer aux « négligences » populaires, aux puanteurs urbaines, aux promiscuités incontrôlées. Dans les années 1780, la critique n'est plus cantonnée à l'artifice des aristocrates : ce sont bientôt les pratiques du peuple qui sont réprouvées comme elles ne l'avaient jamais été.

Les espaces sont les premiers visés. Cimetières, prisons, hôpitaux, tueries d'animaux émaillent brusquement la ville d'abcès sinistres, jusqu'à induire le remodèlement de l'espace urbain. Des réformes naissent, à la fin du siècle, pour accroître la circulation et le renouvellement de l'air, pour effacer les sources trop sensibles de fétidité. Il faut éviter, plus que tout, les atmosphères stagnantes : déplacement des cimetières dont les relents inquiètent, prolifération de réformes pour modifier architecture et emplacement des hôpitaux, mesures accrues contre la sédimentation des déchets. La nuit du 7 avril 1786 de lourdes charrettes commencent à transférer les ossements du cimetière des Saints-Innocents vers les carrières souterraines de Paris. Étrange cohorte de tombereaux conduits à la lueur des torches et au rythme de prières sourdement murmurées. Quelques témoins s'étonnent du spectacle : les os tombent parfois de ces chargements trop denses, les restes humains ne sont qu'amoncellements informes, et l'odeur est insoutenable. Mais ce déménagement des morts parisiens est le premier d'une longue série [23]. C'est aussi le premier acte d'une hygiène bouleversant l'espace public.

Les ponts sont désencombrés, après 1790, des logements qui les surmontent, les constructions sont frappées d'alignement[24]. La ville doit être « aérée ». Certains rêvent même de machines faites pour agiter l'air, immenses ailes juchées au coin des rues comme des ailes de moulin au rôle inversé, puisque chargées de provoquer le vent et non plus de le subir : chasser l'air avec de larges pales mues par la force des rivières, par exemple. Ces machines ne se réalisent pas, mais leur projet dit assez où vont les préoccupations. Le paysage des lumières change à la fin du siècle. La conquête d'espace que Paris gagne sur la Seine, par la libération des ponts, en est le symbole. La ville grandit par son centre[25], exigence sourde d'accroître l'air en volume et en mobilité. C'est cette insistance sur l'air qui peut faire comprendre l'attention prêtée aux propretés populaires. C'est elle aussi qui peut en faire comprendre la spécificité.

Topographies médicales et enquêtes pénètrent quelquefois les espaces privés du pauvre. Elles s'attardent aux odeurs des lits et des corps. Elles traquent les encombrements, les moisissures croupissant loin des regards. Les médecins rivalisent alors dans la description des entassements et des puanteurs : « Le peuple mal nourri, mal logé, plus entassé, plus susceptible de crainte et de terreur est la première et la plus nombreuse victime[26]. » Quelques médecins finissent par décrire leur propre sensation face à de tels confinements. Ils s'interrogent brusquement sur un phénomène qu'ils semblent découvrir. Ils supportent moins bien ce qu'ils ont pourtant toujours vu. Ils réactivent l'opposition des lumières et de l'ignorance. Toutes ces fétidités, qu'ils rendent responsables de l'entretien des maux, provoquent étonnement, exaspération. Leurs textes croisent les mêmes images, si fortes parfois qu'ils laissent sournoisement percer impuissance et résignation : « Quand je tirais les bras des malades de dessous les couvertures, l'air qui sortait du lit faisait soulever le cœur et lorsque je voulais m'assurer de l'état de la langue, il fallait être à moitié corps dans un lit guindé sur un banc sur lequel il fallait se hisser ; il en revenait des bouffées d'haleine qui auraient abattu un cheval. Souvent je me retirais couvert de puces, en d'autres endroits, les grelots de saint

François m'escaladaient de toutes parts[27]. » Les promiscuités prolongent l'inquiétude du thérapeute. En intensifiant les émanations, l'accumulation des corps en accroît aussi les dangers. Ce sont ces mélanges que le texte médical dénonce comme il ne l'avait jamais fait. Le mal tient à ces amoncellements de souffles, de choses, de gens, mêlant leurs odeurs confuses : dans les foyers de Bretagne, par exemple, où les pauvres « couchent avec les malades dans les mêmes lits, ne changent la paille de leur lit aussi souvent qu'elle est gâtée, occupent les lits de ceux qui sont morts de maladie[28] ». Dans les hôpitaux aussi où promiscuité et malpropreté inquiètent plus encore. Le thème du lit — avec ses juxtapositions de corps côte à côte, ou pieds contre épaules, évoqués depuis longtemps dans les délibérations de l'Hôtel-Dieu[29] — devient un lieu commun de réprobation. A défaut d'explication chimique, la métaphore végétale exploite ici les ressources des fumiers et des humus, celle des excréments et des fermentations. C'est dans ce mince espace surchauffé et clos que naissent les pires exhalaisons. Le mal s'y entretient comme un levain. Les odeurs s'y concentrent pour faire germer les mauvaises fièvres. Les contagions s'y propagent dans la moiteur et le terreau des transpirations, gangrènes s'alimentant aux effluves étouffées, décompositions s'accélérant au contact des corps morts : « La gale comme on sait n'y est-elle pas éternelle ? La chaleur de 4 à 6 malades n'y rend-elle pas les humeurs plus âcres et les démangeaisons plus insupportables ? Cette chaleur d'ailleurs n'y fait-elle pas éclore, n'y entretient-elle pas la vermine ? Cette chaleur n'y développe-t-elle pas encore la fétidité qui ne peut manquer d'exister dans ces lits et qui devient plus insupportable dans la situation opposée des malades couchés les uns aux pieds et les autres à la tête[30] ? »

Toutes ces pratiques concernent bien le peuple, le pauvre même. Après 1780 surtout, les topographies médicales font de plus en plus le partage entre une malpropreté populaire et l'aisance bourgeoise figurée par un moindre encombrement : à Paris, par exemple, où Menuret décrit les « gens aisés » comme « moins exposés » à la contagion parce que moins pressés dans leur espace ; à Lyon, où Berthelot associe misère, malpropreté et maladie : « Les ouvriers mènent à Lyon une vie bien différente de celle des gens aisés ; ils sont pour l'ordinaire maigres et desséchés, d'une taille peu avantageuse [...]. La malpropreté et le malaise de ces ouvriers sont tels que l'on voit souvent coucher dans une même soupente de sapin 12 ou 15 personnes dont le linge est à peine renouvelé une fois chaque semaine [31]. » Les ouvrages de santé évoquent à leur tour cette perception différenciée. Lorsqu'en 1791, Ganne passe en revue quelques conditions de vie pour mieux évaluer les « moyens de se garantir de diverses maladies », il insiste sur la propreté devenue pour le peuple une « condition indispensable [32] ». *La Gazette de santé* répercute enfin le même thème tout en hasardant quelques-uns de ses enjeux : dépérissement, voire dépopulation. Les premiers démographes commencent à dessiner le spectre d'une mort sélective toute particulière : « Une des principales causes qui, dans la ville, perpétuent sans cesse les malades, est la malpropreté générale et le défaut des usages qui tendent à la conservation des hommes : usages inconnus, surtout parmi le peuple sans cesse infecté par les maladies cutanées et contagieuses, si fréquentes dans cette ville [33]. »

Certaines règles changent à la fin du siècle. Dans les hôpitaux, en particulier, où de laborieuses mécaniques sont imaginées pour individualiser les lits, nettoyer leurs entours, débarrasser les déchets. Chirol va jusqu'à concevoir des portes coulissantes dissimulées derrière chaque lit. Elles permettraient, en escamotant celui-ci sur des glissières, de mieux nettoyer la salle et d'évacuer les déchets de chacun par un corridor particulier [34]. Garat, « maître menuisier », propose quant à lui, en 1779, un lit sustentant le malade invalide par un système de leviers mobiles. L'ensemble rendrait plus aisé le changement de bassin, de linge, de draps [35]. Mécaniques souvent trop complexes pour être appliquées, mais qui soulignent le déplacement des préoccupations. Outre la lente individualisation du lit, la véritable transformation porte en définitive sur le linge : nombre de chemises données au malade pauvre, régularité de leur changement. Les normes, depuis longtemps appliquées par les élites, commencent à jouer un rôle dans ces institutions faites pour le grand nombre. Une propreté déjà ancienne commence à exister comme si la pratique « pensée » pour le peuple devait impliquer décalage et temps de latence. C'est la propreté toute traditionnelle et non celle directement présente du noble ou du bourgeois qui sert de première référence.

La gestion du linge trouve, dans le cadre de l'hôpital, une application que celui-ci ignorait. Les enfants recueillis à l'Hospice de Paris reçoivent, en l'an VII, « quatre chemises et trois mouchoirs, deux paires de bas pour l'hiver et trois paires de chaussettes [36] » ; alors que chemises ou bas n'étaient presque pas mentionnés jusque-là [37]. De même, le *Cahier des charges pour les hospices de Paris* arrête à la même date que les « malades et indigents sont changés de linge le 10 de chaque décade et plus souvent s'il est nécessaire, à l'exception des galeux et des vénériens [38] » ; alors qu'un tel changement n'était apparemment pas pris en compte quelques décennies plus tôt, à l'exclusion sans doute de l'hospice des incurables, où la camisole était remplacée tous les mois en 1769 [39]. L'attention est plus présente encore dans les hôpitaux anglais. A Harlar par exemple, près de Gasport, la chemise des malades se change tous les quatre jours ; bonnets, caleçons et bas, toutes les semaines [40]. Dans certains hôpitaux militaires dont Daignan rapporte et commente le règlement en 1785, un infirmier est spécialement désigné pour manipuler le linge des malades, le leur changer, et recourir quelquefois même à l'ablution : il est « uniquement occupé à laver les pieds des malades entrants, selon que les médecins l'ordonnent, à les coiffer, à les changer de linge et à les coucher. On ne saurait croire combien cette précaution est nécessaire pour le succès du traitement des grandes maladies qui tournent le plus souvent lorsque les évacuations de la peau n'ont pas lieu, et rien n'y met plus d'obstacle que la crasse et la malpropreté [41] ». L'argument s'est ici développé : ce n'est plus seulement l'odeur qui est prise en compte, mais le rôle fonctionnel des excrétions ; la propreté aidant à la bonne marche des organes. Ce que Pringle évoquait déjà quelques années plus

163

tôt : « J'ai remarqué dans les hôpitaux que lorsqu'on y apportait des gens qui ont la fièvre, rien ne provoquait tant les sueurs que de leur laver les pieds avec du vinaigre et de l'eau chaude et de leur donner du linge blanc[42]. » Ablutions locales, sans doute, permettant (souvent uniquement avec le lavage des pieds) de « dégager » les humeurs. Ce qui souligne au moins l'importance d'une préoccupation fonctionnelle.

Ce n'est pourtant pas l'ablution qui l'emporte dans toutes ces références et dans tous ces projets. Même si Poyet, en imaginant le déplacement de l'Hôtel-Dieu sur l'île des Cygnes, en 1786, pense pouvoir y créer une « quantité de bains indéterminée[43] ». Même si Tenon, en énumérant les transformations nécessaires à l'Hôtel-Dieu encore, propose l'installation de fauteuils mécaniques ou de hamacs mobiles, à l'aide desquels certains malades seraient plongés dans un bain froid[44]. Poyet, entre autres, tient d'abord à créer de vastes courants d'air : corridors circulaires et ouverts, salles différemment orientées, accueillant chacune un vent particulier, la rose des vents distribuant ainsi la topologie des murs et l'angulation des fenêtres.

La réforme de l'hôpital demeure largement dominée par le principe d'aération et celui de l'évacuation des déchets, par celui encore de l'individualisation du lit et par celui, enfin, d'une propreté qu'assurerait le linge. Si l'évocation d'un bain jugé nécessaire pour le peuple existe en cette fin de siècle, c'est plutôt dans un autre cadre : celui des projets visant à réaménager la gestion de l'eau et sa distribution. C'est en inventant des capillarités nouvelles chargées entre autres de mieux débarrasser les rues ou de mieux les rafraîchir, qu'un bain populaire est quelquefois évoqué.

L'eau qui corrige l'air

La description alarmée des encombrements et des déchets suscite, dans ce dernier tiers du XVIIIe siècle, une prolifération de propositions afin d'accroître l'arrivée et la circulation de l'eau

dans la ville. Rêve de liquides drainant les pavés selon des
pentes rapides, de fontaines arrosant les marchés, d'écoulements qui, en charriant les pourritures, corrigeraient enfin les
odeurs. La pompe de Notre-Dame érigée un siècle plus tôt, les
arrivées d'Arcueil et de Rungis, les vieilles sources de Belleville
et du Pré-Saint-Gervais n'ont jamais paru aussi insuffisantes[45].
La consommation d'eau devient, comme elle ne l'a jamais été,
un problème de stratégie collective. L'image de la ville impose
maintenant celle d'une eau qui peut courir régulièrement dans
les rues. Il s'agit de créer des réseaux. Ceux-ci seraient faits non
pas d'égouts systématiquement couverts et articulés ou de
canalisations qui, de collectives, s'achemineraient jusqu'à des
branchements individuels, mais de points de distribution plus
nombreux et mieux répartis. Le but demeure la diffusion par
arrosage et l'atteinte des quartiers éloignés, en multipliant les
sources d'écoulement. La ville serait comme « lavée » par une
eau emportant tout ce qui stagne et tout ce qui croupit. La
plupart des topographies médicales concluent, après 1780, à
cette association entre une mobilité nouvelle de l'eau et la
correction nécessaire de l'air. Supprimer les odeurs, c'est
surtout renforcer la présence d'un liquide pouvant se propager
en ruisselant : « Ne serait-il pas permis de faire des vœux afin de
voir établir à Lyon, et dans toutes les villes principales, des
machines qui élèveraient les eaux des rivières pour les répandre
ensuite dans le sein des villes où elles circuleraient librement
dans toutes les rues ; la salubrité de l'air, la fraîcheur en été et en
même temps la propreté des rues seraient les biens précieux qui
en reviendraient[46]. » Menuret propose, quant à lui, des « magasins d'eau », d'où celle-ci s'échapperait à intervalles réguliers,
pour cascader et se répandre le long des rues[47]. Dans le débat,
largement étudié déjà, entre la solution « passive », d'une eau
importée par aqueducs ou canaux, et celle plus « active », d'une
eau pompée à partir des rivières traversant les villes, l'horizon
demeure toujours celui d'une irrigation des rues. L'arrosage
prévient odeur et maladies : « Dans les grandes chaleurs on
pourrait, deux fois par jour, baigner les rues et prévenir peut-
être par là beaucoup de maladies[48]. »

C'est dans ce cadre d'une nouvelle alimentation en eau, qu'est quelquefois évoqué le thème d'un bain fait pour le peuple. Des établissements collectifs pourraient être installés près des nouveaux points d'approvisionnement. L'abondance présumée du liquide rendrait possibles de telles implantations. L'allusion, quoique discrète, est bien réelle. D'Auxiron intègre, déjà en 1765, la création de ces bains à son projet de machines à feu pompant la Seine au-dessus de Paris : « On peut faire un superbe monument pour enfermer les machines et leur dépendance. On peut embellir le principal château d'eau et les bains publics chauds et froids que je propose de faire et qui seront si utiles au peuple[49]. » Lavoisier choisit à son tour le même contexte pour évoquer une ablution populaire : « On ne saurait douter qu'une telle disette d'eau n'entretienne la malpropreté du peuple et ne contribue beaucoup à rendre malsain l'air de la capitale[50]. » Deparcieux enfin, avec sa proposition d'un aqueduc conduisant l'eau de l'Yvette jusqu'à l'Estrapade, pour mieux la diffuser ensuite dans les quartiers de Paris, ne manque pas d'évoquer la possibilité de créer des « bains et abreuvoirs publics[51] ». Le thème existe, il s'énonce, le peuple devrait avoir « ses » bains. Une telle exigence acquiert maintenant un statut, au moins théorique. L'hygiène populaire pourrait être reformulée. Une eau pour laver le peuple commence à être pensée, même s'il ne s'agit en rien d'un bain privé et d'une eau atteignant chaque logement. Une telle reformulation demeure pourtant largement « théorique ». Certains énoncés ne changent pas les pratiques.

Les pompes à feu de Chaillot, concrétisent en 1782, une solution temporaire pour mieux redistribuer les eaux de Paris à la fin du XVIIIᵉ siècle[52], mais les « bains pour le peuple » ne se créent pas. Sans doute réclamaient-ils des investissements que d'autres urgences rendaient difficiles. Sans doute aussi réclamaient-ils d'autres quantités d'eau. Mais, plus profondément, s'ils n'apparaissent pas, c'est qu'ils ne correspondent encore ni au seuil, ni à l'image, de la propreté collective réellement attendue. Leur utilité ne s'impose pas. Cette « absence » met d'ailleurs mieux en évidence ce qui importe dans la nouvelle circulation de l'eau. Celle-ci approche évidemment le liquide de chaque maison, tout en n'étant pas conçue, comme elle le sera plus tard, pour atteindre chaque foyer : « Le bas peuple et sans doute la plus grande partie des habitants ne sont pas dans le cas de souscrire pour des fontaines particulières [53]. » Mais surtout si un tel dispositif concerne la salubrité, c'est en visant d'abord le drainage des espaces collectifs. L'atmosphère et l'air comptent en toute priorité. Et l'eau les corrige d'autant mieux qu'elle peut atteindre les rues. Elle absorbe même les odeurs par son seul mouvement. Représentation de remous noyant les impuretés. Image physique de cascades brisant et dissolvant les poussières. L'eau attire et efface. C'est bien l'air qui est ainsi lavé : « L'eau courante exerce sur l'air une attraction, en conséquence de laquelle elle absorbe les miasmes putrides dont il est chargé [54]. » Le principe s'impose seul avec les nouveaux dispositifs de distribution. C'est lui qui permet de créer des magasins d'eau à Paris, comme celui de la rue Vivienne, ouvert régulièrement pour arroser les rues [55]. C'est lui aussi qu'adoptent les villes de province : Bordeaux, Caen et même Aurillac [56].

Cette insistance sur une eau chargée d'abord de corriger l'air est d'autant plus importante qu'elle souligne l'essentiel du rapport entre le salubre et l'insalubre à la fin du XVIIIᵉ siècle. L'attention à l'air l'emporte largement sur le lavage du corps. C'est ce qui rend si ambiguë l'image du paysan ; son existence comporte tout ce que dénoncent les enquêtes : promiscuités et indifférence relative au linge. L'air pourtant suffit à en faire un modèle de vie saine : « Dans les campagnes les paysans qui logent dans les étables ne paraissent pas affectés de malaise particulier ; mais, par la façon de vivre, ils respirent très souvent un autre air que celui-là [57]. » Après 1780 encore, le paysan demeure, presque contradictoirement, une référence de santé, voire de salubrité. C'est l'atmosphère « purifiée » qui fait tout : « La constitution physique des habitants de Paris est étonnamment moins robuste que celle des habitants des campagnes, parce que l'air de Paris n'est ni aussi pur ni aussi élastique que celui des champs [58]. » La différence, enfin, s'impose dans la comptabilité des morts. Avant tout, c'est l'air encore qui fait les longévités. La mort frappe, dans le même temps, « un habitant sur 40 dans les campagnes [...] et un sur 24-26 dans les villes[59] », selon Tourtelle en 1797. La proportion, avec Poyet, passe de 1 sur 40 à 1 sur 28[60]. Proportion établie différemment avec Daignan, en 1786, mais plus éloquente encore : la vie moyenne s'effondre de 40 à 22 ans selon que l'on passe du village des collines à la ville minière[61]. Ces comptages, toujours peu explicités (il est difficile d'en connaître les sources), confirment au moins la force d'un imaginaire.

Une politique de santé, centrée pour la première fois sur la longévité des populations, exploitant pour la première fois aussi une stratégie de l'eau et une critique de l'habitat populaire, demeure à l'évidence tributaire de sa vision aériste.

5

Bains et ablutions partielles

Avec les théories d'un bain populaire peu appliquées et avec l'imaginaire du froid aux applications plus développées, bien que limitées, la seconde moitié du XVIIIᵉ siècle a surtout renouvelé des représentations. La liaison inédite entre la propreté et les vigueurs, fondamentale pourtant, n'a pas toujours franchi le seuil de l'abstraction. Et le thème d'une attention plus vigilante à la peau n'a pas toujours provoqué la transformation de l'ablution. Un ensemble de déplacements appréciables se sont néanmoins produits : de la modification des visages à la nouvelle circulation de l'eau. Stratégies inédites et normes de salubrité ont quelquefois aussi modifié les espaces publics et les espaces privés. Mais c'est après 1780 que, pour quelques-uns au moins, les conditions concrètes de l'hygiène commencent insensiblement à changer. La présence du bain, en particulier, n'est plus vraiment la même.

Un accroissement du bain

Une exigence existe, socialement très circonscrite, qui trouve à se réaliser. Des usages se mettent en place, des gestes vont se modifier. Si, par exemple, les projets pour accroître la masse d'eau consommable n'ont pas amorcé la création de bains populaires, ils ont eu quelque lien avec le bain privé. Les frères Périer, promettant de conduire leurs canalisations de plomb vers les clients fortunés, exploitent le thème du bain dans un prospectus de 1781. Qu'ils lui attribuent un effet séducteur, sur les plus riches au moins, ne saurait être négligeable : « Les avantages immenses de cette entreprise seraient d'avoir [...] sans interruption de l'eau saine en telle quantité qu'on voudra ; de se procurer des bains chez soi, sans frais et sans embarras [...][1]. » D'Auxiron observait d'ailleurs les mêmes distinctions dans son projet de 1769 : « Il y aurait en outre de l'eau abondamment pour les cuisines, les bains, les plombs, les écuries et les jardins de tous les seigneurs qui en désireraient[2]. » Le terme seul de « seigneur » désignait le public concerné. La masse d'eau véhiculée par les pompes de Chaillot en 1782 est inférieure aux attentes[3]. Elle n'a pas vraiment bouleversé la disponibilité individuelle de l'eau pour le grand nombre. Mais des cabinets de bains plus fréquents s'installent dans les dernières années du siècle.

Les témoignages d'un tel accroissement peuvent être diffus, comme l'affirmation très brève, et surtout excessive, de *la Gazette de santé* assurant que « les bains se sont infiniment multipliés à Paris[4] ». Les témoignages peuvent être plus précis, comme l'indication de Ronesse formulée en 1782 et fondée sur des indices immobiliers : « L'eau qui vient aux maisons est infiniment plus considérable qu'elle n'était il y a une quinzaine d'années ; ce qui provient de l'usage très fréquent des bains que les médecins ordonnent aujourd'hui dans beaucoup plus de maladies qu'ils ne faisaient anciennement et du goût que le public a pris pour cet usage ; de sorte qu'il y a des bains dans toutes les maisons nouvellement bâties, et que lorsqu'un particulier aisé veut louer un appartement, il regarde une salle de bains comme une des pièces les plus essentielles[5]. » Autant d'affirmations qui doivent être tempérées. Les aménagements dans les grands hôtels particuliers suggèrent en effet des évaluations plus nuancées. Lorsque Kraft recense, en 1801, les plans de 66 hôtels luxueux, construits entre 1770 et 1800 (après 1775 surtout), il mentionne 20 cabinets de bains[6]. Ce pourcentage de 30 % est largement supérieur à celui de 6 % obtenu par des recensements identiques en 1750[7]. Il n'en souligne pas moins que « seule » une sur trois des grandes demeures de prestige possède un bain en 1800. L'augmentation est sensible.

Elle est évidemment loin de concerner les logements les plus riches dans leur totalité. C'est plutôt sa modification en quelques années qui a du sens. Celle-ci est suffisante pour suggérer aux témoins le sentiment d'un accroissement. Elle est suffisante surtout pour que le thème amorce une présence tangible dans les préoccupations des privilégiés.

Cette présence est parallèle à l'installation de quelques bains publics, souvent luxueux, également après 1780. Institution élitiste donc, et non populaire. Le modèle demeure l'établissement Poitevin[8], dont cinq répliques sont construites à Paris entre 1780 et 1800[9] : exploitation de la rivière par des bateaux pompant dans le courant et répartissant l'eau dans leurs cabines aménagées en salles de bains. Ces établissements, comme celui de Poitevin encore, allient au bain simple le bain hydrothérapique. Les bains Albert, en particulier, installés en 1783, dosent douches ascendantes et descendantes pour combattre « les douleurs rhumatismales, la paralysie, les entorses, les foulures, enflures, douleurs de rein, gouttes, sciatiques [...][10] ». Mais la finalité de tels dispositifs est plus clairement la propreté. C'est le cas des bains chinois, construits à la même date par Turquin[11], et des bains Vigier associant la gestion de trois bateaux après 1790[12], tous « recommandables par l'ordre et la propreté qui y règnent[13] ». Les prix sélectionnent une clientèle aisée : 2 livres 8 sous chez Albert et 3 livres et 12 sous chez Gaignard en 1787[14], ce qui correspond à près de trois à cinq fois le salaire quotidien d'un journalier. Les moins coûteux sont les bains chinois, offrant une baignoire pour 24 sols, ce qui représente encore presque le double du salaire quotidien d'un journalier[15]. De telles implantations ne se font pas qu'à Paris. Au même moment s'installent les bains Bourrassier sur l'Ouche à Dijon[16], les bains Dusaussay sur l'Orne à Caen[17] et quelques établissements sur le Rhône et la Garonne[18].

Additionnant à Paris, en 1790, 150 baignoires environ, dont le nombre double en 1800[19], ces institutions marquent un changement. C'est en les décrivant que Saint-Ursins évoque en 1804 « l'usage du bain récemment introduit chez les Français[20] ». Elles apparaissent à l'occasion dans les romans ou les

mémoires : Mme de Genlis raconte être poursuivie chez Poitevin par un admirateur anonyme ; tel personnage de Rétif se noie
dans une baignoire de Vigier, à la fin du siècle[21]. Elles
concernent évidemment aussi un public restreint. Le constat de
Mercier, en 1789, mentionne leur originalité, en même temps
qu'il souligne leurs limites quantitatives et sociales. Ces institutions faites pour se laver seraient encore trop peu fréquentées.
Mercier s'indigne : « Il y a sur la rivière des bains chauds à
24 sols, mais sans linge. Voilà de quoi décrasser la gent
parisienne. Eh bien il y a la moitié de la ville qui ne se lave
jamais et qui n'entrera dans aucun bain pendant tout le cours de
sa vie[22]. » Le jugement est plus sévère encore chez Rétif
quelques années plus tard : le faible nombre de ces établissements trahirait « la malpropreté de la plus grande ville du
monde[23] ». Regrets et « constat ». La légitimité de l'argument
semble transparente. Elle sanctionne une réalité jusqu'à la
chiffrer. Mais cette réalité elle-même est inédite. Des bains,
quoi qu'il en soit, se sont implantés. Et le constat de leur
insuffisance est à lui seul l'indice d'un changement : des
installations sont nées, accompagnées d'aspirations pour que
s'accroisse leur attrait. C'est bien parce qu'un bain commence à
exister que ces attentes, ces comparaisons, voire ces récrimina-
tions, peuvent à leur tour être formulées. Le signe de celles-ci
s'inverse même : les établissements de la fin du siècle, avec les
réquisitoires ou les éloges qu'ils suscitent, révèlent plutôt
l'existence d'une pratique. Ils révèlent aussi une signification
déjà plus étroite de l'ablution : dans la dernière décennie du
XVIIIe siècle, les bains Vigier, comme les bains chinois, concernent d'abord le lavage du corps.

Le bain s'installe donc lentement dans les pratiques de l'élite,
à l'extrême fin du XVIIIe siècle. Sa présence est limitée et réelle à
la fois. Cette présence devient plus « utilitaire ». Le rôle de
l'eau est plus « fonctionnel », plus « neutre » même. Une
familiarité circonscrite semble s'ancrer. Impossible pourtant
d'échapper à toutes les complexités passées. L'acte de Corvisart
en 1810, interdisant à l'impératrice Marie-Louise l'abus de bains
chauds pour mieux préserver sa fécondité[24], révèle le maintien

172

de préventions sur les affaiblissements et les langueurs. L'action physique de la masse liquide enveloppant le baigneur, pour peser sur lui, conserve sa valeur suggestive. L'emprise de l'eau ne se limite toujours pas au lavage. Et Pissis explique encore patiemment, en 1802, que « le bain relâche toujours la fibre déjà faible et augmente le volume des humeurs [25] ».

Reste que Pissis lui-même ne peut imaginer d'autre recours que « l'eau et le linge » pour remédier à « la malpropreté dégoûtante et fétide [26] ». Reste aussi que le texte hygiénique hésite maintenant sur les vertus intrinsèques du froid. Non pas qu'il les rejette délibérément, mais il accroît la place de l'eau tiède. Il calcule une température spécifique à la propreté. Hufeland, par exemple, grand amateur de bains froids, théoricien des réactions internes de l'organisme et de la dynamisation des fibres, développe, dans son *Art de prolonger la vie humaine,* publié en France en 1810, des considérations parallèles sur un bain tiède de propreté [27]. Willich aussi, très attentif à l'endurcissement de l'enfance, s'interroge en 1802 sur les limites possibles du froid, risquant d' « exposer à toutes les vicissitudes des climats et des saisons [28] ». Protat, donnant toute liberté à la référence naturelle, recommande en 1802 une eau préalablement réchauffée aux rayons du soleil, pour l'été en tout cas [29]. Quoi qu'il en soit, le texte hygiénique unit maintenant plus communément le bain et la propreté, l'eau et la peau. Une frange sociale étroite et privilégiée le met en pratique. C'est en associant ce bain à l'image de la Parisienne fortunée que Rétif rêve de nymphes et de sylphides : « Un bain fréquent entretient sa santé dans les saisons des chaleurs, en hiver même elle passe quelques minutes trois fois la semaine dans l'onde tiédie [...] [30]. » C'est cette pratique qui constitue une véritable originalité.

Les ablutions partielles

Une telle pratique doit aussi être comprise dans sa diversité et ses variantes. Le bain de l'élite s'accommode très bien de formules « intermédiaires ». Entre le changement de linge et l'immersion se sont accrus les gestes d'une propreté « locale [31] » : recours aux bains de pieds ou aux bains de siège, insistance sur des frictions suppléant l'ablution tout en atteignant la peau, « principalement aux articulations et aux endroits les moins sujets à être en contact avec l'air [32] ». C'est dans l'élite même que ces pratiques « restreintes » se sont installées à la fin du XVIIIe siècle. Elles entretiennent la propreté dans l'intervalle des bains ou elles en sont tout simplement le substitut ou l'équivalent. Mlle Avrillon joue l'ironie naïve en décrivant Joséphine « prise par les pieds et par la tête », lorsque la nouvelle impératrice se baigne les jambes, en se laissant coiffer [33]. Il faut aussi le geste coléreux de Napoléon, brisant contre un mur la terrine de faïence servant au lavement des pieds, pour mesurer la présence de cette ablution. Il faut enfin la survivance irrégulière de ces toilettes aristocratiques et « publiques », semblables à celles d'Ancien Régime, pour que Rémusat décrive le lavage quotidien des jambes déformées de Talleyrand, au début du XIXe siècle : devant des yeux attentifs, le ministre dépouille ses jambes des bas de laine et des bandes de flanelle, avant de les plonger dans un petit seau d'eau de Barrèges [34]. Lavage et hydrothérapie sont d'ailleurs ici intimement mêlés.

Toutes ces pratiques partielles révèleraient plutôt que la fréquence (encore rarement précisée) du bain implique à l'inverse l'importance de ces ablutions locales. Seule assurance, mais marquante : lorsque dans un traité de la toilette, Caron tente, en 1806, une définition de la propreté, il ne peut ignorer « les soins exacts du corps », il ne peut manquer de mentionner aussi les « lotions fréquentes [35] », même si ces lotions sont loin d'être toujours des immersions. La définition de la propreté ne peut être évoquée, pour l'élite du moins, sans que soit maintenant franchi l'obstacle de l'habit.

Mais déjà l'importance véritable du thème est ailleurs. C'est le paysage social de la propreté qui se précise avec les ablutions partielles. Elles en sont le meilleur indicateur, une fois l'usage de l'eau devenu plus « fonctionnel ». Elles en dessinent, à la fin du XVIIIe siècle, les aires et les frontières. Les objets auxquels elles recourent deviennent autant d'indices. Batteries de faïence, meubles intimes, dispositions spatiales, révèlent qu'avec la fin de l'Ancien Régime, une transformation en profondeur s'est amorcée. Loin des textes, en dehors des baignoires et des bains aussi, la propreté ne se limite plus au linge ou aux parties visibles du corps.

Le bidet par exemple, exceptionnel encore dans l'univers bourgeois de 1770, y devient plus courant après 1780, demeurant totalement exclu par contre de l'univers des artisans et des ouvriers. Il pénètre même le logement de certains groupes « intermédiaires », proches des exemples de l'élite : manieurs de plume, domestiques, salariés exempts des tâches « manouvrières ». Jacques-Auguste Cerfvol, sous-chef de bureau au département des travaux publics, dont le fils devient vérificateur des postes, possède un bidet en 1797 [36]. De même, toujours, en 1797, Adrien Gobeau, infirmier aux Invalides [37]. Le meuble s'aventure dans le logement de quelques ecclésiastiques : celui du chanoine Afforty, par exemple, à Senlis, en 1786 [38]. Lorsqu'il existe, ce même meuble occupe d'ailleurs les intérieurs ayant déjà plusieurs pièces et disposant d'un mobilier raffiné (marqueteries, vases, tableaux). Dans l'habitation bourgeoise, précisément, les espaces ont commencé à se différencier, les alcôves des lits sont quelquefois flanquées d'un cabinet de toilette, ou les chambres d'une dépendance. Un bon exemple est la maison tenue en garni par les époux Rochezeuil, dans le quartier aisé de la Madeleine : chambres toujours adjointes de cabinets, mobilier varié et parfois précieux (secrétaires, bureaux, commodités, tables de jeu), cours possédant enfin plusieurs remises dont une abrite un cabriolet. L'inventaire dressé à la mort de Charles-Nicolas Rochezeuil, en 1800, y fait apparaître un bidet dans un logement sur deux [39].

Plus répandues sont ces canules et seringues conçues pour des ablutions intimes ou pour des injections thérapeutiques. Elles accompagnent généralement le bidet et sa cuvette de faïence. Mais elles sont plus communes que le bidet lui-même. Plusieurs foyers d'artisans et quelques foyers paysans commencent à en disposer après 1780. Tel fermier picard, à Aubercourt par exemple, possède dans sa cuisine, en 1787, « une seringue et deux canules d'étain [40] ». Paul Durand, fabricant de dentelles, « une seringue d'étain » en 1788 [41], ou la veuve d'un corroyeur parisien, Duval, « une grande et une petite seringue d'étain » en 1797 [42]. Actes intimes peu commentés, les gestes recourant à ces instruments demeurent difficilement repérables. Ablution régulière ? Acte thérapeutique ? Difficile de faire ici le partage. La catégorisation de l'objet est elle-même flottante : ustensile archaïque des thérapies digestives, ou instrument plus délicat des toilettes secrètes ? Le fait que l'inventaire de Victoire Coilly, femme d'un canonnier volontaire des guerres révolutionnaires, décrive, en 1795, « une seringue et une seringue de femme avec sa canule » indique la variété des usages [43]. Toutefois, cette « préoccupation de santé génitale [44] » n'atteint pas le peuple. Elle touche généralement à ses marges.

Ce sont évidemment les cuvettes qui sont les instruments de propreté les plus répandus à la fin du xviiie siècle. Pièces d'étain ou de faïence pour les plus riches (fontaines, quelquefois, surmontant une cuvette fixe), poteries de grès ou de terre pour les autres, elles sont souvent décomptées avec la vaisselle. Leur nombre augmente à la fin du xviiie siècle, dans le peuple en particulier. Pour lui se retrouvent donc les lavages du visage et des mains auxquels s'adjoignent l'entretien du vêtement et le changement de linge : la propreté traditionnelle en somme, essentiellement attachée à la décence ou à la netteté de l'habit, et qui se mesure aussi au nombre de chemises, de mouchoirs ou de bas. Les cuvettes ne sont d'ailleurs pas toujours recensées dans le monde ouvrier lui-même : absence relative ou valeur négligeable de l'objet ? Et les chemises atteignent rarement la demi-douzaine : quatre chez Charles Guyot, compagnon maçon en 1782 [45] ; trois chez le perruquier Du Crest en 1792 [46] ; sept chez Jean-Baptiste Coignard, blanchisseur en 1783 [47].

Les ablutions partielles renvoient à un double régime de la propreté, à la fin du xviiie siècle : celui qui joue sur la sensibilité et la santé en franchissant l'habit pour atteindre la peau, celui qui s'attache à la décence et à l'apparence de l'enveloppe vestimentaire. Le premier ne saurait être évidemment comparable ni aux représentations ni aux pratiques d'aujourd'hui. Mais il annonce une voie que le XIXe siècle va développer.

QUATRIÈME PARTIE

L'eau qui protège

1

Les fonctionnalités de la peau

Réfugié secrètement chez ses amis les Guidoboni-Visconti, Balzac se terre, en 1837, dans leur appartement des Champs-Élysées. Pressé par ses créanciers, il veut rédiger en quelques semaines *la Femme supérieure,* roman acheté et payé depuis longtemps par *la Presse,* ainsi que plusieurs contes également promis par contrat. Il travaille la nuit. Il s'épuise, mange peu, multiplie les heures de veille et accumule les tasses de café, mais accomplit son projet : le roman est achevé en un mois. Balzac ne s'est ni rasé ni lavé entre-temps, tenant le décompte exorbitant des heures passées à sa table, retranché jusqu'à la sauvagerie. L'épisode ne mériterait guère d'attention si Balzac ne commentait lui-même son retour à une vie plus « normale » : une « toilette » restaurée, quelques soins physiques, une détente aussi. L'occasion de révéler la nécessité et l'ambiguïté des ablutions après ce mois de retraite extrême. Balzac se baigne par exemple, mais un risque existe. L'alanguissement inquiète ce travailleur acharné, l'eau « pourrait » l'affaiblir : « Après vous avoir écrit cette lettre, je prendrai mon premier bain, non sans effroi, car j'ai peur de détendre les fibres montées au dernier degré, et il faut recommencer pour faire *César Birotteau* qui devient ridicule à force de retards [1]. » Balzac est sensible aux ablutions : lorsqu'il logeait rue Cassini en 1828, il avait fait construire un cabinet de bains revêtu de stuc blanc, dans le prolongement direct de sa chambre [2]. L'exemple a du sens : le bain a insensiblement gagné du terrain dans la première moitié du XIXe siècle. Mais les hésitations d'un Balzac épuisé et

181

nerveux montrent combien pose encore de problèmes la pratique.

Au même moment les théories, elles aussi, évoluent : l'eau tempérée retrouve des droits, la physiologie de la peau est mieux étudiée. Les repères sont toujours plus fonctionnels. Autant de déplacements non négligeables, alors que les pratiques se transforment plus lentement.

L'instauration du mot « hygiène »

Un mot qui, au début du XIXᵉ siècle, occupe une place inédite : c'est celui d'hygiène. Les manuels traitant de santé changent de titre. Tous étaient concentrés jusqu'ici sur l' « entretien » ou la « conservation » de la santé[3]. Tous deviennent maintenant des traités ou des manuels d' « hygiène[4] ». Tous définissent leur terrain par cette dénomination auparavant très peu usitée[5]. L'hygiène ce n'est plus l'adjectif qualifiant la santé (*hygeinos* signifie en grec : ce qui est sain), mais l'ensemble des dispositifs et des savoirs favorisant son entretien. C'est une discipline particulière au sein de la médecine. C'est un corpus de connaissances et non plus un qualificatif physique. Avec ce titre, un champ s'est brusquement spécialisé. Il s'agit de souligner ses « liens avec la physiologie, la chimie, l'histoire naturelle[6] », en insistant sur ses appartenances savantes. Impossible d'évoquer une telle discipline sans rappeler quelque exigence de rigueur. Impossible de la penser sans en faire une « branche » spécifique du savoir médical.

Changement de statut aussi. A la fin du XVIIIᵉ siècle, le médecin a touché au politique. Il a joué un rôle dans l'aménagement des villes et dans celui de plusieurs lieux publics. Il a pesé sur des comportements collectifs (de l'arrosage des rues au percement de certains quartiers). Cette influence sur la vie quotidienne ne pouvait demeurer sans conséquence. Le médecin du début du XIXᵉ siècle revendique à cet égard plus de rigueur, plus de système : aucune connaissance nouvelle sur les lois de la santé mais une volonté plus grande d'affirmer un savoir totalisé ; une insistance pour souligner une compétence « scientifique ».

Le changement de statut de ce savoir se traduit par l'apparition d'institutions nouvelles : les commissions de salubrité par exemple, créées sous l'Empire et chargées localement d'inspecter manufactures, ateliers, établissements émetteurs de miasmes divers[7]. Il se traduit encore par la brusque « découverte » faite par la revue *la Dominicale* d'un christianisme depuis toujours attaché aux normes « savantes » de la propreté. Premiers textes sur l'hygiène dans un périodique chrétien : « C'est aujourd'hui qu'il convient surtout de tirer les preuves de la religion de l'ordre scientifique qui a été si longtemps son ennemi[8]. » Le savant découvrirait ce que le prêtre savait depuis longtemps. Une belle façon pour *la Dominicale* de souligner, malgré les apparences, le statut nouveau de ce savoir. Plus importante enfin, la chaire d'hygiène créée, l'an II, à la faculté de Médecine de Paris, occupée par Hallé jusqu'en 1822 et par Royer-Collard de 1838 à 1850[9]. « Reconnaissance » donc par des milieux diversifiés.

Les textes d'hygiène, quant à eux, insistent au début du XIXe siècle sur quelques renouvellements de pratiques : la promotion du savon par exemple. Celui-ci gomme et dissout la crasse. Il « purifie ». Se laver, c'est user d'une chimie élémentaire : « Le cosmétique par excellence, l'instrument de propreté, c'est le savon[10]. » Non plus accessoire de coquetterie, mais outil de santé, « le savon déterge la surface cutanée des matières grasses[11] ». Il est au service des physiologies. C'est « un des éléments les plus importants de la cosmétique[12] ». L'explication ne va pourtant pas de soi. L'artifice du savon suscite des réserves. La proposition d'une hygiène du bain s'accommode encore d'outils fragiles durant la première moitié du XIXe siècle : vertus secrètes de l'eau pure, par exemple, seule « matière » de la propreté pour Londe en 1847[13] ; ou dangers obscurs des émulsifs pour Buchez et Trélat : « Les onctions faites avec le savon diminuent la disposition à transpirer ; elles sont aussi légèrement irritantes[14]. » Les ustensiles bientôt traditionnels du bain ne sont que graduellement acceptés.

Mais l'insistance très appuyée sur la crasse modifie encore l'enjeu des températures : le chaud gagne en importance. Le premier rôle du bain hygiénique est celui du nettoiement, « étape » préalable pour favoriser le jeu des fonctions.

Une telle affirmation, décelable déjà dans les dernières années du XVIIIe siècle, fixe ici pour longtemps la forme hygiénique du bain : « Le bain tempéré est le bain hygiénique par excellence : il procure une sensation agréable ; il nettoie la surface du corps des immondices qu'y laissent la transpiration et la sueur [15]. » L'eau tiède l'emporte alors sur toute autre. C'est elle qui fait le bain de propreté. Non pas que le bain froid ait perdu tout prestige, mais il possède plus qu'avant son registre particulier : celui de la seule dynamisation. Les finalités se scindent : ce n'est pas le froid qui lave mais la chaleur. Et celle-ci permet aux « fonctions de la peau de s'exercer non pas avec plus d'énergie, mais avec plus d'aisance [16] ». Nettoiement par l'eau tiède, stimulation par le froid, les deux pratiques n'ont plus vraiment le même objet.

La peau et la balance énergétique

Un thème enfin croît, après 1830 surtout : la fonction épuratrice de l'eau tempérée et le rôle respiratoire prêté à la peau. L'obstruction des pores toucherait aux échanges gazeux. L'image est d'autant plus importante qu'elle introduit une nouvelle énergétique. Elle concerne aussi bien la représentation du corps que la propreté. Le mécanisme est « simple » : la crasse pourrait empêcher le rejet de gaz carbonique par la peau. L'expérience d'Edwards sur des grenouilles à demi étranglées et enveloppées dans un sac hermétique sont à l'origine de telles affirmations : le sac enfermant leur corps pour ne laisser émerger que la tête ne contient-il pas du gaz carbonique au bout de quelques heures de survie [17] ? Edwards en 1824, et quelques hygiénistes après lui, n'hésitent guère à transposer du batracien à l'homme. Magendie, en 1816, avait lui-même tranché sur la respiration du tégument : « La peau exhale une matière huileuse et de l'acide carbonique [18]. » Les vieux essais d'Abernethy plongeant son bras dans des cloches fermées au mercure pour faire ensuite l'analyse des traces gazeuses, reçoivent, à cette occasion, une actualité nouvelle : le chirurgien anglais relevait quelques indices sensibles de gaz carbonique dans les cloches où il avait placé son bras [19].

Mais la « théorie » gagne lentement. Il faut la conceptualisation de la thermodynamique par S. Carnot en 1824 [20] pour que se précise cette image de l'énergie jointe à celle d'un organisme brûleur : quantité de travail et quantité de chaleur consommées par le corps seraient équivalentes. Un horizon nouveau s'ouvre pour la représentation des dynamismes organiques et même, tout simplement, de la santé. Toutes les traces de combustion éventuelle vont alerter l'attention.

Ce sont surtout les effets d'enduits artificiels placés sur la peau des mammifères par des physiologistes, plus conscients qu'avant des ressources de l'expérimentalisme, qui séduisent les hygiénistes. Bouley, en couvrant d'enduits de goudron le cuir de chevaux préalablement rasés, observe en 1850 « tous les effets d'une asphyxie lente [21] ». La mort semble plus rapide encore (quelques heures) lorsqu'une colle forte est mélangée au goudron. Fourcault avait auparavant décrit l'agonie de plusieurs animaux recouverts de vernis [22]. La conclusion, pour beaucoup, ne fait guère de doute : « Si l'on considère que la peau est un organe respiratoire, qu'elle absorbe de l'oxygène et qu'elle exhale de l'acide carbonique, on comprendra combien il est utile qu'elle soit maintenue dans de bonnes conditions de propreté et de souplesse [23]. » L'image de l'organisme brûleur, avec ses consommations caloriques et ses énergies spécifiques, commence à s'imposer sur les anciens modèles de machines simples. Les engins à vapeur deviennent des modèles incomparablement plus marquants que les leviers. L'énergie calorique du corps l'emporte sur le seul durcissement des fibres. Les forces se font plus « profondes ». Elles supposent des échanges et des flux. La propreté étend ses enjeux, alors que se précise la représentation de combustions énergétiques. La dynamisation des fonctions, et plus largement l'hygiène, se donnent de nouveaux axes : « La peau bien nettoyée est plus assouplie, elle fonctionne et elle respire mieux — car la peau respire comme les poumons — et le sommeil pris dans ces conditions produit un repos infiniment plus réparateur, qui donne à tout l'organisme une nouvelle vigueur, une nouvelle énergie[24]. »

Il faudra longtemps pour que l'importance de cette respiration par la peau soit relativisée. Trop de faits semblent encore la confirmer : les pigeons enfermés, sauf la tête, dans des boîtes saturées de gaz toxiques meurent alors qu'ils peuvent respirer par le bec ; certains précipités chimiques obtenus à même la peau indiquent une présence de gaz carbonique. Dès 1849, appliquant pourtant les sacs d'Edwards aux poules et aux canards, Regnault ne relève au bout de quelques heures que d'infimes quantités de gaz carbonique[25]. Mais le moment n'est pas encore aux nuances sur une telle respiration et moins encore aux nuances sur l'efficacité « obstruante » des crasses.

En insistant au contraire sur ces échanges gazeux, en y croyant même avec ferveur, de nombreux hygiénistes entretiennent les alarmes sur la malpropreté. Ils soulignent indirectement aussi la force d'une représentation précise : l'énergie du corps tient à l'exploitation de ses calories. D'une référence aux théories de la thermodynamique à l'image moins évidente d'une crasse perturbant les respirations, l'hygiène de la propreté devrait ainsi participer aux vastes mécanismes énergétiques de l'organisme. Un indice, au moins, de forces et de ressources du corps dont la représentation a largement basculé depuis le XVIIIe siècle. Celles-ci ne viennent plus a priori de quelque solidité toute matérielle de parties liées les unes aux autres. Elles viennent de calories dépensées et échangées, de leur ménagement, de leur exploitation mesurée, calculée[26]. Le moteur avec ses consommations, son rendement, compte plus que la raideur toute mécanique des parties. Du bain froid au bain chaud, c'est aussi ce déplacement qui est en jeu.

Il faut insister sur cette vaste modification des représentations du corps. Ce sont les machines à feu qui servent ici de repère analogique. C'est par leur modèle, plus ou moins conscient, que passe le codage des efficacités corporelles : la santé suppose une bonne énergie de combustion. La peau n'est, à cet égard, qu'un outil supplémentaire. Du bain froid au bain chaud, c'est donc l'imaginaire des énergies qui s'est aussi reconstruit.

La résistance des pudeurs

Une succession d'obstacles s'oppose pourtant à cette norme des efficacités. Elle en limite la diffusion, expliquant sans doute la disparité entre l'inflation du texte d'hygiène dans la première moitié du XIXe siècle, et la rareté de ses applications. Nombreux à l'évidence demeurent ceux que de telles préoccupations n'atteignent pas. Tradition sans doute, mais force tout intuitive de certaines sensations aussi : celles qu'assure l'entretien du linge et plus largement celles qu'assurent les valeurs d'apparence. George Sand, rendant visite sous la Restauration à son ancienne maîtresse d'école, se dit frappée par la propreté de cette religieuse déjà âgée, retirée dans son couvent de province. Sand scrute le visage de la vieille dame, note la fraîcheur de ses étoffes, retrouve des parfums oubliés. C'est une propreté toute « classique » qu'elle évoque en décrivant cette visite inattendue aux personnages de son enfance : « Je fus agréablement surprise de la trouver d'une propreté exquise et toute parfumée de l'odeur du jasmin qui montait du préau jusqu'à sa fenêtre. La pauvre sœur était propre aussi : elle avait sa robe de serge violette neuve ; ses petits objets de toilette bien rangés sur une table attestaient le soin qu'elle prenait de sa personne[27]. »

La disparité entre la pratique et la théorie hygiéniques, dans la première moitié du XIXe siècle, est pourtant plus complexe que la persistance de la séduction visuelle. La chaleur de l'eau, en particulier, laisse toujours obscurément peser un soupçon. Inquiétudes et dénonciations persistent. Dans un même texte voisinent souvent l'insistance sur la nécessité des bains et le danger de leur fréquence « rapprochée ». Balzac le montre avec ses immersions prudentes chez les Guidoboni-Visconti[28]. L'image des alanguissements résiste. L'eau n'est pas vraiment délivrée de ses forces dissolvantes. Elle est traversée d'influences troubles, euphémisées sans doute, mais réelles. Le thème demeure très fréquent encore autour des années 1830-1840 : « Chez les individus qui prennent un bain sans autre besoin que le caprice, il relâche les parties qui ne devraient pas l'être et leur fait perdre leur tonicité[29]. » Moiteur et faiblesse demeurent partiellement convergentes. Elles inquiètent, même si c'est la fréquence de l'ablution générale qui est en cause, plus que son principe : « Un trop grand nombre de bains énerve, surtout quand les bains sont un peu chauds[30]. »

D'autres craintes encore : la tête doit être ménagée. Le lavage des cheveux inquiète toujours, et leur aération l'emporte sur l'usage de l'eau. Peu d'explications d'ailleurs, sinon la description de troubles anciens : « Les lotions de la tête déterminent souvent la céphalgie ou les douleurs de dents opiniâtres[31]. » Peigne et poudres desséchantes demeurent les instruments essentiels dans la première moitié du XIXe siècle. Tessereau les mentionne seuls encore en 1855 : « Il suffit pour entretenir les cheveux de les soigner, de les graisser un peu ou de les nettoyer avec du son ou de la poudre d'amidon[32]. » Le shampooing est un usage du second Empire. L'insistance théorique sur le rôle fonctionnel de l'eau ne manque donc ni de lieux opaques ni de résistances. Cette représentation de l'eau se transforme comme celle des enveloppes corporelles, mais en entretenant des fixations anciennes.

Plus souterrainement enfin, ce sont les pudeurs qui, sur l'ensemble du XIXe siècle, jouent comme autant de résistances insidieuses. Crainte de « l'éveil du désir sexuel[33] » suscité par l'eau chaude. Crainte de l'isolement que permet la baignoire. Certains médecins, exploitant sans grands détours, en 1850 encore, le thème des dynamismes et des vigueurs organiques, sont pris de doute : la baignoire est dangereuse parce que suggérant de « mauvaises » pensées. Elle peut pervertir : « Le bain est une pratique immorale. De tristes révélations ont appris les dangers pour les mœurs de demeurer une heure nu dans une baignoire[34]. » Risques dans les internats en particulier : trop d'abandon pourrait égarer ces corps immergés. Tiédeur et isolement avivent un « mal » que les textes eux-mêmes hésitent à nommer : « Dans les baignoires isolées chaque élève ne peut avoir un surveillant [...]. Il songe au mal dans l'isolement. Il y est excité par l'influence de l'eau chaude. Les bains chauds ne sont bons au collège que pour les malades que l'on ne quitte pas un seul instant[35]. » C'est la natation de l'été, par contre, qui fait ici office d'ablution générale. L'image de collégiens conduits aux établissements de la Seine durant juin ou juillet devient assez banale au milieu du siècle. Et le *Journal des enfants* sait en faire un thème édificateur : « Tous les jeudis, quand il fait chaud, le maître nous conduit aux bains froids[36]. »

La pudeur est plus directement en cause dans le dénudement du corps qu'exigent les ablutions de propreté et surtout dans les attouchements qu'elles provoquent. Suspicion des gestes. Suspicion du regard. Essuyer les organes génitaux, par exemple, fait question : « Fermez les yeux, suggère Mme Celmart, jusqu'à ce que vous ayez terminé l'opération[37]. » Dans un texte très sérieux, Foix exploite à son tour toutes les ressources de l'allusion. Dangers et retenues sont évoqués, rien n'est nommé : « Ces ablutions appliquées chaque jour sur certaines parties du corps sont faites une fois seulement, le matin en se levant ; quelques-unes cependant, surtout chez la femme, se renouvellent plusieurs fois par jour. Nous ne les indiquerons pas. Nous voulons respecter le mystère de la propreté. Nous nous contenterons de faire observer que tout ce qui dépasse les bornes d'une hygiène saine et nécessaire conduit insensiblement à des résultats fâcheux[38]. » D'où ces pratiques d'ablutions en chemise dont les couvents de religieuses offrent, au XIXe siècle, l'exemple extrême : « Nombreux sont les témoignages d'anciennes pensionnaires de couvent qui ne purent se baigner qu'enveloppées d'une chemise jusqu'au milieu du XIXe siècle[39]. » D'où encore ces résistances à l'immersion dans certaines familles de l'élite à la fin même du XIXe siècle : « Personne de ma famille ne prenait de bain ! On se lavait dans un tub avec 5 centimètres d'eau, ou bien on s'épongeait en de grandes cuvettes, mais l'idée de se plonger dans l'eau jusqu'au cou paraissait païenne, presque coupable[40]. » Lorsque, pour contenir la fièvre de la petite Pauline de Broglie, un médecin lui

189

prescrit un bain, en 1900, son entourage s'affole : aucune baignoire dans cette maison pourtant richissime. Une baignoire est donc louée avant d'être placée « près d'un grand feu bien qu'on fût au mois de juin[41] ». Nouveau problème : l'enfant doit-il se dénuder ? Impossible. Pauline est donc baignée avec sa chemise de nuit.

Diffuser la pratique du bain, c'est aussi convaincre que celle-ci n'offense pas la pudeur. Le thème conserve sa force durant tout le XIXᵉ siècle. Mme Staffe s'évertue, en 1892 encore, à banaliser dénudement et immersion. Allusion insistante à une pureté physique qui rapprocherait des « anges de lumière[42] ». Allusion surtout à une mésinterprétation de la religion : l'impiété n'est pas de s'abandonner nu à l'eau, c'est « au contraire, de ne pas prendre soin de son corps[43] ». Les réticences évoquées par Mme Staffe, et qu'elle combat, ne sont pourtant pas directement religieuses. Ce sont les réticences de la tradition hésitant devant l'influence émolliente de l'eau. Celles qui associent tiédeur et lascivité jusqu'à y voir quelque amorce de vice. C'est contre elles que lutte, entre autres, l'hygiène du XIXᵉ siècle.

D'autres obstacles, plus marquants sans doute, tiennent à l'absence relative de la circulation d'eau dans la ville. Ils tiennent aussi à la disparité entre propreté bourgeoise et propreté populaire. Ces deux thèmes méritent une attention particulière.

2

Les itinéraires de l'eau

Lorsque meurent les premières victimes du choléra parisien, dans la rue Mazarine en mars 1832, quelques-uns renouent avec les défenses traditionnelles : le comte Apponyi, par exemple, offrant à ses amis « de petites cassolettes avec une pastille odoriférante composée de menthe et de camomille[1] » pour mieux se protéger du mauvais air ; ou Rémusat s'empressant d'éviter la « fatigue et le froid[2] » ou l'archevêque de Paris, multipliant mandements, offrandes et *Te Deum,* pour mieux endiguer le fléau[3]. Beaucoup vont jusqu'à imaginer l'existence de quelque mystérieux poison jeté dans les fontaines[4]. Le mal réveille des angoisses oubliées : celle des grands délabrements collectifs. Il avance selon des lignes capricieuses, mal maîtrisées, toujours soudaines, franchissant quarantaines et cordons sanitaires. Il foudroie en quelques heures les organismes attaqués. Il installe une stupeur générale en frappant apparemment au hasard et en provoquant d'affreuses agonies : « Le malade était cadavre avant même d'avoir perdu la vie. Sa face maigrissait avec une promptitude extraordinaire. On comptait ses muscles sous sa peau devenue subitement noire, bleuâtre, ses yeux étaient excavés, secs, réduits de moitié et comme retirés à l'aide d'un fil vers la nuque et l'intérieur du crâne[5]. »

L'eau et la défense épidémique

Mais les cassolettes d'Apponyi ne sont que survivances archaïques. Les réactions sanitaires en avril et mai 1832 montrent combien les modèles de la fin du xviiie siècle se sont imposés : accroissement des bornes fontaines (quatre par exemple, à Passy, en quelques semaines[6]), arrosage des rues, dont les habitants se cotisent quelquefois pour en accélérer la fréquence[7], fermeture de ruelles trop étroites, jets de chlore dans certaines fosses d'aisances[8], promulgation d'instructions favorisant la circulation de l'air et la circulation de l'eau. L'inquiétude demeure celle du xviiie siècle : les risques tiendraient aux émanations mal contrôlées. Des seaux de chlore sont même déposés, ici ou là, pour « attaquer » les odeurs[9]. Les critiques s'alourdissent, dénonçant une ville embourbée de cloaques, engorgée de matières fécales, repliée sur des espaces verrouillés et contraints. Le Paris de *la Fille aux yeux d'or* précisément, contemporain du choléra : « La moitié de Paris couche dans les exhalaisons putrides des cours, des rues et des basses œuvres[10]. » La tentative, dès l'annonce du choléra, de submerger les fossés de l'île Louviers, afin d'en évacuer les vases et les déchets, ne fait que confirmer le rôle plus marquant de l'eau[11].

Celle-ci a même suffisamment gagné en importance pour que de nouveaux dispositifs soient proposés par rapport au xviiie siècle : le bain, par exemple, promu comme une défense supplémentaire contre la contagion, et surtout les circuits d'alimentation et d'évacuation soumis à remodèlement. Cent millions sont votés en 1832 pour les travaux publics dont la construction de canaux d'alimentation en eau (et de navigation)[12].

Les instructions collectives données par la ville qui font du « bain tempéré » une préservation possible[13] : toute stagnation « douteuse » sur la peau serait ainsi évitée. La recommandation revient régulièrement à Paris, en province, portée par les vagues successives du mal : « On tiendra la peau le plus proprement possible, en changeant régulièrement de linge et en prenant de temps en temps des bains tièdes[14]. » Les enquêtes entreprises au même moment sur les installations collectives recensent régulièrement les bains publics comme autant d'instruments de défense. Ils sont décomptés comme le sont les fontaines jaillissantes, les bornes ou les circuits d'arrosage, assimilés temporairement aux dispositifs de protection[15]. Défense évidemment dérisoire dans un Paris surpeuplé et malade, sillonné de voitures « aux morts entassés, gerbés l'un sur l'autre comme des futailles [16] ». Mais défense soulignant combien le rôle du bain s'est définitivement inversé depuis les terreurs de la peste. C'est l'eau qui semble jouer un rôle préservateur, alors même que domine l'image du miasme. Cette eau toujours « rare » que le Raphaël de *la Peau de chagrin* monte seau par seau, depuis la fontaine Saint-Michel, trop pauvre encore pour payer le porteur [17], ou que la Mayeux d'Eugène Sue économise férocement pour ne consommer que quatre seaux par semaine [18]. Eau plus rare encore lorsque certaines déclivités naturelles font obstacle : à Montfermeil, les habitants du plateau doivent traverser le village avant de puiser leur eau dans les étangs qui bordent le bois [19]. Le sentiment de cette rareté guide d'ailleurs les enquêtes sur la mortalité cholérique après 1832. La mort a frappé le plus rudement les quartiers pauvres, mal alimentés en lumière et en eau. Ce que Poumiès décrit en rapportant ses visites médicales imposées par la ville : « logements privés d'air et de lumière, des immondices partout [...] partout la malpropreté [...] [20] ». Ce que le *Répertoire des connaissances utiles* traduit péremptoirement en 1850 : « Les plus exposés sont ceux qui défèrent le moins aux règles de l'hygiène et de la propreté [21]. »

Référence apparemment « moderne », où l'entretien de la peau active des forces obscures, tout en débarrassant odeurs et déchets. Cette eau ne fragilise plus les ouvertures corporelles. Elle les protège. Elle garantit de menaces encore imprécises et dynamise surtout les fonctions organiques en accélérant transpirations et énergies. Elle a tout simplement changé de sens par rapport aux anciennes pratiques des temps de peste : elle défend. Elle n'expose plus aux risques, elle les écarte. Les autorités, conscientes que le bain tiède n'est pas toujours accessible, insistent, dans ces instructions, au moins sur les ablutions : « Les pieds, par exemple, seront fréquemment lavés à l'eau tiède [22]. »

Mais ce sont aussi les circuits de l'eau qui changent jusqu'à modifier l'imaginaire urbain. Le thème central n'est plus seulement celui de la distribution, il est encore celui de l'évacuation. Et le bain, malgré ses évidentes limitations sociales, est directement compris dans un tel réseau.

Les circuits de l'eau et l'hygiène publique

Le choléra a surtout renforcé des dispositifs qui modifient l'image de la ville : cité drainée non plus en surface mais en profondeur par un système de canalisations enfouies. La transformation n'est pas immédiate. En 1832, par exemple, l'hésitation demeure grande entre investir dans les architectures monumentales et investir dans les machineries invisibles. Le luxe édifiant des façades contre le luxe plus secret, et parfois plus coûteux, des conduites cachées. L'Angleterre a largement précédé la France. Les diverses missions envoyées à Londres notent dès 1830 que l'eau monte au moins dans un tiers des maisons avant de s'échapper par des canalisations dérobées [23]. Les voyageurs anglais, au contraire, s'étonnent du spectacle parisien : « Quelle que soit son admiration pour l'église de la Madeleine, je pense qu'il eût été bien plus avantageux, pour la ville de Paris, de conserver les sommes qu'elle a coûtées à bâtir à la construction et à la pose des tuyaux pour la distribution des eaux dans les maisons particulières [24]. » L'Américain Colman, quelques années plus tard, est surpris que l'on vidange encore régulièrement des fosses d'aisances dans les rues de Paris : « A Londres cette ordure passe par les égouts et, de là, va se mêler aux eaux de la Tamise [...]. A Paris, la matière fécale est en général enlevée par ce qu'on appelle le procédé atmosphérique. La charrette est placée à la porte, dans la rue, un long tuyau de cuir est allongé de la fosse à la charrette, et l'air étant pompé, la matière fécale semi-fluide passe directement dans la charrette [25]. » Double image, ici, des « eaux » anglaises, irriguant les maisons avant de refluer par des circuits souterrains. La grande originalité de ces instrumentations est d'associer un acteur nouveau à une représentation elle-même nouvelle : c'est l'ingénieur qui prend en charge l'articulation des réseaux et non plus l'architecte. Le médecin trouve de nouveaux interlocuteurs. Et c'est avec cet espace, intégrant des flux souterrains, que s'élabore un imaginaire inédit de la ville : mettre en liaison par capillarité les points les plus éloignés selon des conduites invisibles. L'ensemble des principes de distribution est révisé, comme l'ensemble des gestes évacuant les déchets. La ville moderne se constitue sur ces infrastructures camouflées. L'enjeu devient celui du calcul des niveaux, celui de la vitesse dans les canalisations, ou de la flexibilité dans leurs embranchements : attention aux diamètres des tuyaux, à leur pente, à leurs entrecroisements multiples. Rien d'autre enfin qu'une technique d'ingénieur. Ce que Beguin a souligné récemment avec le plus de lucidité : « L'originalité des conceptions de la salubrité qui vont être développées avec la première moitié du XIXe siècle, ce ne sont pas ces principes (eau, air, lumière) qui, pour l'essentiel, restent issus de la réflexion des médecins du XVIIIe siècle, mais leur investissement dans de grands appareils obéissant à une nouvelle logique de la salubrité[26]. » Avec eux, la ville se soumet à une rationalisation de flux physiques, canalisés, enterrés, contingentés. L'habitat ne semble devenir possible qu'une fois implanté sur une machinerie hydraulique dissimulée.

De telles solutions sont encore hésitantes en France. Le débat, largement engagé, n'est pas vraiment tranché avant le milieu du siècle. L'ingénieur en chef des eaux de Paris juge onéreux et risqué de prolonger les canalisations au sein même des habitations. Il en résulterait une invincible humidité[27]. Reste que se multiplient les projets : ceux de conduites recevant directement sous les trottoirs les « eaux pluviales et domestiques des maisons[28] », et surtout ceux de conduites portant l'eau directement dans les étages : « Il s'agit ici de modifier nos habitudes, de changer la manière mesquine dont nous employons l'eau contre un large usage de cet élément de la vie et de la salubrité domestique, contre ces pratiques ablutoires si utiles à la santé, et qui finissent par s'introduire chez nous comme celles qui existent déjà depuis longtemps chez nos voisins d'outre-mer[29]. » Autant de propositions que les réalisations haussmanniennes concrétisent deux décennies plus tard.

Mais le circuit des eaux parisiennes n'en a pas moins subi, avec les années 1830, quelques changements décisifs. L'image est celle d'une « imbibition » par exemple, opposée à celle du travail permanent et onéreux de la pompe. Vieux projet, à vrai dire, né sous le Directoire et fondé sur un approvisionnement par canaux. Les réalisations se mettent progressivement en place à partir de 1817, s'accélèrent après 1832, pour s'achever en 1837. Le choix est largement différent de celui du XVIIIe siècle. L'eau n'est plus pompée, elle est captée : le but est de gagner en coût et en quantité. Investissement financier considérable pour tracer la tranchée porteuse, mais distribution par simple inertie ensuite : l'écoulement naturel contre la manipulation fragile des pompes, la gravité physique contre la force coûteuse des machines. Les égouts, tout d'abord, dont la longueur triple entre 1830 et 1837[30], même s'ils ne reçoivent toujours pas les eaux ménagères. Et l'alimentation en eau surtout, dont le principe lui-même s'est transformé. Avec le canal de l'Ourcq, en particulier, creusé en plus de quinze ans, Paris devient en partie un centre passivement alimenté ; la hauteur d'arrivée (25 mètres au-dessus de la Seine[31]) permettant l'écoulement dans plusieurs quartiers. Le dispositif triple en quantité les eaux pompées dans la Seine, tout en demeurant évidemment loin des exigences d'aujourd'hui. Le débit global est calculé pour une consommation de 7 litres 5 par jour et par habitant[32]. Les abonnements eux-mêmes ne se multiplient pas : 18 sur les 178 maisons ou hôtels des faubourgs du Roule et de Saint-Honoré desservis par l'eau de la Seine en 1831 ; 380 pour l'ensemble des quartiers desservis par le canal de l'Ourcq qui atteignent en 1831 le septième de Paris[33]. L'essentiel est pourtant dans le projet d'une ville nouvelle totalement « unifiée » par ses flux souterrains. Projet lentement formulé, même si sa réalisation demeure balbutiante sous la monarchie de Juillet. L'alimentation, au moins, commence à changer, et cela n'est pas sans conséquence sur l'accroissement des établissements de bains eux-mêmes.

D'abord, ces établissements de bains se déplacent : ils s'installent à l'intérieur de Paris, grâce aux conduites nouvelles, et non plus seulement sur les berges de la Seine. Leur nombre augmente ensuite, révélant l'insensible accentuation d'une habitude sanitaire. La vague du choléra est ici encore une date importante. De telles institutions passent de 15 en 1816 à 78 en 1831, la plupart alimentées par les eaux moins coûteuses de l'Ourcq. Mais leur nombre croît encore de 25 % entre 1831 et 1839 [34]. Ce qui suscite les remarques « flatteuses » de quelques guides parisiens : celui d'Abel Hugo, par exemple, qui insiste déjà en 1835 sur « le fait que chaque quartier de Paris a ses établissements de bains [35] » ; ou même les remarques tout aussi « flatteuses » de quelques étrangers qui relèvent certaines institutions, à vrai dire luxueuses : « Vous êtes reçus dans de beaux salons ouvrant sur un jardin au centre du bâtiment, orné de statues et de fontaines. Les salles de bains sont meublées avec goût ; les baignoires sont de marbre et couvertes intérieurement de linge d'une blancheur sans tache [36]. » Jusqu'aux vaudevillistes qui ne manquent pas de mettre en scène quelques-uns de ces nouveaux lieux [37]. Aucune surprise à ce que de telles installations soient perçues comme un « progrès ». Discours toujours répété des contemporains : chaque augmentation des établissements comble une attente. L'éloge ne saurait à lui seul prouver la nouveauté. Il se répète, de décennie en décennie, depuis la fin du XVIIIe siècle, s'adaptant à l'évolution des chiffres, apparemment calqué sur leur accroissement, mais ne l'engendrant pas.

Deux perspectives pourtant sont originales dans le deuxième tiers du XIXe siècle : les bains commencent à être pensés selon le thème de l'évacuation de l'eau, et surtout leur nombre est soumis à des statistiques comparatives également centrées sur la problématique des flux.

Lorsque Valette innove, en 1820, en créant une entreprise de bains entièrement portés à domicile, il est conscient qu'outre l'accueil du public, le problème est celui de la maniabilité des matériaux et celui de l'évacuation des eaux usées. Valette utilise une pompe vidant la baignoire « qui, en une minute et demie, enlève l'eau et la verse au-dehors par des tuyaux imperméables qu'on passe par-dessus l'appui des croisées pour les faire aboutir sur le pavé[38] ». La mécanique, apparemment très simple, ne manque pas d'inconvénients. Elle perturbe la chaussée, elle multiplie les manipulations et elle est « voyante ». Une mesure plus discrète lui est insensiblement préférée, avec les années 1830 : l'évacuation de l'eau dans les fosses d'aisances, ces constructions souterraines où s'accumulent les matières fécales des maisons parisiennes. Mais, en additionnant les eaux, dans ces enceintes restreintes, les bains portés à domicile les saturent plus rapidement, accélérant la nécessité des vidanges. D'autant que la plupart des établissements adoptent également le service de ces bains véhiculés. En 1836, Parent Duchatelet rend un tel procédé « responsable » (parmi d'autres) du dysfonctionnement des fosses d'aisances : « Leur désagrément s'est accru depuis quelques années d'une façon considérable[39]. » Il n'envisage à cet égard qu'une solution : la séparation, dans la fosse elle-même, des matières solides et des matières liquides, prouvant indirectement que le branchement sur un égout collectif n'est pas clairement envisagé. Mais ces recommandations révèlent en revanche combien le bain et ses évacuations commencent à être associés. Celui-ci s'intègre maintenant à un « circuit ». Indice d'une fréquence accrue. Indice aussi d'une attention plus spécifique aux itinéraires de l'eau.

Plus significatifs encore sont les calculs statistiques dont les bains, après 1832 surtout, commencent à être l'objet : évaluation du nombre global de bains distribués par les établissements par exemple, différences envisagées selon les saisons ou les lieux. Le geste est économique : apprécier les quantités pour mieux réguler les alimentations et les trajets, constater, entre autres, que les dépenses fluctuent selon les mois ou que les besoins fluctuent selon les quartiers ; en conclure les variations nécessaires dans les dispositifs des canalisations et, bien sûr aussi, dans l'estimation des débits. Les *Annales des Ponts et Chaussées* offrent, entre 1830 et 1840, les meilleurs exemples de tels recensements, patients et précis : « C'est une espèce de budget de dépenses d'eau et de revenu en argent dont il faut saisir tous les rouages, apprécier toute la portée et régler tous les mouvements[40]. » L'établissement de bains devient ainsi partie intégrante du calcul de l'ingénieur. Période « intermédiaire » d'ailleurs où tous ces décomptes s'expliquent par l'hétérogénéité géographique encore bien réelle des institutions de bains et surtout par la parcimonie, tout aussi réelle, à laquelle la distribution d'eau est encore condamnée.

Reste pourtant ce geste qui inclut le bain dans un calcul unifié de flux urbains. Reste enfin l'image nouvelle que ce geste lui-même implique : celle d'une eau évaluée en masse pour laver les corps d'une ville. Représentation qui, pour la première fois, jauge, comme une vague distribuant ses forces et différenciant ses impacts, l'eau réservée au lavage des corps. Cette vague est à la fois centralisée et inégalement répartie. L'ingénieur en constate et en règle les flux.

Mais le médecin aussi qui s'associe à de tels calculs. Les *Annales d'hygiène publique,* dont la publication commence en 1829, sont d'ailleurs sur ce thème l'écho des *Annales des Ponts.* Bains publics, distributions d'eau, chiffrage de quantités s'ajoutent à un ensemble de tactiques ayant à leur tour trouvé le terme qui les rassemble : l'hygiène publique [41]. La défense sanitaire des populations unifie son champ en arrêtant son « titre ». L'évaluation de l'eau qui lave, le dénombrement de ces « lieux » collectifs, cette représentation d'une « vague » quantifiée atteignant les corps ne bouleversent pas systématiquement les savoirs du XVIIIe siècle. Mais ils soulignent combien la terminologie et le projet évaluateur sont à eux seuls un signe : ils montrent combien l'exigence et le statut de ce savoir hygiénique se sont affirmés. Ces chiffres aident enfin le lecteur d'aujourd'hui à apprécier une lente différenciation sociale du bain. C'est le public qui, insensiblement, se diversifie, tout comme se diversifient les pratiques elles-mêmes.

Une hiérarchisation sociale du bain

Les évaluations globales n'offrent à nouveau qu'un sens tout relatif : six cent mille bains, par exemple, distribués en un an par les établissements parisiens en 1819 pour une population de sept cent mille habitants[42] ; deux millions distribués en 1850 pour une population qui n'a pas tout à fait doublé[43]. Un peu moins d'un bain donc, par an et par habitant, sous la monarchie de Louis XVIII et un peu plus de deux sous la République du prince-président. Ainsi interprétés, de tels chiffres ne sont évidemment pas les plus significatifs. Comme ne l'est pas, non plus, le budget calculé par Abel Hugo en 1835 : un « Parisien » consacrerait en moyenne 3 francs 50 pour ses bains annuels, ce qui pourrait les faire osciller entre 3 et 5[44].

L'intérêt sociologique des chiffres est ailleurs. Les établissements, comme tout l'indique, ne sont pas uniformément distribués dans le tissu social. Ils ne sauraient, à plus forte raison, atteindre l'ensemble du public. Leur implantation, très particulière, demeure à elle seule indicative. La plupart d'entre eux (83 sur 101 en 1839[45]) sont situés sur la rive droite de la Seine, celle des quartiers les plus riches (à l'exclusion du faubourg Saint-Germain). Et bon nombre se sont installés, après 1830, à l'ouest de la rue Saint-Denis où s'étendent les *nouveaux quartiers de la bourgeoisie*. Sur les quatre-vingt-un de la rive droite par exemple, cinquante sont à l'ouest de la rue Saint-Denis (Chaussée-d'Antin, boulevard des Italiens, rue Richelieu [...][46]). Difficile avec ces chiffres encore trop généraux, d'indiquer une fréquence précise des bains, même si quelques règlements de collectivités laissent parfois entrevoir une lueur : un bain par mois par exemple dans le collège Stanislas, établissement très bourgeois, après le milieu du siècle[47]. L'implantation géographique rend en revanche évidente la disparité sociale, tout en révélant de nouvelles attitudes bourgeoises : recours à l'installation publique à défaut d'installation privée dans les nouveaux quartiers, alors que les pratiques populaires ne changent apparemment pas.

Aucune des habitations de rapport, par exemple, fût-elle luxueuse, ne compte de salle de bains au milieu du siècle. Les plans des maisons à étages du *Paris moderne* de Normand en 1837[48], ceux de la *Revue d'architecture* de Daly à partir de 1840 et longtemps encore[49], sont à cet égard convergents : aucune salle de bains, alors que commence à apparaître le cabinet de toilette dépendant de la chambre. Les espaces intérieurs s'enrichissent. Ils se spécialisent à leur tour. Même les façades s'animent dans ces maisons bourgeoises, multipliant sculptures et entablements. Mais le cabinet de toilette ne se double pas d'un cabinet de bains. Aussi lorsque Émile Souvestre tente, en 1846, d'imaginer avec un humour sans nuances l'espace des maisons futures, il ne retient pas la salle de bains. L'appartement du *Monde tel qu'il sera* dispose des techniques les plus ingénieuses, celles en tout cas que laissent envisager les savoirs du milieu du XIXe siècle : salons ou chambres truffés de poulies et de pièces métalliques, rails et crémaillères, ressorts et cordons de commande, moteurs à vapeur enfin. Le cabinet de toilette dispose d'eau courante, ses étagères contiennent tous les savons, ses murs dissimulent tous les miroirs, mais l'espace n'est pas fait pour le bain [50]. La règle demeure donc bien forte, en 1846, d'un bain pris en établissement public ou « livré » à domicile et donc « rare ». L'inventaire après décès de Berlioz, dressé pourtant à la fin du second Empire, ne mentionne-t-il pas encore deux cabinets de toilette donnant sur la chambre, alors que l'appartement ne comprend aucune baignoire [51] ? L'espace bourgeois au milieu du siècle a d'abord gagné ce que les très grandes demeures avaient elles-mêmes gagné dans la première moitié du XVIIIe siècle : lieux intimes où la toilette et les ablutions partielles ont leur espace dérobé.

Espace étroit, au demeurant : ces cabinets sont encore de minuscules annexes des chambres dans le *Pot-Bouille* du second Empire, l'immeuble cossu disséqué par Zola : « Près de l'alcôve se trouvait ménagé un cabinet de toilette, juste la place de se laver les mains [52]. » Espace souvent « aveugle » aussi qu'il est recommandé de ne pas clore, l'air y serait trop confiné. Lente normalisation du lieu pourtant dans ce monde bourgeois depuis 1830-1840. Et apparition d'un nouveau meuble surtout : ce haut châssis de bois supportant la cuvette pour mieux faciliter l'ablution des mains et du visage. C'est l'instrument qu'utilise le jeune homme de Daumier dans *le Vocabulaire des enfants* (1839) : il y trempe ses mains avec une éponge, alors que sur le seuil un domestique hausse les épaules. L'homme en tablier, un plumeau au côté, se moque de ce lavage, signe évident pour lui d'un excès de raffinement et de propreté[53]. Reste que la cuvette a maintenant son support spécifique. Le meuble peut même comprendre la cruche logée au-dessous, dans l'espace libre : trépied aux formes souples étageant cruche et pot à l'eau[54].

Les très grands hôtels particuliers sont, au contraire, à partir des années 1830-1840, presque tous dotés de cabinets de bains, comme le confirment les plans de Normand en 1837 et, surtout, ceux de Daly en 1864 dont les exemples vont de 1820 à 1860[55]. Le spectre social du bain, pour ce deuxième tiers du XIXᵉ siècle, laisse entrevoir ses lignes de force : pratiques multiples où c'est le bain lui-même qui s'enrichit de gestes et de lieux différenciateurs. Les « formes » de bain marquent, plus que jamais, les distinctions.

La première pratique est celle des grandes demeures privées. Elle n'étonne plus le contemporain. Il y faut même quelque circonstance particulière pour qu'elle soit décrite ou seulement rappelée. C'est la surprise du comte Apponyi, par exemple, devant l'ingénieuse machinerie du duc de Devonshire : « Un grand bassin de marbre blanc : des marches de la même pierre descendant jusqu'au fond, une eau transparente et claire comme le cristal s'élève et s'abaisse à volonté, elle est toujours chaude, car jour et nuit le feu qui la chauffe est entretenu afin de pouvoir se baigner à toute heure[56]. » C'est aussi la surprise d'Alexandre Dumas devant les précautions de Mlle George : « Elle faisait une première toilette avant d'entrer au bain, afin de ne pas salir l'eau dans laquelle elle allait rester une heure[57]. » C'est l'insistance d'Eugène Sue pour souligner les fastes d'Adrienne de Cardoville, aidée par trois baigneuses avant de se plonger dans une baignoire faite d'argent ciselé où s'entremêlent du « corail naturel et des coquilles azurées[58] ». Le bain accompagne tout naturellement le luxe de ces grands hôtels. Sa pratique n'y est même plus évoquée, tant la force de la norme y est suffisante ; inévitable destin de toute norme. Seul quelque surcroît de luxe ou d'attention semble encore digne de remarque. La place que Balzac accorde au bain prolongé de sa courtisane en est un autre exemple. Il y ajoute, à l'occasion, une insistance toute particulière sur les ablutions féminines et un parallèle renouvelé entre chaleur et alanguissement. Sous les valeurs de l'énergétisation et de la santé continue ainsi de courir une liaison plus obscure, plus durable même, présente au moins depuis les nouveaux bains de la noblesse, entre la chaleur, la femme de distinction et la propreté. Tiédeur et netteté conservent souterrainement une valence féminine à laquelle le bain ne semble pouvoir échapper : « Elle se baignait, procédait à cette toilette minutieuse, ignorée de la plupart des femmes de Paris, car elle veut trop de temps et ne se pratique guère que chez les courtisanes, les lorettes ou les grandes dames qui toutes ont leur journée à elles [59]. »

Une deuxième pratique est celle des établissements de luxe dont le meilleur exemple est celui des bains chinois sur les Boulevards. Domesticité nombreuse, accessoires largement disponibles, jusqu'au peignoir de bain, long vêtement de lin préalablement chauffé au four ; salles de repos et de lecture, boudoirs privés. Les prix peuvent varier de 5 à 20 francs, alors que le salaire quotidien de l'ouvrier s'élève, au milieu du siècle, à 2 francs50 [60]. De tels établissements sont peu nombreux, leur clientèle est plutôt celle des grands voyageurs fortunés ou de quelques parvenus susceptibles de créer des lieux de mode.

La plupart des autres établissements correspondent à une catégorie différente encore de pratique : cabinets de bains agrémentés de linges et de sièges, se distinguant selon la richesse des fauteuils, des tapisseries ou des surfaces disponibles. Mais la véritable disparité n'est plus ici dans l'enceinte elle-même, elle est dans la possibilité de faire transporter le bain à domicile. Ce qui marque un confort supplémentaire, comme l'indiquent clairement les statistiques d'Emmery en 1839. Un établissement du boulevard Montmartre, par exemple, et un autre, au cœur même du Faubourg Saint-Germain, délivrent en 1838 un nombre annuel approximativement équivalent de bains : 40 960 pour le premier, 37 720 pour le second. Mais, alors qu'au Faubourg Saint-Germain, plus du tiers de ces bains sont véhiculés à domicile, c'est moins du sixième qui le sont, au boulevard Montmartre [61]. La différence est sociale. La richesse des deux quartiers se reflète dans la pratique adoptée. Les quartiers plus fortunés créent un espace privé de bain sans en construire ni vraiment en aménager la place. Choix intermédiaire entre le bain public et le bain des grands hôtels. La frange sociale concernée, une fois encore, se devine plus qu'elle ne se définit : les lorettes de Gavarni, bavardant assises sur le bord d'une baignoire montée sur roulettes, calée préalablement contre la cheminée d'un salon très bourgeois [62] ; ou tel propriétaire parisien, recevant, dans le vaudeville de Kock, une série de bains dont les porteurs arrosent ses tapis et bousculent ses objets [63].

Reste que les pratiques diffèrent selon une gradation de distinctions. Les disparités ne se marquent plus seulement entre le bain et les ablutions partielles. Elles se marquent maintenant entre plusieurs types de bains eux-mêmes.

Une pratique populaire existe enfin : les baignades prises l'été à la rivière. Quelques établissements voisinent à Paris, installé à même le courant et grossièrement clos de palissades en planches : les *Bains à quatre sous*. Ils sont suffisamment fréquentés sous la monarchie de Juillet pour que Daumier en ait plusieurs fois répercuté l'image [64]. Public clairement spécifié : silhouettes nombreuses, entassées jusqu'au désordre ; gestes brouillons, pratiques mêlées. Le lieu semble indistinctement fait pour ceux qui nagent, ceux qui se lavent, ceux qui se rafraîchissent et regardent. Point de rencontre lors des grandes chaleurs, le bain à quatre sous fait apparaître ces lavages furtifs et saisonniers ; immersions hésitantes encore dont le rapport est bien fragile avec le bain des baignoires.

Les plus humbles de ces bains sont pris hâtivement à la rivière en dehors de tout établissement. Baignades chaotiques, exécutées au hasard de l'eau, assez rares bien sûr et uniquement estivales. Les lithographies de Daumier révèlent, ici encore, une pratique possible de lavage : *le Charivari* du 13 août 1842 illustre deux personnages efflanqués pataugeant, avec quelques hardes, dans l'eau grise de la Seine. Ils s'épongent à grands mouvements désordonnés le dos et la tête. Ils se « lavent », alors que plusieurs silhouettes élégantes, et apparemment indifférentes, arpentent la berge. Mais tout le problème tient précisément à cette « indifférence ». Au même moment, celle-ci n'est plus évidente. Montée nouvelle de la pudeur, tout d'abord, qui tolère moins bien qu'auparavant le spectacle de ces personnages à demi nus, recroquevillés dans la rivière, à deux pas de la berge. Les baigneurs de Daumier ne l'ignorent pas : « Attention Gargouset v'la le bourgeois qui passe avec son épouse [...] [65]. » Une vieille législation d'Ancien Régime interdisait déjà les baignades ludiques de l'été en dehors de balises bien délimitées [66]. La règle se renforce au XIXe siècle, répétée d'année en année par la préfecture de police : « Nul ne doit se baigner dans la rivière, si ce n'est dans des bains couverts [67]. » Mais où l'indifférence des promeneurs lithographiés n'est qu'apparente, c'est qu'elle est contemporaine de propositions tout à fait nouvelles pour gérer et entretenir la propreté du pauvre. Propreté quasiment « imposée » de l'extérieur, à vrai dire, et jouant avec les statégies qui tentent de juguler le paupérisme.

Encore faut-il, avant d'évoquer de telles stratégies, ouvrir davantage le spectre social des pratiques. Les distances ne tiennent pas seulement au luxe ou à la fréquence des ablutions. Elles tiennent aussi à la variété des eaux exploitées, autant qu'à la variété des intentions affichées. Le bain des plus fortunés accroît ses diversités, dans la première moitié du XIXe siècle : eau tempérée facilitant les énergétisations organiques, eau chaude aussi, faite encore pour la détente intimiste, eau froide enfin, concourant aux hydrothérapies. Le bain de mer, en particulier, et après 1820-1830 surtout, qui exploite les affirmations des hygiénistes du XVIIIe siècle, devient une pratique nettement spécifique. L'eau y est seulement « épreuve », milieu de choc et d'affermissement. Elle doit être « affrontée » : corps jetés à la lame, pour en recevoir les ébranlements renforçateurs ou seaux d'eau salée versés à même la peau. Une armée de « baigneurs » est appointée et spécialisée pour saisir habilement le corps des « curistes » et le précipiter brutalement à la vague avant de le reprendre pour recommencer. Tout l'effet tient aux secousses répétées et au froid [68]. Les bains dont Dieppe reste, pour longtemps, le centre géographique, ne sont pas encore faits pour la nage. Ils n'ont par ailleurs aucun rapport avec la propreté. L'hydrothérapie emprunte une voie autonome, après s'être rapprochée de l'hygiène durant le XVIIIe siècle jusqu'à l'ambiguïté. Les fonctions de l'eau se sont définitivement scindées sans que les vertus du froid aient été totalement effacées. Or, les plus riches sont précisément ceux qui peuvent recourir à ces diverses « qualités ». Leurs usages se sont diversifiés en se spécialisant. Les plus démunis, au contraire, sont ceux dont l'hygiène est bientôt faite par d'autres. Une série nouvelle de normes, après 1840, vise explicitement l'indigence. Aux baigneurs de Daumier va s'adresser une véritable pastorale ; pour eux vont être pensés des établissements très spécifiques.

3

La pastorale de la misère

A vrai dire, c'est l'image du pauvre elle-même et surtout celle de la misère qui changent, devenues plus inquiétantes et plus menaçantes avec la nouvelle ville industrielle. Comme changent la « pédagogie » destinée aux indigents et la place tenue par les pratiques de propreté. Une association s'impose enfin avec une insistance inconnue jusque-là : la propreté du pauvre serait le gage de sa moralité, elle serait encore la garantie d'un « ordre ». C'est à partir de 1840 surtout, que se confirment ces rapprochements.

Une moralisation de la propreté

Ambition complexe et totalisatrice à la fois puisque, de la netteté de la rue à celle des habitations, de la netteté des chambres à celle des corps, la visée n'est autre que de transformer les mœurs des plus démunis. Chasser leurs « vices » supposés, latents ou visibles, en modifiant leurs pratiques du corps. Une véritable pastorale de la misère se met en place, où la propreté aurait quasiment force d'exorcisme. La mécanique des villes et la morale vont même se mêler sous une forme tout à fait nouvelle, sans qu'ait changé, il faut le répéter, la référence essentielle aux dangers « miasmatiques ».

Lorsque Clerget décrit, en 1843 [1], un tombereau conçu pour déblayer les détritus des rues à l'aide de balais mécaniques, il souligne le rôle grandissant, au XIXe siècle, de l'imaginaire machinique. Un appareillage complexe, fait de roues dentées et de chaînes sans fin, permettrait de débarrasser le sol, selon un principe de frottement circulaire et alternatif. La seule force du cheval mettrait en jeu l'engrenage. La main humaine, quant à elle, n'aurait qu'à conduire le charroi. Les vieilles norias y trouveraient une actualité nouvelle : des cuvettes raclant le sol, ajustées en chaînes mobiles, déverseraient tour à tour les déchets dans le tombereau porteur. Mécanique « aventureuse » et encore utopique, tant est pesant l'agencement des chaînes et des roues qui l'animent, mais surtout tant est aléatoire l'adéquation de l'appareillage à l'inégalité du sol parisien.

L'intérêt du projet de Clerget est moins dans cette machinerie complexe et ambitieuse que dans le commentaire qu'en suggère l'auteur. C'est que ce mécanisme des temps futurs n'est pas seulement proposé comme un instrument de santé, il est aussi proposé comme un instrument de morale : une propreté gagnant de proche en proche jusqu'à atteindre les mœurs intimes des plus humbles. Une propreté conquérante, où lentement et confusément, viendraient voisiner ordre et vertu. La gradation est même exemplaire : de la rue à l'habitation et de celle-ci à la personne : « La propreté appelant la propreté, celle de l'habitation demanderait celle du vêtement, celle du corps et par suite celle des mœurs[2]. » Il ne s'agit pas, comme au XVIIIe siècle, d'évoquer seulement les vigueurs, il s'agit aussi d'évoquer les ressources insoupçonnées de l'ordre. L'éthique des « puretés » : « La saleté ne serait que la livrée du vice[3]. » Et le public concerné, loin d'être la bourgeoisie, est évidemment le peuple pauvre des villes. Celui que les cités du début du XIXe siècle jettent dans les garnis surchargés, voire dans les caves mal éclairées, celui dont les enquêtes de Villermé ont tracé une image sinistre : « A Nîmes par exemple chez les plus pauvres, je pourrais dire chez la plupart des tisserands de la 3e classe, il n'y a qu'un lit sans matelas, sur lequel couche toute la famille ; mais j'y ai toujours vu des draps ; seulement la toile de ceux-ci ressemble quelquefois à une serpillière usée[4]. » Inutile d'ajouter à ces tableaux d'indigents affalés dans des pièces sans fenêtres, sexes et vermines mêlés, ou à ces paillasses grouillantes de la famille du lapidaire dans *les Mystères de Paris*[5]. Il faut une circonstance exceptionnelle pour que le jeune Turquin, ouvrier rémois aux emplois jusque-là hasardeux, soit lavé, en 1840, par ses futures employeuses, demi-mondaines voyant en lui un docile commis. Cette pratique étrange pour lui le surprend jusqu'à provoquer un souvenir ineffaçable : « Elles firent chauffer de l'eau dans un grand chaudron, me coupèrent les cheveux, me déshabillèrent et me lavèrent en me frottant jusqu'à m'en rougir la peau, car je n'étais pas sans garnison[6]. » L'enfant demeure abasourdi d'ailleurs par l'eau que consomment ces courtisanes et qu'il lui faut porter à la force de ses bras. Les mansardes qu'avait connues Turquin étaient à coup sûr moins accueillantes, surpeuplées et nauséabondes. Les villes de la première industrialisation ont accéléré ces accumulations humaines. Elles ont aussi largement avivé la crainte de leurs dangers politiques, sanitaires ou sociaux. Paris nourrirait en son sein des sauvages d'un nouveau genre[7]. Il s'agirait de les contenir et de les maîtriser.

Impossible pourtant d'évoquer ces descriptions sans souligner l'insistance particulière à poursuivre la malpropreté de l'indigent : « Et sa peau ? sa peau bien que sale, on la reconnaît à sa face, mais sur le corps elle est peinte, elle est cachée, si vous voulez par les insensibles dépôts d'exsudations diverses, rien n'est plus horriblement sale que ces pauvres déshonorés[8]. » Odeurs et sueurs viennent alors s'amalgamer aux moralités « douteuses » : « On vous ouvre une chambre déjà habitée quelquefois par une dizaine d'individus élevés comme les Tartares dans le mépris des chemises, et qui ne savent pas ce que c'est que de se débarbouiller[9]. » Les liaisons imaginaires se fixent jusqu'à celle d'une malpropreté pourvoyeuse de vice. Misère inquiétante dont les guenilles et la vermine sont le signe d'un illégalisme toujours possible et d'une délinquance au moins latente : « Si l'homme s'habitue aux haillons, il perd inévitablement le sentiment de sa dignité et, quand ce sentiment est perdu, la porte est ouverte à tous les vices[10]. »

Pédagogies

La riposte contre ces alarmes, à vrai dire confuses, est une politique de désentassement aujourd'hui bien connue[11]. Quant à l'hygiène elle-même, la riposte est d'abord pédagogique.

C'est après 1845 que se multiplient les *Hygiène des familles* ou les *Hygiène populaire*, littérature philanthropique distribuant préceptes, suggestions et conseils. Massé, un des premiers, s'appesantit sur un matériel dépouillé, adapté en toute théorie aux intérieurs populaires. Enchaînement de gestes élémentaires, utilisation d'instruments « courants » qui, à défaut de bains, devraient rendre familières les lotions générales. Massé, en bon pédagogue, veut tout indiquer : les moindres mouvements, les objets les plus humbles, leur matière, leur forme, leur nombre. Il commente la quantité d'eau à employer, définit sa température, limite la durée de ses applications. Il énumère les outils et les emplacements, les temps, ne reculant devant aucune redondance, étalant les détails insignifiants, persuadé que le public auquel il s'adresse a tout à apprendre. Un langage appliqué et sérieux, bavard mais solennel, luttant toujours plus pour faire « simple ». Massé, passionné de pédagogie populaire[12], convaincu qu'il faut décrire jusqu'à l'infime, ânonne en toute bonne conscience : « Et tout d'abord il faut un petit baquet vide ; une terrine à moitié pleine d'eau froide ; une simple bouillotte d'eau chaude, deux éponges un peu grosses ; ce que les épiciers appellent des éponges d'appartement parce qu'elles servent à laver les parquets ; un gros morceau de flanelle ; des serviettes ou des torchons. On prend le torchon de laine et l'on en frictionne le corps entier avec ce torchon. On frotte surtout sur la poitrine, sous les aisselles, partout où la chaleur du lit aurait pu déterminer de la transpiration [...]. Il va sans dire qu'avant d'entrer, on verse dans la terrine, contenant déjà de l'eau froide, assez d'eau chaude pour mettre tout le liquide à une température d'au moins 20 degrés. Il va sans dire que l'on place cette terrine sur un coin de table de manière qu'elle soit à la portée de l'opérateur. C'est alors que, saisissant les deux éponges, l'une dans chaque main et les plongeant dans la terrine, on commence résolument l'opération du lavage [...]. Ne vous arrêtez pas un instant, ménagez votre eau pour en avoir de quoi opérer au moins pendant une minute ; et dès que vous aurez fini, sortez du baquet et prenez bien vite une serviette pour vous essuyer [13]. » Tout dans ce texte joue sur l'économie : celle du matériau d'abord, celle de l'eau bien sûr et même celle des temps et des lieux. Peu de place, mais une ablution générale. De telles lotions seraient possibles à condition d'en bien retenir les repères élémentaires, jusqu'aux plus insignifiants. Le traité d'hygiène populaire n'est ici qu'un traité militant. Militantisme particulier du reste, volontiers « catéchisant ». Conçu pour les « ouvriers des villes et des campagnes », le catéchisme du Rouennais Guillaume en est un autre exemple, dénonçant une fois encore la saleté comme étant « presque toujours un effet de la paresse [14] ».

L'école primaire est un autre foyer, plus important encore, où se diffusent les normes créées pour les indigents. Les manuels de l'instituteur, après 1830, reprennent régulièrement les principes essentiels des traités d'hygiène contemporains. Quelques manuels destinés aux écoliers les reprennent également. Le *Règlement de l'instruction primaire de Paris* recommande en 1836 leur lecture régulière, et même leur apprentissage par cœur, pour les « élèves des six premières classes [15] ». Le manuel d'hygiène devient un texte de travail. Aucune surprise à ce qu'un tel apprentissage soit rattaché « essentiellement à l'instruction morale et religieuse [16] ». Il s'agit bien d'une catéchèse. L'hygiène confirme seulement son statut de savoir officiel et « didactisé ». Reste que l'observance de certaines recommandations prescrites dans ces textes est quasi impossible : celles notamment qui suggèrent aux petits pauvres des villes et des campagnes « un bain tiède par mois pendant l'hiver [17] » ; pratique impossible à l'évidence, quand on lit les descriptions par Villermé des conditions de logement. Mais ne s'agit-il pas d'abord de pastorale ?

L'école pèse par contre sur la décence extérieure. C'est l'insistance répétée de Mme Sauvan pour modifier patiemment les parties visibles. Rien ici qui ne trahisse la tradition : « Ne vous montrez ni rebutées ni dégoûtées de vos nouvelles relations, soyez bonnes filles, si je puis me servir de cette expression ; que la grossièreté des manières, que la malpropreté des vêtements, ne vous repoussent point. Combattez-les, détruisez-les dans vos élèves [...] [18]. » C'est aussi le précepte devenu depuis longtemps incantatoire d'Overberg en 1845 : « Qu'ils lavent bien leurs mains et leur visage [19]. »

Tous ces sermons pédagogiques se complètent enfin avec les recommandations régulières que s'obligent à promulguer les divers conseils de salubrité. Organisation ramifiée dans les provinces, jusqu'à l'arrondissement lui-même, depuis la loi de 1848. De telles recommandations s'additionnent, monotones, répétitives : le conseil de salubrité de la Seine insiste ainsi en 1821 sur la création de bains publics gratuits en pleine rivière pour les pauvres, « car un peuple, ami de la propreté, l'est bientôt de l'ordre et de la discipline [20] ». Seule la précarité de ces baignades et surtout l'attente de leur conséquence « disciplinaire » (l' « ordre » et non plus seulement la vigueur) rendent leur appel clairement significatif. Les conseils se font l'écho d'une hygiène « moralisée ». Ils répercutent jusqu'aux périphéries géographiques une prédication unifiée, spécifiquement finalisée pour l'indigence.

Mais les témoignages que les institutions de salubrité rapportent de leurs provinces respectives soulignent aussi l'immobilité relative des pratiques locales. Les « plaintes » du Conseil de l'Aube par exemple, en 1835 : « Les habitants de Villemaur ont tort de négliger le bain. Beaucoup d'entre eux ont assez d'aisance pour se procurer une baignoire, du moins en bois. En outre l'administration locale devrait établir sur la Vanne des bains publics [...] [21]. » Les « plaintes » du Conseil de Nantes également, regrettant, en 1825, l'absence sur la Loire de bains pour les plus pauvres [22].

Où de tels témoignagnes prennent pourtant une tournure totalement inédite, c'est dans leur critique sévère des conditions de vie paysanne. Cette sévérité mérite une attention. Les médecins de la fin du XVIIIe siècle, passionnés d'aérisme et de campagne, s'étaient toujours montrés hésitants sur un tel sujet. Les fermes et les étables leur paraissaient confinées et malodorantes. Mais l'air des collines sauvait l'essentiel. Or, c'est l'hygiène de l'homme des champs qui est maintenant condamnée comme elle ne l'avait jamais été : « Après avoir, nus pieds, nettoyé leurs bestiaux, ou s'être occupés du charroi de leurs fumiers, ils n'hésitent pas, dans cet état, à se mettre dans leur lit ou à se recouvrir de leurs vêtements [23]. » C'est aussi la résistance de ces hommes de la terre à accepter les normes nouvelles qui est évoquée. Pour la première fois, les conseils explicitent une telle résistance. Ils tentent même de la « comprendre » : les critères du paysan ont leur « cohérence », celle-ci répond, entre autres, à des attentes spécifiques de rusticité, toutes très éloignées de l'hygiène des villes : « Ils refusent de changer de linge quand ils sont mouillés ou tout couverts de sueurs, ou même ne prennent alors aucune précaution contre le refroidissement parce qu'ils craindraient de s'habituer à la mollesse [24]. » Résistance de la « tradition ». Force troublante prêtée aux odeurs animales. Séductions obscures qu'exercent les déchets et leurs effluves. L'hygiène des villes rencontre cette sensibilité devenue tout étrangère, émergeant de loin en loin dans quelques textes savants. Tous ces repères généralement non explicités, remontant aux sensations les plus enfouies, pour attribuer une force stimulante à l'odeur des transpirations ou même à celle des immondices. Signe mâle de la sueur, entre autres, que Bordeu évoquait encore dans un texte médical au tout début du XIXe siècle : « L'état hirsute et écailleux de la peau, l'odeur qu'elle exhale sont des preuves de force, des effets d'une disposition décidée à la génération et des phénomènes de la cachexie séminale [25]. » La « complicité » n'est évidemment plus possible avec de telles séductions.

C'est l'image des rapports entre ville et campagne qui change ici. Non pas que l'accumulation citadine soit brusquement perçue comme moins dangereuse. Jamais, peut-être même, n'a-t-elle semblé aussi inquiétante. Mais au moins ceux qui pensent l'hygiène publique et « prêchent » contre la misère déplacent-ils les vertus prêtées aux repères paysans. La cité est toute centrée sur la nécessité de ses transformations internes, autonomes, spécifiques.

Dispositifs régénérateurs

Le verbe et la pédagogie ne pouvaient, évidemment, demeurer les seules ripostes aux « menaces » de la misère. L'ordre attendu de l'hygiène ne pouvait quant à lui demeurer simple objet d'incantation. Des mesures très concrètes sont imaginées à partir du milieu du XIXᵉ siècle pour corriger les malpropretés indigentes. Elles en laissent attendre de véritables renversements « régénérateurs ».

La création de bains et lavoirs publics, gratuits ou à prix réduits, vers le milieu du siècle, est l'illustration la plus significative, la plus ostentatoire aussi, de ces réalisations sanitaires et morales. L'empereur fait bruyamment annoncer, en 1852, qu'il participe personnellement à de telles entreprises. Il prélève « sur sa cassette [26] » les dépenses nécessaires à la création de trois établissements dans les quartiers pauvres de Paris. Il concourt, avec ses deniers encore, à la constitution d'un établissement modèle à Romorantin. Le thème agite la classe politique. L'Assemblée débat en 1850 de l'ouverture d'un « crédit extraordinaire de 600 000 francs pour favoriser la création d'établissements modèles de bains et de lavoirs publics au profit des populations laborieuses [27] ». Quelques réalisations aboutissent : les bains et lavoirs de la rue de la Rotonde [28], par exemple, auxquels s'adjoint une salle d'asile dont l'importance sociale est maintenant bien connue. Le plan de cet ensemble est diffusé comme exemplaire : entrée séparée pour les hommes et les femmes ; cour plantée d'arbres disposés entre bains et lavoirs ; jets d'eau, encore, dans cette même cour, rendant visible une possible profusion d'eau et soulignant la valeur symbolique du lieu. Les chiffres enfin : cent emplacements de « laveuses » et cent baignoires. La poursuite d'une telle politique permettrait au peuple de disposer d'une eau apparemment accessible. Linge et peau sont évidemment associés dans l'esprit du promoteur : accroître l'habitude du bain avec celle du changement du linge, éviter aussi que les étoffes lavées ne sèchent dans les logements eux-mêmes, aggravant ainsi leur humidité ou leur insalubrité.

La plupart de ces créations demeurent pour longtemps de simples établissements modèles [29] : la mise de fonds importante est rarement en rapport avec les gains obtenus (les bains sont gratuits ou leur coût est de 10 centimes). Mais ces institutions posent, dans les « meilleurs » termes, en ce milieu du siècle, les problèmes d'une hygiène totalement pensée pour des dominés. Insistance, tout d'abord, sur une stricte utilité des lieux et des objets : « Les bains trop prolongés produisent sur l'ouvrière et sur la femme du peuple une susceptibilité fâcheuse [30]. » La durée du bain est donc limitée. Les projets calculent le temps d'occupation des cabines en le cantonnant à 30 minutes. L'évaluation de la consommation d'eau implique autant de surveillance : les robinets se ferment automatiquement, une fois délivrée une première quantité de liquide. La chaleur enfin ne saurait être excessive ni trop dispendieuse. L'intensité de celle-ci est contrôlée et limitée. La pédagogie se prolonge ainsi dans la norme imposée aux outils et aux espaces. Cette hygiène des indigents ne saurait, à l'évidence, leur appartenir.

Mais le thème est central, au milieu du siècle, quand il ramasse toutes les légitimations officielles données à l'hygiène du pauvre. Le débat de 1850 devient un véritable condensé théorique. La morale, bien sûr, sur laquelle le rapporteur insiste avec une lourdeur toute parlementaire : « Tous ceux qui ont vécu un peu avec la classe ouvrière savent très bien la différence qui existe entre deux familles ayant les mêmes ressources mais dont l'une, habituée à la propreté, fait entrer dans sa maison la salubrité et l'ordre, et dont l'autre au contraire, livrée à la saleté, passez-moi l'expression, accompagne cette habitude du vice et du désordre [31]. » Le choléra aussi, dont une nouvelle poussée a fait plus de 20 000 morts dans le Paris de 1849 : « La pensée du projet, messieurs, il n'est pas nécessaire de la chercher bien loin. Vous avez tous présents encore à l'esprit les malheurs qui ont frappé la France en 1849, la manière dont le choléra a sévi dans le pays [...] [32]. » Il faut augmenter « les moyens hygiéniques que le pays possède pour se défendre contre l'invasion d'un tel fléau [33] ». Les bains, une fois encore, devraient protéger et prévenir. Reste une argumentation plus générale et en partie nouvelle, où biologie et morale confortent des visées régénératrices. Le spectre d'une misère incontrôlée alimente celui d'une possible régression physique et sociale. Ces masses, sourdement rebelles, chaotiques, toujours plus nombreuses, dilatant et bouleversant les villes, abruties enfin par le travail des premières exigences industrielles, font planer l'idée d'un « recul » possible. Rien d'autre qu'un affaiblissement de la race par exemple. Enquêtes alarmées sur les ouvriers, tableaux cumulés sur la taille des conscrits, recensement des maladies lors des conseils de révision : une rhétorique nourrie de statistiques hâtives, rivées à une image rigide du progrès et exploitant jusqu'à la métaphore les réflexions nouvelles sur les espèces animales [34], développe le risque des dégénérescences. Elle s'attarde, à l'inverse, sur la création nécessaire de dispositifs régénérateurs, mêlant philanthropie et contrôle social. Les bains du pauvre, organisant concrètement l'effacement des crasses, semblent totalement adéquats à de tels projets. Dumas, ministre réclamant les crédits, le dit sans détour au cours de ce débat de 1850 : « Lorsqu'on augmente les conditions de salubrité dans une partie de la population, ce n'est pas seulement à son profit qu'on le fait ; les enfants qui en sortent, quand ils sont ensuite saisis par les services de l'armée, quand ils deviennent des citoyens de l'État, sont, sous le rapport de la santé et de la force pour le travail, dans des conditions infiniment préférables à celles qu'ils avaient quand ils étaient abandonnés à eux-mêmes [35]. »

Un cercle se boucle. L'eau qui lave est bien dispensatrice d'énergie, elle accélère les échanges organiques et les fonctions. C'est en cela qu'elle renforce et qu'elle protège. Pour les plus pauvres enfin, elle ajouterait à la netteté de la peau, la garantie, apparemment rassurante, d'un ordre moral.

4

Les enfants de Pasteur

Lorsque, à la fin du XIXe siècle, Remlinger effectue, jour après jour, une énumération des microbes dans l'eau de son bain, il montre à quel point la microbiologie pastorienne a pu transformer, depuis 1870-1880, la perception du nettoiement. Remlinger accumule les « vérifications » : nombre moyen de microbes après le bain d'une personne saine, nombre moyen de microbes après le bain de militaires ignorant depuis longtemps tout lavage, ou même, nombre moyen de microbes relevés sur les zones les plus différentes du corps[1]. L'ablution parviendrait, sans surprise, à limiter la flore de la peau. Le calcul demeure imprécis. Le principe même du nombre moyen mêle des germes de nocivité différente. Quant aux gazes stériles, promenées de place en place, des aisselles à la gorge, ou des sphincters aux téguments les plus « externes », elles n'offrent, une fois pressées, que des indications encore approximatives. L'essentiel pourtant n'est pas dans le chiffre. Plus fondamentalement, c'est une représentation qui importe : l'univers bactériologique, dont Pasteur a largement amorcé l'explication, transfigure l'image du lavage. L'eau « efface » le microbe. Le bain a un nouvel objet : faire disparaître une présence corpusculaire. La rupture ne se discute plus entre une telle attention et celle des médecins de la fin du XVIIIe siècle, plongés dans leur baignoire, pour évaluer le rythme de leur pouls ou éprouver la contrainte de leur souffle[2]. Mais un écart s'amorce aussi entre cette visée nouvelle et l'attention qui, depuis quelques décennies, s'attardait aux crasses obstruantes. Le « danger » existe en dehors de toute crasse. La peau porte des germes cachés. Elle peut entretenir des agents invisibles. Elle offre dès lors au nettoiement un rôle très précis : balayer replis et anfractuosités pour chasser une présence à la fois infime et dangereuse.

La théorie des miasmes avait elle-même, à la fin du XVIIIe siècle, amorcé des renversements. En s'attaquant à l'odeur des malpropretés, l'eau touchait au principe même des fièvres et des contagions. Elle visait déjà des sources présumées d'infection, sans circonscrire clairement leur mode de transmission. Elle « limitait » au moins les conséquences pathologiques des relents et des effluves. Mais la démarche était toute centrée sur les souffles et les fétidités. Or, le microbe devient une cause plus précise, situable et repérable à la fois. Il est indépendant de l'odeur et il est observable. Les colorants de Pasteur permettent d'en décrire les formes et les dimensions. Il existe avec son espace, sa vie, sa durée. Un œil bien instrumenté peut en suivre les itinéraires et les pénétrations. Le microbe matérialise ainsi le risque en l'identifiant. D'où le rôle inédit de la propreté luttant contre des ennemis devenus quantifiables : « La propreté est la base de l'hygiène, puisqu'elle consiste à éloigner de nous toute souillure et, par conséquent, tout microbe [3]. » Reste que cet être multiforme, pullulant sur les plaques colorées, échappe totalement à l'œil nu. Les conséquences sont inévitables : se laver c'est, comme jamais, travailler sur de l'invisible.

Les « monstres invisibles »

Cette propreté nouvelle déplace le regard : elle efface ce qui ne se voit ni ne se sent. La noirceur, l'odeur de la peau, la gêne physique, ne sont plus les seuls signes qui imposent le nettoiement. L'eau la plus transparente peut contenir tous les vibrions, la peau la plus blanche entretenir toutes les bactéries. La perception elle-même ne permet plus de déceler le « sale ». Les repères se dissolvent et les exigences s'accroissent. Le soupçon s'étend. Les objets publics sont d'ailleurs les premiers visés. La tentative de désinfecter au gaz Pictet les livres de bibliothèque [4], celle d'identifier tout dépôt microbien sur le goulot des fon-

taines publiques[5], celle enfin d'inventorier les microbes stagnant dans les bénitiers des églises[6] relèvent d'une même
intention : déceler à l'échelle microscopique les contacts « dangereux ». La proposition de soustraire les tuyaux des fontaines à
la main des visiteurs[7], celle de laisser un filet d'eau traverser les
cuves des bénitiers[8], n'ont certainement pas le même enjeu, ni
la même importance. Au moins, révèlent-elles les mêmes
inquiétudes : elles suggèrent l'ampleur du spectre couvert par
ces nouvelles prises de conscience. L'objet le plus innocent peut
se révéler menaçant : « La bouche d'un malade dépose ses
germes sur les objets qu'elle touche [...]. Jouets d'enfants,
timbres-poste, billets de banque, porte-plume[9]. »

Le corps ne peut, quant à lui, échapper au microbe. Même les
bains quotidiens de Remlinger ne parviennent pas à éliminer
cette présence diffuse. Un seuil résiste. Le bain ne peut « tout »
effacer. L'hygiéniste suggère pour la première fois une perfec-
tion toujours repoussée. Quelques-uns même, à la fin du siècle,
imputent aux moiteurs des baignoires « le développement des
microbes grâce à l'humidité et à la température favorable[10] ».
Autrement dit, dans cette dérive soupçonneuse, même le bain
qui lave peut favoriser la vie du microbe. D'autres encore
soupçonnent l'eau souillée par l'immersion d'adhérer à la peau :
des germes flottants réintégreraient les replis du corps baigné.
Seules les ablutions et les frottements vigoureux, postérieurs à
l'immersion, seraient efficaces. La pratique ne pourrait que se
complexifier : « Les bains fréquents, avec ablution consécutive,
constituent un des meilleurs désinfectants[11]. » Dans la terminologie elle-même enfin, le lavage glisse à l'asepsie.

Cette insistance, qui atteint son apogée entre 1880 et 1900, se
limite d'abord aux hygiénistes. Leur technicité ne peut, à la fin
du siècle, qu'accroître une distance avec la conscience
commune. Ils « manipulent » un microbe que l'œil ne peut voir.
Énumération des virus, codage des formes microbiennes,
culture et ensemencement des germes, échappent totalement au
regard familier. Un savoir inédit annexe la propreté. Il dénom-
bre et il menace : « Le bain diminue d'une façon très marquée

le nombre de microbes de la peau [12]. » Un tel savoir frappe aussi l'imagination.

Ces êtres corpusculaires deviennent autant de « monstres invisibles » capables de franchir toutes les barrières corporelles. Ils semblent même pouvoir réveiller des représentations oubliées, celles d'un organisme traversé par les fluides ; images d'infiltrations et d'imprégnations : « Ils pénètrent notre corps par milliards [13]. » Insistance sur la fragilité des surfaces et la sujétion des orifices. Description d'envahissements obscurs ; objets imperceptibles gagnant de place en place l'ensemble des organes : « Rien n'échappe à leur atteinte : répandus par myriades dans l'air, dans l'eau, dans le sol, ils sont sans cesse en action suivant leur aptitude [14]. » Images enfin de dangers venus d'êtres infimes. L'organisme serait d'autant plus vulnérable que ses agresseurs demeureraient microscopiques. C'est l'invasion par l'infiniment petit ; l'invisible terrassant le plus fort. D'où les surprises toujours possibles et les recommandations répétées : « Que la fissure se fasse à l'extérieur, ces microbes pénétreront dans l'économie et il suffira de quelques heures, dans certains cas, pour détruire à jamais cet organisme plus résistant [15]. »

Rien à voir pourtant avec le corps poreux des craintes anciennes. Les enveloppes semblent depuis longtemps quasi « hermétiques ». La peau ne saurait être passivement ouverte au liquide ou à l'air ambiant. Le passage, bien sûr, peut céder aux corpuscules. Mais le vrai danger demeure indirect : dépôt sur les mains et les vêtements, contamination des nourritures et de l'air respiré. L'hygiéniste décrit le trajet banal de l'habit à la bouche en passant par la main. La peau est évidemment concernée, mais c'est la main surtout qui peut transmettre. Les zones corporelles traditionnellement surveillées par les traités de politesse (mains et visages, bouches et dents) deviennent brusquement surinvesties par les traités d'hygiène de la fin du siècle. La numération du microbe se fait au bout des doigts, dans le cerne des ongles ou les stries du tégument tactile. Évaluation en tous genres, sur les mains des travailleurs, en particulier : « Chez les cochers et les ouvriers, on a trouvé, dans la moitié des cas environ, les staphylocoques doré et blanc, le microcoque pyogène de la salive, et le staphylocoque pyogène liquéfiant [16]. » Une discrimination sociale affleure au passage, plus discrète mais très sensible. Le « sale » devient ce qui peut tromper le regard. Cette distance sociale, exprimée différemment, demeure quelquefois extrême : « Il y a 50 fois plus de microbes dans le logement du pauvre que dans l'air de l'égout le plus infect [17]. »

Les textes accélèrent la fréquence des lavages localisés : « Les mains qui touchent tout doivent être l'objet de soins constants [...]. Il faut les savonner plusieurs fois par jour [18]. » Le rythme lui-même n'est plus évoqué tant le lavage devrait être répété. L'intensification abolit une temporalité jusque-là bien fixée. Impossible de limiter celle-ci au lever ou au repas : « Les mains seront lavées toutes les fois qu'il sera nécessaire. Mais plutôt lorsqu'on rentre que lorsqu'on sort [19]. » Ce sont les mains encore que retient avant tout David, vieil inspecteur primaire écrivant de sa retraite, en 1897, un texte passionné, destiné au public scolaire. La démonstration « reconstruit » avec insistance ce que l'enfant ne saurait voir. Elle lui prête même un regard, par la métamorphose des microbes en autant de loups ou de lions. C'est la science collaborant au bestiaire de l'enfance : « Savez-vous où vos mains ont traîné toute la journée ? Qui sait ce que vous avez touché et à travers quels foyers d'épidémie elles ont pataugé ? Et vous les portez à votre bouche, vous touchez vos aliments inconsciemment et avec incurie, car vous seriez épouvanté si on vous montrait ce qui grouille dessus [20]. » Les précautions se focalisent sur la contamination. La propreté engage un travail particulier sur le contact. L'hygiène scolaire, en particulier, prend en charge ces comportements nouveaux où les livres se feuillettent sans que les doigts soient portés à la langue et où le geste de toucher une éraflure devient médicalement interdit : « La malpropreté paraît favoriser le développement des verrues — les taches d'encre seront enlevées à l'aide d'une pierre ponce. L'enfant n'introduira pas ses doigts dans ses narines — ne mouillera pas son doigt pour tourner les feuilles d'un cahier ou d'un livre — ne grattera pas les boutons dont il pourra être porteur [21]. » Les dangers grandissent enfin lorsque,

avec leurs caries, les dents semblent offrir une voie de pénétration ; foyers de bacilles, mais aussi fissures « intérieures » :
« Vos dents se gâtent, vous êtes la proie de tous ces mille riens
[...] qui heureusement guérissent seuls, jusqu'au jour où, avec
vos mains sales, vous introduisez un beau bacille de la fièvre
typhoïde, un pneumocoque de la fluxion de poitrine, un odium
du muguet, ou un streptocoque de l'influenza dont vous
mourrez. Chirurgien sale, vous avez empoisonné votre propre
plaie, vous succombez à votre propre infection [22]. » Les repères
des traités de politesse sont sur ce point définitivement vieillis.
Le soin des dents a un rapport direct avec le microbe. Entretenir
la bouche, c'est d'abord éviter l'effraction de celle-ci. Lavage,
une fois encore, signifie asepsie : « Chez les enfants et même les
grandes personnes dont les dents se carient facilement et vite,
l'antisepsie buccale est de toute rigueur : le matin et le soir,
après chaque repas, nettoyage des gencives, des dents avec une
brosse, une petite éponge, rinçage de la bouche avec une ou
deux gorgées de solution antiseptique [23]. » De nouveaux lieux
sont nommés : les gencives, l'espace séparant les dents.
Conquête spatiale qui, dans l'infime même, traduit des modifications bien plus larges.

Les prémisses de l'hygiène d'aujourd'hui semblent livrées
dans ces textes, mais avec un catastrophisme qu'explique sans
doute la force émotionnelle des découvertes pastoriennes, et
surtout avec un relais explicitement pédagogique ou médical. La
norme naissante a besoin de vecteurs. Éducateurs et thérapeutes exposent encore pesamment ce que la conscience
commune trouvera plus tard presque banal, ou, à l'inverse, ce
qui ne sera plus jugé « inquiétant ». Ils adoptent un sérieux
quasi solennel. Jamais les menaces n'ont été aussi savantes ni
aussi affreuses. C'est l'infection, avec sa figuration abrupte et
ses conséquences dramatiques, qui fait office de contre-exemple
toujours répété : « Les replis de la muqueuse buccale, les
interstices des dents, les dents gâtées arrêtent au passage les
particules organiques qui flottent dans l'air, les débris alimen-
taires, des parcelles de crachat, tant de souillures qui infectent
notre bouche [24]. »

Impossible de l'ignorer : la propreté change de définition. Le microbe en est la référence négative et l'asepsie la référence idéalisée. Être propre, c'est d'abord écarter bactéries, protozoaires et virus[25]. Nettoyer, c'est agir sur des agents invisibles. « Les gens malpropres portent partout avec eux les germes de toutes les maladies pour leur malheur et celui de ceux qu'ils approchent[26]. » Impossible d'évoquer la propreté de la bouche sans mêler en permanence repères esthétiques et indices pathologiques : « Les enfants doivent être habitués de bonne heure aux diverses pratiques de cette propreté scrupuleuse, non seulement ils se préparent ainsi une saine et agréable dentition, mais encore ils ferment la porte d'entrée à maintes infections classées parmi les plus redoutables en médecine[27]. » Et impossible aussi d'évoquer la propreté des lieux sans faire allusion aux hôtes que le microscope et les colorants de Pasteur ont pu isoler. En décrivant la ville des temps futurs, Jules Verne orchestre une défense antimicrobienne à laquelle concourent une multiplicité de lavages, jusqu'à celui des murs. Rendre propre, c'est d'abord « protéger » : « On lave les murs [...]. Pas un germe morbide ne peut s'y mettre en embuscade[28]. » Thème majeur, cette propreté de *Franceville* agence les espaces et rythme les temps : « Nettoyer, nettoyer sans cesse [...][29]. » Thème pédagogique aussi, elle ne peut qu'affirmer le lien entre la médecine et la morale : chaque enfant apprenant à considérer comme un « déshonneur » toute tache sur son vêtement. Avec les outils et les fréquences du XIXe siècle, *Franceville* est la première utopie où domine la « guerre contre le microbe[30] ».

D'autres romans d'anticipation exploitent, plus ou moins directement, le thème à la fin du XIXe siècle. Aucune pourriture en particulier ne s'introduit dans l'*Uranie* de Flammarion : ferments écartés, air inaltérable, physiologies autosuffisantes. Les êtres mêmes ne s'alimentent pas. L'imagination de Flammarion les a préservés de toute atteinte. L'infection est impossible : « Les femmes de Mars vivant de l'air de nos printemps, des parfums de nos fleurs, sont si voluptueuses dans le seul frémissement de leurs ailes et l'idéal baiser de leur bouche qui ne mangera jamais[31] ! » *Uranie,* c'est d'abord cette image limite d'êtres assainis, corps protégés au point d'en devenir diaphanes.

Plus concrètement, l'exemple des lieux de soins est évidemment celui où propreté et asepsie se superposent sans ambiguïté, à la fin du xixe siècle. C'est en invoquant la désinfection que Martin insiste sur la nécessité du bain hebdomadaire pour les malades des hôpitaux : « Pendant longtemps on s'est préoccupé de désinfecter les locaux, les instruments, les pansements, sans songer suffisamment que les personnes transportent aussi des germes[32]. » Même finalité encore avec une circulaire de 1899 qui impose, pour la première fois, un « grand bain hebdomadaire » au personnel hospitalier lui-même[33]. C'est le matériel de l'hôpital, salles de désinfection ou salles d'opération, qui suscite systématiquement cette définition « savante » de la propreté. Lutaud insiste en 1896 sur « la propreté, l'ordre, la bonne administration qui règnent dans les hôpitaux américains[34] ». Il révèle au passage combien le modèle vient maintenant de New York et non plus de Londres, mais il associe surtout cette propreté « aux perfectionnements inconnus en Europe pour assurer en particulier l'asepsie opératoire[35] ».

La propreté n'est donc plus la même une fois qu'est évoqué l'univers microbien. Le thème des défenses s'est brusquement accentué. Le regard s'est déplacé. Des objets se sont constitués et des causalités jusque-là inédites se sont imposées. Corpuscule invisible, le microbe a bouleversé les repères, au-delà de la crasse elle-même. Et ce bouleversement a d'autant plus d'importance qu'il est « efficace » : les infections post-opératoires diminuent largement lorsqu'à la fin du xixe siècle les chirurgiens officient avec des gants stériles et non plus avec leurs mains nues[36]. De même que diminuent statistiquement les cas de diphtérie lorsque sont mieux compris les modes de communication par contact qui entretiennent le mal[37]. Des preuves s'affichent. Une ostentation même affleure : « Les maladies épidémiques sont la conséquence de l'ignorance et la punition de l'incurie des peuples et des individus[38]. » L'objectivation du microbe renforce le discours positiviste de la fin du xixe siècle : la propreté n'est-elle pas, pour la première fois, l'objet d'un véritable travail expérimental? Vérifications, calculs, évaluations statistiques de la présence microbienne.

Le thème, pourtant, ne saurait se limiter au seul fonctionnement de la preuve. Cette propreté savante comporte elle-même ses versants imaginaires.

Le regard impossible

Pourquoi écarter scrupuleusement tout microbe alors que le sujet sain témoigne quelquefois d'une réelle inocuité? Le bacille de la typhoïde est décelé par Remlinger en 1895 dans les matières fécales de nombreux militaires, en dehors de tout épisode épidémique, et le bacille de la diphtérie est identifié par Roux dans la bouche de plusieurs écoliers, en dehors de toute contamination[39]. Autant de « germes qui ne lèvent pas parce que le terrain n'est pas favorable[40] ». Pasteur lui-même relativise, après 1880 déjà, la nocivité microbienne en prospectant les immunités provoquées ou acquises. Le milieu organique possède des ressources spécifiques. Il a ses défenses préalables, ses barrages internes : les poules inoculées révèlent une résistance variable au bacille du choléra[41]. Toutes ne sont pas atteintes de la même façon. Il est possible encore de les habituer, sans danger et progressivement, aux « charges » cholériques les plus violentes. Le bacille par ailleurs se transforme avec le temps. Le microbe ne peut décider de tout : il faut tenir compte du terrain, du passé de chaque sujet, de ses défenses propres. La présence microbienne perd de son risque, alors que grandit l'importance d'une thérapeutique immunitaire. La justification du nettoiement est concernée. Ses enjeux n'ont plus le même poids. Le lavage est loin d'être la seule défense : l'éloignement du microbe compte moins, dans certains cas, que la lente accoutumance à sa nocivité.

C'est surtout dans les dernières années du XIXe siècle qu'un tel thème est en mesure de renouveler la lutte contre l'infection. Les hygiénistes sont conscients de ces déplacements théoriques. Ils savent que des résistances organiques très particulières peuvent s'opposer à l'invasion microbienne. Ils savent aussi que de telles résistances varient selon le passé ou la culture tissulaire de chacun. A leur tour, ils décrivent cette « lutte entre les leucocytes et les bactéries [42] », celle qui oppose les cellules du corps à celles qui les détruisent. Eux aussi savent maintenant que le débat passe davantage par la « préparation » du tissu que par l'éloignement systématique du microbe. L'immunisation l'emporte. Le rôle préventif d'une propreté de la peau deviendrait-il moins décisif ?

Les hygiénistes ne sauraient encore accepter cette conclusion. Mais, dans ces dernières années du XIXᵉ siècle, ils infléchissent insensiblement leur démonstration : la propreté ne sert pas seulement à écarter les agents invisibles, elle sert à annuler l'infection en renforçant les organes. C'est en accélérant l'oxygénation qu'elle favorise la destruction du microbe. Une fois encore l'appel à la « respiration » de la peau. Les énergétisations y trouvent une légitimité nouvelle : faciliter la combustion faciliterait les immunités. La chasse aux bactéries se prolonge selon un dispositif imaginaire : celui d'une protection par accumulation calorique. Un feu invisible permettrait de mieux repousser le mal. La propreté concourt précisément à l'entretien de ce feu : « Le microbe n'est nuisible que quand nous lui permettons de l'être. Tonifions l'organisme [...]. Faisons travailler le muscle, circuler le sang, respirer et transpirer la peau [...] [43]. » L'hygiéniste intensifie ses dramatisations. La propreté protège comme elle ne l'avait jamais fait, puisqu'elle transporte la lutte au cœur de la chimie tissulaire, en activant ses énergies. Et si la crasse rend au contraire très vulnérable, c'est d'abord en limitant le jeu des calories. Elle asphyxie, elle épuise : « Nous devons éviter toute cause d'affaiblissement, une des plus communes est la malpropreté [44]. »

L'illusion d'une respiration de la peau n'a donc pas cédé. Au contraire, le modèle énergétique élaboré au milieu du XIXᵉ siècle [45] s'est enrichi jusqu'à servir les immunisations organiques. La propreté assurerait un double rôle : écarter le microbe, renforcer la résistance à son égard. Fonction hygiénique en définitive : « La propreté est une des conditions essentielles du maintien de la santé[46]. » Elle participe à la défense chimique des cellules.

Cette propreté hygiénique s'est donné, à la fin du XIXe siècle, une légitimité qui ne sera plus dépassée. Référence à une science conquérante, sans aucun doute. Mais aussi affirmation d'énergies cumulant les combustions. L'oxygénation comme signe de puissance ; l'absorption calorique comme indice de santé. L'usage répété de la métaphore devient à cet égard transparent : « Toute machine exige le nettoyage fréquent de ses rouages et le rejet, non moins fréquent, des scories ou parties inutilisées du charbon. Le corps humain étant une machine des plus délicates, il est nécessaire de veiller à sa propreté et à l'expulsion régulière de ses matières de déchet[47]. » Propreté et représentation du corps sont une fois encore solidaires.

Mais ce dernier exemple révèle un seuil de difficulté pour le discours hygiénique. Une logique implicite le conduit, à la fin du XIXe siècle, à chercher des raisons toujours plus insistantes : l'hygiène alarme pour convaincre, dramatise pour surprendre. Les découvertes microbiennes lui assurent, à l'évidence, une légitimité. Elles lui donnent une vérité. Mais elles montrent, à l'inverse aussi, combien l'affirmation hygiénique déborde une telle vérité pour amplifier le danger. L'hygiène de la fin du XIXe siècle se fabrique en partie des justifications : le rôle oxygénateur de la peau et les vertus anti-infectieuses de l'énergie. Elle invente des raisons. Elle affirme plus qu'elle ne constate. Il est clair pourtant, comme Rist le confirme en 1934, que « la résistance spécifique, naturelle ou acquise, qu'un être vivant oppose à une maladie infectieuse n'a absolument rien de commun avec la résistance qu'un boxeur oppose aux coups de son adversaire ou qu'un athlète oppose à la fatigue[48] ». Ce n'est pas la force physique qui garantit a priori la défense immunitaire. L'hygiène ici en rajoute. Elle en fait trop.

Cet excès, bien sûr, sert d'abord une rhétorique : il faut convaincre. Mais il a d'autres causes. Pourquoi la propreté reçoit-elle si « facilement » un nouveau rôle (celui d'étayer une énergie immunisante), une fois relativisé le danger immédiat du microbe? Pourquoi cette propension à jouer avec les « bonnes raisons » scientifiques, comme s'il fallait coûte que coûte prouver, alors que manquent quelquefois les preuves et que la persuasion l'emporte sur la démonstration?

Cette propreté s'ancre, en fait, dans une exigence tout intérieure, intime, difficile à formuler dans un premier temps, tant elle peut sembler « gratuite » : laver systématiquement ce qui ne se voit pas, en dehors de toute « odeur » et de toute « crasse ». Cette exigence ne naît pas de la science. Elle naît du code social. Mais lorsqu'elle apparaît dans cette version sociale, à l'extrême fin du XIXᵉ siècle, elle laisse bien percer cette difficulté à « dire ». Comment exprimer ce qui demeure totalement invisible? Une des maîtresses de Célestine, dans le *Journal d'une femme de chambre* de Mirbeau (1900), se contente de l'affirmation lancinante. Elle insiste sans expliquer : « Les soins du corps [...]. J'y tiens par-dessus tout [...]. Sur ce chapitre je suis exigeante, exigeante [...] jusqu'à la manie [...]. Vous prendrez un bain demain [...]. Je vous indiquerai [49]. » Mme d'Alq aussi, suggérant qu'il s'agit, avec ces gestes au résultat secret, « de soigner d'abord sa personne [50] ». Mme Staffe encore, exploitant la métaphore des purifications et évoquant les ordres venus d'un appel du « dedans ». Bains et ablutions obéiraient « à une voix intérieure ».

Dans un premier temps, la science relaie ces injonctions dont les raisons s' « éprouvent » plus qu'elles ne s'expliquent. Elle répercute et renforce leur certitude. Elle sert à mieux objectiver et transmettre leur norme. Il faut l'implantation définitive de ces mêmes normes, leur assise confortée, ou largement acceptée, pour qu'une telle exigence puisse enfin s'expliciter ; suffisamment reconnue en tout cas pour n'avoir plus à être justifiée par quelque rôle immédiatement utilitaire. C'est au milieu du XXᵉ siècle que ces préceptes, depuis longtemps acquis, se dédramatisent, révélant des versants plus cachés : « Il est possible d'apporter la preuve qu'un sujet se lavant rarement peut rester en parfait état de santé ou ne présenter que quelques troubles locaux sans gravité. Mais il semble qu'on puisse admettre : 1. qu'il y a une nécessité sociale à être propre, ne serait-ce qu'en raison de l'odeur désagréable et de l'aspect que présentent les sujets malpropres ; 2. qu'en outre le psychisme est influencé par une propreté corporelle ; 3. qu'enfin cette contrainte quotidienne de soins du corps fait partie de ces disciplines favorables à une éducation de la volonté utile pour un bon équilibre [51]. » L'hygiéniste de 1950 explique maintenant avec des arguments psychologiques et sociaux (dont tous n'échappent d'ailleurs pas encore à l'« utilitarisme » !) des comportements datant de la fin du siècle et qui prétendaient obéir, en toute priorité, à la preuve physiologique. Il dit ce qui ne pouvait encore être formulé tant ces pratiques semblaient promouvoir d' « imperceptibles » repères [52].

Propreté de l'élite, bien sûr, ces actes ont toujours moins de rapport avec l'utile. Ils ont toujours moins de rapport avec le visible. C'est l'auto-affectation du corps qui est d'abord concernée. Assentiment intérieur, au bénéfice d'une sensorialité toujours plus travaillée. Il s'agit de faire exister, jusqu'à la projeter au-dehors, la conviction assurée d'une netteté. Une « assurance » qui peut s'afficher, mais dont la source demeure cachée. Comme si la bourgeoisie n'avait plus à marquer des puissances immédiatement sensibles, mais avait à creuser des ressources largement intériorisées. Conforter un travail de soi sur soi. Affirmer des pouvoirs secrets.

Avec ces nettoiements, mis en place à la fin du XIXᵉ siècle, et dont le résultat immédiat se perçoit toujours moins, c'est une ultime étape de la propreté corporelle qui est franchie. Le microbe a joué un double rôle : il a permis d'évoquer des menaces objectives et il a conforté l'assurance tout intérieure d'une propreté invisible. Il a profilé une figure radicalement originale de la propreté, celle qui, après avoir concerné le plus « externe » du corps, concerne le plus « secret ».

5

Appareillages et intimités

En 1888, une baignoire occupe la scène d'un vaudeville de Feydeau[1]. Une jeune femme est sur le point de prendre son bain, puis se ravise. La baignoire demeure au centre. Suit une série de *qui proquo* sans grand relief. L'intérêt du texte est ailleurs. Il est dans la suggestion du nu. Audace sans doute en 1888. Audace aussi parce que tous les ouvrages codifiant, à cette date, les salles de bains du monde bourgeois, se livrent à une véritable propédeutique de l'intimité. L'auteur confirme l'interdit à sa manière. Il en joue en rendant la scène « troublante » : déshabillés amorcés, intimités vaguement violées. Mais il en joue aussi en évoquant la règle : Laurence se plaint amèrement de ne pas avoir de salle de bains. Cette baignoire remplie d'eau tiède dans une antichambre bourgeoise est aussi l'incongruité qui fait la pièce.

Reste l'interdit renforcé. Les premières propositions, après 1880 surtout, pour transformer les cabinets de toilette attenant aux chambres en salles de bains, sont péremptoires :. par exemple, lorsque la femme y entre, ce lieu devient « un sanctuaire dont personne, pas même l'époux aimé, surtout l'époux aimé, ne franchit le seuil[2] ». Espace rigoureusement privé surtout : chacun y pénètre seul. Le choix des objets, du porte-serviettes au porte-jupe, favorisant la fonctionnalité des accessoires, favorise aussi l'effacement de toute aide extérieure. Éloignement des contacts indiscrets : certains tiroirs sont mis hors de portée des domestiques[3]. Refus des regards : « On n'y entre pas en société[4]. » Il faut en barrer l'accès. Rien de bien surprenant d'ailleurs. Une telle dynamique est amorcée depuis longtemps. Mais l'image n'est plus aux baigneuses de Mme de Cardoville, assistant et soutenant leur maîtresse. Elle est à l'agencement des appareils et des objets. Dans ce cadre, un rapport de soi à soi plus exigeant s'est tout simplement constitué.

Jamais peut-être cette exigence sur l'intimité ne s'était à ce point manifestée. Jamais peut-être l'histoire de la propreté ne s'était à ce point associée à celle d'un espace : créer un lieu toujours plus privé où les soins se donnent sans témoin, renforcer la spécificité de ce lieu et de ses objets. Célestine, dont Mirbeau se fait l'interprète dans le *Journal d'une femme de chambre,* éprouve d'ailleurs cet interdit comme une exclusion : « Madame s'habille toute seule et se coiffe elle-même. Elle s'enferme à double tour dans son cabinet de toilette et c'est à peine si j'ai le droit d'y entrer [5]. » A la fin du XIXᵉ siècle, la suppression de tout tiers dans cette propreté de l'élite se transforme en règle obligée. L'utilisation d'appareils inédits permet par ailleurs de suppléer à la domesticité traditionnelle.

Le prolongement de la chambre

Les établissements Porcher promettent en 1908 des services limitant toute manipulation et évitant toute intervention extérieure : « Une allumette suffit pour que, le temps de se dévêtir, la douche ou le bain soient prêts [6]. » C'est la nouvelle circulation de l'eau qui, dans un premier temps, joue un rôle fondamental. L'alimentation d'abord. Aqueducs menant, depuis les années 1870, les sources de la Dhuis et de la Vanne au-dessus de la Seine, diversification des conduites captant la Marne en amont de Paris, réservoirs de retenue à Montsouris et à Ménilmontant, les dispositifs haussmanniens concrétisent les projets nés au milieu du siècle [7]. La desserte peut s'individualiser. Les volumes disponibles sont bouleversés, une fois les réseaux de Belgrand achevés après 1870 (114 litres par tête et par jour en 1873 [8]). Mais les écoulements aussi. Le branchement des évacuations domestiques sur les collecteurs souterrains travaille l'imaginaire. C'est la représentation toute biologique d'une ville traversée de flux d'alimentations et de rejets : « Les galeries souterraines, organes de la grande cité, fonctionneraient comme ceux du corps humain, sans se montrer au jour ; l'eau pure et fraîche, la lumière et la chaleur y circuleraient comme des fluides divers dont le mouvement et l'entretien servent la vie [9]. » Métaphore identique pour les maisons bourgeoises où graduellement, après 1870 surtout, l'eau est propulsée à chaque étage. Calcul de débits, de pressions, de résistances, centré sur une circulation de flux : « Tout comme dans la machine animale le fonctionnement de l'eau à domicile peut, si tout n'est pas prévu, amener des accidents fort désagréables, telles sont fuites et inondations nocturnes, obstruction des organes évacuateurs, etc. [...] [10]. » Épaisseur et diamètre des tuyaux se standardisent. Directions et trajets se stabilisent. L'eau grimpe le long des escaliers de service, alimente la cuisine, diffuse sur le cabinet de toilette et les lieux d'aisances.

Le chauffage à son tour unifie l'espace. Le « chauffe-bain » est intégré au circuit et allégé. Il est déplacé, quittant la pièce spécifiquement réservée à son emplacement dans les grands hôtels particuliers [11], pour se rapprocher de la baignoire et abréger les manipulations. La *Semaine des constructeurs* illustre, entre 1880 et 1900, une série d'essais où l'appareil occupe les positions les plus diverses. Il devient même portatif, réchaud nomade branché sur des conduites murales, avant d'être, vers 1900, stabilisé au-dessus de la baignoire [12] ; le gaz de ville facilitant son intégration.

Les meubles, prisonniers de formes hésitantes (baignoire pliante, baignoire-lit, baignoire-table [13]), sont soumis à des projets fonctionnels à partir de 1890. L'essentiel est pourtant dans la mécanisation des transports d'eau et de combustible. L'essentiel est aussi dans une connexion de supports fixes rapprochant systématiquement les objets de la main : savon, éponge, serviette. Chaque détail est énuméré comme une découverte, jusqu'aux descriptions prosaïques des sacs de linges, ou de niches ménagées dans les murs carrelés [14]. Les objets s'associent, s'accouplent, se répondent. Ajout de services économisant les mouvements dans un espace totalement privatisé.

Conquête spatiale enfin, la salle de bains apparaît dans quelques immeubles à étages, à partir de 1880. Elle « dilate » l'appartement, occupant des lieux différents selon l'imagination de l'architecte, les contraintes du sol ou les trajets de l'eau. Lentement pourtant, le grand immeuble bourgeois en fait une annexe de la chambre. Le modèle est celui de l'hôtel américain, qui séduit, à la fin du siècle, tout visiteur européen : « On donne au voyageur non seulement une pièce de bonne dimension ayant 4 ou 5 mètres de hauteur, mais encore une grande salle de bains et un closet [...]. On trouve dans ce lieu de délices, non seulement des commodités indispensables, mais une série de lavabos merveilleusement aménagés [15]. »

Le *Nautilus* du capitaine Némo, en 1870, ajoute aux contraintes du submersible les contraintes banales des immeubles contemporains, même s'il dispose, fait édifiant, d'une salle de bains. Ses prodiges d'électricité, ses circulations d'eau, ses cumuls d'énergie ne fixent pas nécessairement la place de cette salle autour de la chambre. L'appartement du *Nautilus* conserve une topologie qui ne tranche pas : salle de bains contiguë à la cuisine. Le bâtiment demeure dans la norme, très rare pourtant, des plus fortunés, laissant libre un tel emplacement [16]. C'est en 1885 par contre que *la Semaine des constructeurs* présente un hôtel particulier, construit la même année au 30 de l'avenue du Bois à Boulogne, comme un très étonnant modèle : plusieurs salles de bains au deuxième étage, toutes attenantes aux chambres [17]. Un plaisir s'affiche et se dit. C'est celui d'une eau fournie « à volonté [18] ». C'est celui d'un bain devenu explicitement lieu d'intimité. Il inscrit, dans le cadre de vie, l'extension bourgeoise de la sphère privée.

En deux décennies, le public de ce bain s'amplifie sensiblement. Rares encore sont les immeubles de rapport comportant de tels dispositifs en 1880. Quelques exemples, pourtant, à Paris en particulier. Des indices aussi : à la préfecture d'Oran, en 1880, l'appartement du préfet comporte une salle de bains, mais non celui du secrétaire général [19]. Au début du xxᵉ siècle, en revanche, les installations s'unifient. Tous les immeubles « remarquables », recensés par Bonnier entre 1905 et 1914[20], adoptent les nouveaux dispositifs. Les établissements Porcher disent avoir vendu 82 000 chauffe-bains en 1907[21]. Une pratique bourgeoise s'affirme, proche enfin de celle d'aujourd'hui.

L'évocation de ces ablutions et leur mise en scène littéraire changent aussi. Zola, dans quelques romans de la fin du siècle, n'hésite pas à suggérer le rosissement d'une peau longuement baignée ou la vapeur fade d'une salle de bains surchauffée. Il s'attarde aux parfums étouffés des baignoires, aux gouttes perlant sur les membres. Il surprend des gestes, prolonge des contacts, retient des couleurs et des bruits, répercutant jusqu'aux mouvements et aux clapotements assourdis de l'eau. Ses baigneuses bourgeoises conservent toujours la peau quelque peu humide sous leur chemise ou leur peignoir : c'est Nana, à peine vêtue, recevant Philippe au sortir de son bain, ou Nana encore, « visitant et lavant » son corps, avant de le scruter sans fin devant une glace[22]. Tout aussi réaliste est l'image de la Sténo, cette comtesse du *Cosmopolis* de Bourget (1893), « fouettant » régulièrement son sang avec de vives ablutions matinales[23], ou l'image de Silvert, dans *le Venus* de Rachilde (1884)[24], découvrant à Raoule un corps encore humide, à peine sorti de l'eau. La scène du bain perd en académisme ce qu'elle gagne en spontanéité. Image prosaïque déjà, plus « naturelle », en tout cas, malgré sa force invinciblement troublante. L'occasion de surprendre une intimité par l'inattendu du détail : l'eau glissant ou séchant sur la peau, le savon mêlant ses odeurs mouillées à celle des crèmes et des pots. Un art de la sensation immédiate et du regard furtif. Une façon aussi de souligner la curiosité envers l'ablution : gestes simples et pourtant cachés, intimité familière et pourtant dérobée. Avec cette profusion d'attentions secrètes, l'émotion littéraire confirme au moins la diffusion de cette pratique chez les privilégiés, à l'extrême fin du XIXe siècle.

L'emplacement cellulaire

Très différente est la diffusion dans les autres milieux. La norme prend là des chemins autoritaires : non pas la poussée d'un espace intime, où l'exigence tout intérieure de la propreté mêle aussi l'assurance et le plaisir, mais l'insistance très pédagogique pour qu'un public précis adopte des repères acquis ailleurs. Le principe de la transmission n'est pas nouveau. La « pastorale de la misère [25] » en est l'illustration au milieu du XIXe siècle. Mais l'austérité des précautions pastoriennes, la transformation des circuits de l'eau, la diversification des appareillages, changent les conditions mêmes de cette transmission. L'effet attendu des propretés populaires n'est pas nouveau non plus : ordre et santé. Pour « les pauvres gens, c'est-à-dire l'immense majorité des ouvriers qui ne prennent pas de bains [...] c'est autant de force et de vitalité perdues [26] ». Mais les dramatisations, elles aussi, se sont accrues : transmettre la norme, c'est d'abord lutter contre le « méphitisme effroyable [27] » des ouvriers, des soldats, des écoliers, tout ce public que visaient les bains populaires de 1850 sans l'avoir vraiment atteint.

Une contrainte toujours mieux formulée surajoute enfin ses pressions : laver le plus grand nombre de corps en limitant les délais de temps et de consommation d'eau. La propreté populaire ne saurait encore échapper à une gestion tatillonne des flux. Dans ce cadre, le bain lui-même peut faire problème : « Le bain en baignoire, selon le vieux procédé, est trop long et trop cher pour la masse des ouvriers. Perte de temps et d'argent [...] [28]. » Atteindre le grand nombre, éviter les investissements trop lourds, limiter les ablutions au strict nettoiement, autant de visées confirmées. Avec elles, cette propreté populaire ne peut échapper à l'établissement public conçu pour le grand nombre. Avec elles les espaces et les outils d'un tel établissement vont se spécifier. Un modèle se précise dans la deuxième moitié du XIXe siècle : utiliser le jet plutôt que le bain, maintenir le sujet debout plutôt qu'étendu. L'invention vient de collectifs bien spécifiques : l'armée, la prison.

Les militaires sont les premiers, autour de 1860, à transposer la douche des hydrothérapies, pour verser « en pluie » une eau soigneusement comptée [29]. Système d'autant plus séduisant que peuvent y proliférer alignements, discipline, mouvements collectifs et réglés. Une main extérieure commande le jet, chaque soldat s'y présente selon un agencement convenu. Dunal organise en 1857, avec le 33e régiment de ligne à Marseille, une première tentative. Les soldats passent à plusieurs sous un même jet vertical : « Les hommes se déshabillent dans la première pièce et, munis d'un morceau de savon, ils vont se mettre, par trois à la fois, sous le tube-arrosoir : trois minutes leur suffisent pour se nettoyer de la tête aux pieds. Dès que la première série s'est retirée, elle fait place à trois nouveaux venus, préparés à l'avance, et ainsi de suite [30]. » Une formule se dessine. Dunal a fait installer une baraque de planches dans la cour de la Corderie au 33e de ligne. C'est là que le jet asperge les hommes : la première douche sanitaire. Mais les dispositions en sont encore hésitantes. Trop de flottement dans ces déplacements en escouade, trop d'effervescence : les hommes passent en petit groupe sous un jet commun. Ils se côtoient, ils se gênent. L'ordre peut être « amélioré ».

Au 69e d'infanterie, en 1876, l'aspersion, toujours unique pour tous, est maintenant dirigée. Le procédé s'individualise : « Un baigneur dirige le jet de haut en bas sur chaque homme placé dans un bassin de zinc et les pieds dans l'eau. On peut baigner ainsi tout le régiment (1 300 hommes) en quinze jours, à raison d'un centime par tête [31]. » Un homme juché sur une échelle distribue les ablutions, ménageant les durées et orientant la douche.

En peu de temps, le système se modifie encore. Une distribution plus rapide impose qu'à chaque ligne d'hommes réponde une ligne respective d'appareils. C'est à la prison de Rouen qu'on expérimente, quelques mois après, un tel dispositif : jet fixe, cabines juxtaposées, commande « extérieure » de l'eau, baigneurs passant en « vagues ». Le flux des hommes et celui des jets se correspondent : « Avec huit compartiments [...] dans l'espace d'une heure, 96 à 120 détenus peuvent être lavés, avec une dépense d'environ 1 500 à 1 800 litres d'eau correspondant au contenu de six à huit baignoires [32]. »

Le système des disciplines quadrillant les espaces en commandant les rangs et les files trouve, dans un tel cadre, une réponse « tardive ». L'armée connaît, depuis le XVIIIe siècle, cette gestion des collectifs : ordre mince, alignements, déplacements successifs [33]. Il faut la très lente montée de l'hygiène ; il faut sans doute aussi l'obstacle des transpositions disciplinaires à des terrains variés, comme la difficulté de penser une orchestration des tuyauteries et des jets, pour que cette organisation ait à être réinventée avec les appareillages de propreté. Quoi qu'il en soit, la douche cellulaire devient un modèle après 1880. Plusieurs prisons en régularisent la pratique et fixent des fréquences : une fois par mois pour l'hiver et deux pour l'été [34]. Règlement quasi identique dans les régiments à la fin du siècle : « Un bain de pluie tous les quinze jours et un bain de pieds toutes les semaines [35]. » La formule s'étend insensiblement aux internats : 69 lycées sur 109 sont pourvus de bains-douches en 1910, 47 lycées de filles sur 47 [36].

Le dispositif devient, à quelques nuances près, celui des bains-douches populaires : cabines étroites, jets contigus, eau et temps décomptés. Structures « légères » aussi : ce sont des rideaux qui assurent la séparation des baigneurs à l'asile de nuit rue Saint-Jacques à Paris, en 1879 [37] ; ce sont de minces cloisons qui jouent le même rôle, courant des genoux aux épaules, dans l'établissement construit par Depeaux pour les dockers de Rouen en 1900 [38]. Ensemble rigoureusement « fonctionnel » enfin, limité à la distribution des tuyaux et à l'individualisation des cabines : « Pour répondre à sa définition, pour remplir son but d'hygiène véritablement sociale et populaire, un pareil établissement sera installé dans des conditions de simplicité qui, sans exclure l'élégance, proscrirait d'inutiles recherches architecturales [39]. »

Un espace intime « populaire » émerge, mais il n'est que simple géométrie. Unité abstraite et transposable, forme anonyme et dépouillée. Seule compte la délimitation d'un volume chiffré.

La salle de bains de l'appartement bourgeois et la cabine de douches de l'établissement populaire, différencient deux régimes de propreté. L'eau, comme outil, y est acquise. Dans le second pourtant, l'eau demeure imposée de l'extérieur, quadrillages plaqués sur de sourdes résistances populaires ; intimité aussi, mais construite comme une structure glacée ; lavage enfin, mais étranger à l'espace du logement. Cette dernière propreté révèle en négatif tout le parcours qui doit encore conduire les ablutions dans le prolongement de la chambre. Elle révèle aussi combien l'intimité transposée n'est encore ici que cellule abstraite. Structure « vide », pensée comme structure d'engendrement. C'est d'une telle géométrie que devraient naître d'autres repères. Elle est surtout la formule totalement dépouillée, minimale, dans laquelle la propreté d'aujourd'hui se reconnaît déjà, malgré les évidentes distances : condensé d'espace géré pour individualiser l'ablution totale.

Dynamiques

Ces deux derniers exemples, la salle de bains bourgeoise et la cabine de douches populaire, si proches de notre présent et pourtant si différentes de lui, révèlent deux des quelques dynamiques les plus importantes qui traversent l'histoire de la propreté.

Rôle spécifique de l'eau, tout d'abord. Les cabines cellulaires des douches publiques sont inventées après des essais variés. Les canalisations, les jets, les distributions, semblent faire, pour un temps, obstacle à une structure des individualisations (rangs, files, etc.) pratiquée ailleurs depuis longtemps. L'eau impose ses manipulations propres. Elle « résiste ». Elle capte l'imaginaire. L'élaboration tâtonnante de cet espace cellulaire n'en est pas le seul exemple. D'autres propositions sont contemporaines des douches populaires : les premières piscines d'eau chaude à Paris (après 1885) sont d'abord construites pour la propreté. Christmann insiste sur ce rôle en les promouvant. Elles permettent de « donner des bains à bon marché[40] », et elles ont une efficacité particulière : le long séjour dans l'eau jouerait aussi contre les crasses. Nager, c'est encore se laver. Le mouvement physique de la nage servirait ici doublement l'hygiène : exercice et nettoiement, activation musculaire et décrassage. Le Conseil de Paris le dit très simplement en poursuivant le projet de Christmann dans les dernières années du XIXe siècle : « Si le bain de baignoire est salutaire, combien est préférable le bain en piscine, où l'on n'a pas besoin de garder l'immobilité et dont l'exercice de la natation vient décupler les bons effets[41]. » Le bain-douche voisine ainsi avec ces projets composites où l'eau joue plusieurs rôles : travail des muscles, délivrance de la peau, lieu de sociabilité. Dans le cadre de ces propretés imposées, bien des amalgames ont donc à se dénouer. La piscine de la fin du siècle, cette eau « mêlée » du pauvre, vient ici rappeler tous les voisinages dont la propreté « moderne » a dû s'éloigner pour se constituer.

La propreté de l'élite révèle quant à elle, au même moment, une seconde dynamique : l'accroissement d'une exigence jamais achevée. L'espace bourgeois du bain n'illustre évidemment pas ici la fin d'une histoire, même si son espace commence à dessiner nos habitudes quotidiennes. Le code de la distinction, à la fois ostensible et secret, est toujours plus élaboré, mais il ne se fixe pas. Les autocontraintes grandissent insensiblement dans le temps, usant de modèles instables. Ces modèles se déplacent. La propreté bourgeoise de la fin du siècle n'est pas encore celle d'aujourd'hui. Impossible d'imaginer en 1880 un bain quotidien : « L'on ne doit guère prendre de bain tous les jours à moins que ce ne soit par ordonnance du docteur[42]. » Une vague rationalisation de l'eau selon les anciennes images des amollissements, mais aussi une modification toujours graduelle des exigences de propreté entretiennent des fréquences encore éloignées des nôtres. Les pratiques subissent des modifications sans fin, même si le repérage pastorien conserve, pour nous encore, un écho évident.

Reste que cette propreté de la fin du XIXe siècle est décisive pour mieux comprendre la nôtre : elle porte très clairement sur un invisible du corps, elle s'appuie largement sur des sensations intimes, elle dispose d'une rationalisation scientifique déjà développée. En ce sens, elle marque la dernière grande figure précédant la propreté d'aujourd'hui. Avec elle une histoire s'achève, celle d'une propreté atteignant enfin l'ensemble de la peau, dans ses zones les plus visibles, autant que dans ses zones les plus cachées. Un itinéraire se termine avec ces espaces étrangers au regard.

Mais impossible aussi d'ignorer combien un tel itinéraire conduit à une propreté encore différente de la nôtre. C'est le procès des psychologies en particulier, qui vient aujourd'hui, lentement, au centre. L'espace intime s'est creusé jusqu'au vertige, étayé par les publicités de « mise en forme », les rêves consommatoires, l'attention au mieux-être. Soins de soi à soi toujours plus intériorisés, en même temps que toujours plus explicités, loin en tout cas du seul utilitarisme hygiénique. Promotion de pratiques narcissiques où la salle de bains autorise de secrètes détentes. « Plaisir » qui s'énonce aussi. Multiplication de produits et d'objets enfin, codant ce « mieux-vivre » pour entretenir de subtils mélanges entre illusion et réalité. Le bain est traversé par l'alchimie complexe des publicitaires. Il est leur objet, subissant leurs modes et leurs images. L'insistance sur les valeurs personnalisées, l'affirmation d'un hédonisme, souvent de commande, ont pris le relais des laborieuses explications hygiéniques. Cette propreté d'aujourd'hui nécessiterait, pour être mieux comprise, un regard attentif sur l'individualisme contemporain et les phénomènes de consommation. Elle s'évade en tout cas loin des fondements ici décrits, jusqu'à quelquefois les narguer.

Conclusion

La propreté, choisie ici comme la plus ancienne, est celle qui porte exclusivement sur les parties visibles du corps : le visage et les mains. Être propre, c'est entretenir une zone limitée de la peau, celle qui émerge de l'habit, celle qui seule s'offre au regard. Les *Convenance* et les *Livre de courtoisie,* dictant au Moyen Âge le comportement des enfants nobles, ne disent pas autre chose : tenir nets ses mains et son visage, porter un vêtement décent, ne pas gratter trop ostensiblement sa vermine. Aucune référence au « dessous » de l'habit ou aux sensations venues de la peau. Aucune allusion à quelque sentiment intime. Une propreté corporelle existe au Moyen Âge, mais elle s'adresse d'abord aux tiers, aux témoins. Elle touche à l'immédiat du visible. Ces actes archaïques de la netteté physique se constituent ainsi dans un tissu de sociabilité. Mais leur histoire montre d'abord combien ce sont d'abord les surfaces apparentes du corps et le regard d'autrui qui en donnent le code.

Il est possible de comprendre ce privilège ancien et durable du visible. La vue est sans doute ici l'incide le plus intuitif, celui qui est le plus « naturellement » convainquant, celui qui peut être soumis aussi aux normes les plus aisément formulables. Avec elles, les repères de la propreté s'énoncent et se précisent en quelques mots. Les préceptes semblent « limpides ». Il suffit de regarder.

Encore faut-il aujourd'hui, pour mieux approcher de tels indices, saisir le rôle limité et très particulier que joue le bain au Moyen Âge. Il faut mesurer à quel point les pratiques qu'il promeut peuvent être différentes des nôtres. Étuves et bains existent bien au Moyen Âge, mais ce ne sont pas des établissements d'hygiène. Ils confrontent à des plaisirs tout à fait spécifiques. Au-delà de préoccupations thermales souvent réelles, étuves et bains du Moyen Âge mêlent leurs pratiques à celles des tavernes, des bordels, des tripots. Agitations et turbulences voisinent. Ces lieux envahis de vapeurs, où chambres et lits prolongent la moiteur tiède des cuves, demeurent des lieux de jouissances confuses. L'érotique du bain l'emporte largement sur le lavage. L'eau, comme milieu d' « ébranlements » physiques, attire le baigneur plus que l'acte de nettoiement. Le jeu enfin, voire la volupté, sont concernés beaucoup plus que l'état de la peau.

Ce que montre une histoire de la propreté corporelle, c'est la variété, dans le temps, des usages, ou même des imaginaires de l'eau, et la distance séparant les représentations archaïques de celles d'aujourd'hui. Un bain existe donc au Moyen Âge qui ne vise pas vraiment la propreté. Dans le quotidien, la netteté qui compte demeure celle du visage et des mains. L'eau n'atteint pas vraiment l'intime.

Or, ce que montre aussi une histoire de la propreté, c'est que l'enjeu est d'accroître une intimité du corps. Une dynamique existe, confirmée déjà à la fin du Moyen Âge : alourdissement insensible des autocontraintes « conduisant » la netteté physique au-delà du visible, développement d'un travail de civilisation affinant et différenciant les sensations jusqu'aux moins explicites. Mais il faut souligner combien, tout en se transformant et en s'enrichissant, de tels repères demeurent éloignés des nôtres. Évidente par exemple est la différence entre la netteté physique décrite au xvie siècle et celle décrite au Moyen Âge. Or, cette différence ne tient pas à un nouvel usage de l'eau. L'ablution est indépendante d'une telle transformation. La propreté dans ce cas n'est pas liée au lavage. Ce qui fait le changement, c'est d'abord, et pour longtemps, un nouvel usage du linge. C'est le traitement des étoffes du « corps » qui crée, dès le xvie siècle, un espace physique inédit de propreté : différenciation plus accentuée entre le dessus et le dessous de l'habit, gradation plus sensible entre tissus fins et tissus épais, changements plus fréquents enfin, et surtout plus pressants, des étoffes mises au contact de la peau. Avec la manipulation de ce linge, les sensations tégumentaires semblent plus explicites, l'évocation des transpirations plus présentes. Replis ou plages cachées du corps font naître une autre attention. C'est, curieusement, un ensemble de pratiques « sèches » qui ont fait évoluer la perception et le sentiment de la propreté. Dispositif d'autant plus important que, lui aussi, porte sur le regard, mais il en renouvelle totalement l'acuité et la profondeur.

Le linge, émergeant sous le pourpoint des hommes ou la robe des femmes, délègue à la surface les marques de zones plus secrètes. L'intime est insensiblement engagé dans le visible. Cette propreté triomphe avec la France classique jusqu'à mettre en jeu toutes les ressources du spectacle. Pratiques de cour multipliant les signes de la tenue, exploitant l'étagement savant des étoffes, raffinant sur le trompe-l'œil, dentelles allégeant et prolongeant le « dessous » de l'habit, tissages du linge enfin, jouant selon le lin, la serge ou le chanvre, avec la variété des tons et la finesse des trames pour orchestrer de subtiles distinctions sociales.

Cette netteté, où la blancheur du linge et son renouvellement tiennent lieu de nettoiement de la peau, est d'autant plus marquante qu'elle s'accompagne, au XVIIe siècle surtout, d'un rejet relatif de l'eau. C'est ici, sans doute, que l'image du corps, celle de ses opérations, de ses fonctions, laisse le mieux entrevoir son poids possible dans une histoire de la propreté. Le corps baigné est, pour l'élite de la France classique, une masse envahie par le liquide, bousculée par les réplétions et les gonflements : enveloppes poreuses, chairs imprégnées. Les pores semblent autant d'ouvertures, les organes autant de réceptacles, alors qu'abondent les exemples de pénétrations obscures. Les contagions en donneraient, à elles seules, une série d'illustrations. L'eau ne serait-elle pas semblable à ces venins insaisissables envahissant le corps des contagieux ? Le bain n'est plus sans risque. Il laisserait même, de surcroît, la peau totalement « ouverte ». Une mécanique simplifiée de l'infiltration et une rationalisation conçue d'abord pour expliquer l'atteinte foudroyante des pestes et des épidémies, ont favorisé cette représentation d'un corps aux frontières pénétrables.

Quoi qu'il en soit, cette propreté du XVIIᵉ siècle, plus « étendue » et plus « profonde », ne manque pas de paradoxe. Elle touche aux zones dérobées du corps, alors même qu'elle accroît le rôle du regard. Elle est plus secrète, alors même qu'elle n'a jamais autant favorisé le spectacle. Le visible, avec elle, acquiert une souveraineté inégalée. Il faut répéter combien une telle pratique convient à une société de cour « théâtralisant » les gestes, les attitudes, les tenues. Ces étoffes débordant l'habit, ces renouvellements codés du linge, tout en donnant plus de place à l'intime, permettent, comme jamais, d'exploiter l'apparence.

Or, il faut répéter aussi, combien c'est contre une telle valorisation du visible que peut naître une propreté « moderne ». Non pas que s'efface le rôle du linge, bien au contraire. La bourgeoisie va multiplier, à la fin du XVIIIᵉ siècle et au XIXᵉ siècle, les étoffes légères et le jeu sur le blanc. Mais d'autres valorisations émergent, d'autres repères vont promouvoir une propreté du « dessous ». La véritable transformation, celle qui introduit le déplacement décisif, tient à l'argument des santés : non plus l'apparence mais la vigueur. C'est en visant une force nouvelle que la bourgeoisie de la fin du XVIIIᵉ siècle théorise une propreté de la peau. Dégager les pores pour mieux dynamiser le corps, utiliser l'eau froide même, pour mieux affermir les fibres. La propreté « libère » et renforce, encore faut-il user d'une eau qui resserre et durcit. Le changement de linge ne suffit plus, comme ne suffisent plus les seuls témoignages « externes ». La peau doit être atteinte par un liquide chargé de stimuler : laver les zones que recouvre l'habit sans doute, mais pour mieux fortifier. Représentation de l'eau, représentation du corps, sont maintenant exploitées selon la physique des durcissements. Images intuitives, une fois encore, révélant combien, dans ce lent procès de l'intime, l'hygiène peut être l'objet de rationalisations. La différence semble même symbolique entre la propreté du XVIIᵉ siècle, largement faite d'apparences, et celle de la fin du XVIIIᵉ siècle, cultivant des forces secrètes. Aussi symbolique que peut être la différence entre une aristocratie attachée aux tactiques du paraître et une bourgeoisie inventant des « vigueurs ». Un code scénique contre un code de forces.

Propreté « exemplaire » donc dans ses significations sociales. Propreté « exemplaire » aussi dans son recours systématique à la référence savante et aux justifications fonctionnelles. La propreté aurait une utilité physique précise : elle accroît les ressources organiques. Ces théorisations de la fin du XVIIIᵉ siècle inaugurent un mode d'explication : la propreté se légitime par la science. Le principe ne varie pas sur plusieurs décennies, même si les mécanismes invoqués changent : être propre, c'est protéger et renforcer le corps. Le nettoiement assure et soutient la bonne marche des fonctions. Les raisons sont celles des physiologies. Rôle énergétique de la peau, gêne obstruante des crasses, danger des matières putrescibles, deviennent l'horizon théorique des ablutions et des bains. Les alarmes microbiennes constituent un point ultime : il faut laver pour mieux défendre.

Un tel discours savant, dominant au XIXᵉ siècle malgré ses applications un temps limitées et hésitantes, joue au moins un rôle : accorder une utilité « palpable » à une propreté qui se voit toujours moins, donner un sens fonctionnel à des exigences tout intériorisées, d'autant plus difficiles à formuler que leur objet demeure « infime ». La chasse au microbe traduit bien cette propreté « invisible ». Toutes ces raisons savantes, toutes ces justifications lentement construites, donnent « corps » à une vigilance éminemment sociale et pourtant difficile à dire, tant elle touche à de l'imperceptible. Reste évidemment qu'une telle science ne manque pas de vérité. Son rôle tient aussi à des découvertes bien réelles, de surcroît importantes. Mais les tactiques de conviction auxquelles elle participe soulignent combien cette propreté, toujours plus engagée dans l'intime, a dû d'abord se chercher des raisons édifiantes avant de devenir simple habitude. L'exhortation que la bourgeoisie utilise à l'égard des classes populaires au XIXᵉ siècle confirme de tels procédés en les étendant : la propreté ne rend pas seulement « résistant », elle assure un « ordre ». Elle ajoute aux vertus. La netteté de la peau, la discipline du lavage, auraient leurs correspondances psychologiques : résultat physiquement invisible, sans doute, mais moralement efficace. Quoi qu'il en soit, c'est avec la propreté effaçant le microbe que s'achève un long parcours, celui qui va du plus apparent au plus secret, celui qui creuse aussi la sphère de l'espace privé.

D'autres repères rendent enfin ce parcours plus sensible encore. Avec ces gestes qui travaillent une netteté échappant au regard, se créent insensiblement des lieux privatisés. Des topologies s'animent. La chambre de l'abbé de Choisy, en 1680 (partie I, chapitre 3), n'a pas encore de dépendance pour la toilette. Les actes que l'abbé consacre à sa propreté correspondent d'ailleurs à cet espace polyvalent : jeu sur les fards et les mouches, changement de chemise, essuiements divers. Il faut le XVIIIᵉ siècle et une distance avec les spectacularisations aristocratiques pour que se créent, dans les grands hôtels et les grandes demeures, des espaces spécialisés, servant les soins du corps. Aux cabinets de toilette, avec leurs faïences, leurs brocs, leurs bidets (même rares), correspond une propreté déjà plus secrète. Les espaces de l'élite s'étendent et se spécifient, exactement comme s'approfondit cette propreté franchissant les surfaces. Un lieu se creuse, exactement aussi comme le nettoiement s'amplifie.

C'est à la fin du XIXᵉ siècle que se systématise une injonction : fermer rigoureusement les accès des cabinets de toilette et des salles de bains. Une distance s'est définitivement constituée, avec cette peau atteinte dans tous ses replis. C'est au même moment que se confirme un plaisir de l'ablution qui n'ose encore totalement se dire.

Il faut bien voir enfin combien cette dynamique met en jeu d'autres espaces encore, celui des villes en particulier, avec leurs architectures, leurs communications et leurs flux. Les soins du corps impliquent ici une restructuration totale du monde souterrain comme du monde aérien des cités. C'est l'eau, sans doute, qui a été un des facteurs les plus importants du réaménagement urbain au XIXᵉ siècle. Avec elle, l'alimentation comme la « respiration » des agglomérations ont été bouleversées. La propreté a donc engagé l'imaginaire des villes, leur technologie, leur résistance aussi à être « capillarisées ».

L'histoire de la propreté tient en définitive à une polarité dominante : la constitution, dans la société occidentale, d'une sphère physique appartenant en propre au sujet, l'élargissement de cette sphère, le renforcement de ses frontières aussi, jusqu'à l'éloignement du regard d'autrui. Mais le parcours d'une telle histoire ne saurait être linéaire. Il joue avec l'imaginaire du corps, celui des espaces habités, celui des groupes sociaux. Cette propreté, tendue progressivement vers des soins invisibles, est par ailleurs un objet de rationalisation. Plus elle se fait secrète et plus semble séduisant l'alibi qui pourrait en montrer l'utilité concrète, voire la fonctionnalité. Son histoire est aussi celle de ces rationalisations.

Notes

Introduction

1. P. Scarron, *Le Roman comique* (1651), in *Romanciers du xviie siècle,* Paris, Gallimard, Pléiade, 1973, p. 560.
2. *Ibid.*
3. Cf., ci-dessous, partie II, chapitre 1.
4. Le texte de Norbert Élias, *La Civilisation des mœurs,* Paris, Calmann-Lévy, 1973 (1re éd. allemande, 1939), est à cet égard essentiel.

PREMIÈRE PARTIE

De l'eau festive à l'eau inquiétante

1. L'eau qui s'infiltre

1. J.-N. Biraben, *Les Hommes et la Peste en France et dans les pays européens et méditerranéens,* Paris, Mouton, 1976, t. II, p. 98.
2. J. Guiart, « La peste à Lyon au xviie siècle », *Biologie médicale,* Paris, 1929, no 5, p. 5.
3. J.-N. Biraben, *op. cit.,* t. II, p. 167.
4. M. Brièle, *Document pour servir à l'histoire des hôpitaux de Paris,* Paris, 1883, t. I, p. 16.
5. J. Guiart, *op. cit.,* p. 10.
6. N. de Delamare, *Traité de la police,* Paris, 1722 (1re éd. 1698), t. I, p. 628.
7. G. Bunel, *Œuvre excellente et à chacun désirant soi de peste préserver* [...], Paris, 1836 (1re éd. 1513), p. 17.
8. J. Riolan, *Curieuses Recherches sur les écoles de médecine de Paris et de Montpellier,* Paris, 1651, p. 218.
9. N. de Delamare, *op. cit.,* t. I, p. 628.
10. L. Boucher, *La Peste à Rouen aux xvie et xviie siècles,* Paris, 1897, p. 26.
11. M. Limon, *Les Mesures contre la peste à Besançon au xvie siècle,* Paris, 1906, p. 9.

12. J. Garnier, *Les Étuves dijonnaises*, Dijon, 1867, p. 28-29.

13. A. Paré, *Œuvres*, Paris, 1585 (1re éd. 1568), p. 56.

14. N Houel, *Traité de la peste* [...], Paris, 1573, p. 16.

15. D. Jouysse, *Bref Discours de la préservation et de la cure de la peste* [...], Amiens, 1668, p. 3.

16. C. de Rebecque, *Le Médecin français charitable*, Lyon, 1683, p. 608.

17. F. Citoys, *Avis sur la nature de la peste*, Paris, 1623, p. 20.

18. J.-J. Manget, *Traité de la peste et des moyens de s'en préserver*, Lyon, 1722, p. 199.

19. M. de Montaigne, *Journal de voyage en Italie*, Paris, Le livre de poche, 1974 (1re éd. 1774), p. 377-378.

20. L. Rivière, *Les Pratiques de la médecine*, Lyon, 1682, p. 10.

21. C. de Rebecque, *op. cit.*, p. 419.

22. L. Rivière, *op. cit.*, p. 10.

23. T. Le Forestier, *Régime contre épidémie et pestilence*, Paris, 1495, p. 102.

24. Cf. G. Barraud, *L'Humanisme et la Médecine au xvie siècle*, Bruxelles, 1942, p. 83.

25. R. de Graff, *Histoire anatomique des parties génitales de l'homme et de la femme*, Basle, 1699 (1re éd. 1678).

26. H. de Monteux, *Conservation de santé et Prolongation de la vie*, Paris, 1572, p. 96.

27. A. Paré, *op. cit.*, p. 1154.

28. *Ibid.*

29. M. de Sully, *Mémoires*, Paris, 1662, t. VI, p. 427.

30. *Ibid.*, p. 428.

31. *Ibid.*

32. A. d'Aquin, G.-C. Fagon, A. Vallot, *Journal de la santé du roi Louis XIV (1647-1711)*, Paris, 1862, p. 67.

33. *Ibid.*, p. 73.

34. *Ibid.*, p. 92.

35. T. Renaudot, *Recueil général des questions traitées es conférences du bureau d'adresse*, Paris, 1655, t. II, p. 533.

36. N. de Blégny, *Livre commode des adresses de Paris*, 1878 (1re éd. 1692), p. 184.

37. C. de Rebecque, *L'Apothicaire français charitable*, Lyon, 1683, p. 474.

38. L. Guyon, *Façon de contregarder la beauté* [...], in *Cours de médecine théorique et pratique*, Lyon, 1689 (1re éd. 1615), t. II, p. 221.

39. F. Bacon, *Histoire de la vie et de la mort*, trad., Paris, 1647 (1re éd. Londres 1623), p. 392.

40. J. Héroard, *Journal sur l'enfance et la jeunesse de Louis XIII (1601-1628)*, Paris, 1868, t. II, p. 70.

41. G. Patin, *Lettres*, Paris, 1846 (1re éd. 1683), t. I, p. 109 ; et *Traité de la conservation de la santé*, Paris, 1682.

42. R. Bonnard, *Une dame qui va entrer au bain*, Paris, 1691, estampe BN.

43. *Ibid.*, Audiger, quant à lui, montre indirectement, la très faible présence du bain au XVIIe siècle. Lorsqu'il décrit toutes les activités dans lesquelles doit se montrer habile une femme de chambre au service d'une dame de qualité, il donne une grande place à l'entretien du linge, à l'art de disposer rubans et dentelles, à l'accommodement des coiffures ; il cite enfin « l'habileté à faire un bain pour les pieds et des pâtes pour décrasser les mains » (p. 102). Le même savoir-faire auprès d'un homme de qualité ne s'impose pas. Il s'agit ici de savoir « raser et peigner » et de « tenir les habits du seigneur bien propres et bien nets » (*La Maison réglée*, 1691, p. 51).

44. S. de Sainte-Marthe, *La Manière de nourrir les enfants à la mamelle*, Paris, 1698 (1re éd. XVIe siècle), p. 52.

45. S. de Valembert, *Cinq Livres de la manière de nourrir et gouverner les enfants*, Poitiers, 1565, p. 46.

46. E. Rodion, *Des divers travaux et enfantements des femmes*, trad., Paris, 1583 (1re éd. 1537), p. 94.

47. B. de Glainville, *Le Propriétaire des choses très utiles et profitables au corps humain* (XIVe siècle), Paris, 1518, s.p.

48. A. Paré, *op. cit.*, p. 947.

49. M. Ettmuler, *Pratique de médecine spéciale*, trad., Lyon, 1691 (1re éd. 1685), t. II, p. 484.

50. J. Héroard, *op. cit.*, t. I, p. 349 : « Baigné pour la première fois, mis dans le bain et Madame (sa sœur) avec lui. »

51. H. de Monteux, *op. cit.*, p. 265.

52. D. Érasme, *La Civilité puérile*, Paris, Ramsay, 1977 (1re éd. 1530), p. 66.

53. Anonyme, *Bienséance de la conversation*, Pont-à-Mousson, 1617, p. 34.

54. Anonyme, *La Civilité nouvelle contenant la vraie et parfaite instruction de la jeunesse*, Basle, 1671, p. 69.

55. J. du Chesne, *Le Portrait de santé*, Paris, 1606, p. 361.

56. L. de Saint-Simon, *Mémoires*, Paris, éd. Boisille (1879-1928), t. XXVIII, p. 336.

57. *Ibid.*, t. XXVIII, p. 340.

58. Ursulines, *Règlements des religieuses ursulines de la congrégation de Paris*, Paris, 1705 (1re éd. 1650), t. I, p. 131.

59. J. Pascal, « Règlement pour les enfants » (Paris, 1657), in *Lettres et Mémoires*, Paris, 1845, p. 232.

60. J.-B. de La Salle, *Les Règles de la bienséance chrétienne*, Reims, 1736, p. 11.

61. N. Rétif de La Bretonne, *Monsieur Nicolas*, Paris, 1924 (1re éd. 1794), t. I, p. 138.

62. J.-B. de La Salle, *op. cit.*, p. 34.

63. D. Érasme, *op. cit.*, p. 66-67.

2. Une disparition de pratiques

1. J. Riolan, *op. cit.*, p. 218.
2. *Ibid.*, p. 219.
3. Guillaume de Villeneuve, *Les Crieries de Paris* (XIIIᵉ siècle), cité par M. Barbarau, *Le Costoiement ou Instructions du père à son fils*, Paris, 1760. — E. Boileau, *Le Livre des métiers* (XIIIᵉ siècle), Paris, 1879, p. 628-629.
4. « Compte des menus plaisirs de la reine » (art. 376), cité par V. Gay, *Glossaire archéologique*, Paris, 1887, t. I, p. 683.
5. C. de Beaurepaire, *Nouveaux Mélanges historiques*, Paris, 1904, p. 94.
6. *Ibid.*
7. Valère Maxime, *Faits et Dits mémorables* (XVᵉ siècle), Paris, BN, ms. fr., 289 ; fol. 414.
8. J. Garnier, *op. cit.*, p. 30.
9. P. Goubert, *Beauvais et le Beauvaisis de 1600 à 1730*, Paris, SEVPEN, 1960, p. 232. — F. Lebrun, *La Mort en Anjou au XVIIIᵉ siècle*, Paris, Mouton, 1971, p. 266.
10. N. de Blégny, *op. cit.*, p. 183.
11. A. Seyboth, *Strasbourg historique et pittoresque de ses origines à 1870*, Strasbourg, 1894. Seyboth fait un relevé minutieux des négoces, rue par rue, en donnant leurs dates, ce qui permet d'effectuer un comptage.
12. D. Martin, *Le Parlement nouveau*, Strasbourg, 1637, cité par C. Nerlingen, *Strasbourg*, 1900, p. 125.
13. *Ibid.*
14. Mme de La Guette, *Mémoires*, Paris, Mercure de France, 1982 (1ʳᵉ éd. 1681), p. 89.
15. G. de Chavagnac, *Mémoires*, Paris, 1699, t. I, p. 207.
16. Mme de Sévigné, *Lettres*, Paris, Gallimard, Pléiade, 1972, t. I, p. 28 : Lettre du 26 juin 1655.
17. G. Tallemant des Réaux, *Historiettes*, Paris, Gallimard, Pléiade, 1960 (ms. 1659), t. II, p. 344.
18. Sauval, *Les Antiquités de Paris*, Paris, 1724, t. II, p. 146.
19. G. Boccace, *Le Décaméron* (XIVᵉ siècle), Paris, Seghers, 1978, p. 39.
20. C. Ephrussi, *Les Bains de femmes de Dürer*, Nuremberg, s.d. (env. 1930).
21. Anonyme, *Cent Nouvelles nouvelles* (1450), in *Conteurs français du XVIᵉ siècle*, Paris, Gallimard, Pléiade, 1979, p. 33.
22. L.-P. Gachard, « Les comptes de Philippe le Bon, duc de Bourgogne », *Collection des voyages des souverains des Pays-Bas*, Bruxelles, 1876, t. I, p. 89.
23. *Ibid.*, p. 87.
24. *Ibid.*, p. 91.
25. J. de Troyes, *Histoire de Louis unzième* (1483), publiée par J. Michaud et J. Poujelat, in *Nouvelle Collection des mémoires pour servir à l'histoire de France* [...], Paris, 1837, t. IV, p. 280.

26. A. Jubinal, *La Contenance des fames* (XIV⁰ siècle), in *Nouveau Recueil des contes dits*, Paris, 1842, t. II, p. 175.

27. Anonyme, *Cent Nouvelles* [...], *op. cit.*, p. 33.

28. L.-P. Gachard, *op. cit.*, t. I, p. 87 à 99.

29. A. Vallet de Virville, « Comptes royaus » (1403-1423), *Chronique du roi Charles VII roi de France*, Paris, 1858, t. III, p. 277.

30. C. Perrault, *La Querelle des anciens et des modernes en ce qui regarde les arts et les sciences*, Paris, 1688, t. I, p. 247.

31. C. P. de Luynes, *Mémoires, 1735-1738*, Paris, 1860, t. X, p. 180-188.

32. Cf. B. Teyssèdre, *L'Art au siècle de Louis XIV*, Paris, Le livre de poche, 1967, p. 145 : « Le maître des eaux ».

33. P. Goubert, *op. cit.*, p. 232.

34. F. Lehoux, *Le Cadre de vie des médecins parisiens aux XVI⁰ et XVII⁰ siècles*, Paris, Picard, 1976.

35. H. Havard, *Dictionnaire d'ameublement*, Paris, t. IV, p. 845.

36. *Ibid.*

37. M.-V. Vitruve, *Livre d'architecture, ou art de bâtir*, trad., Paris, 1547.

38. L. Savot, *L'Architecture française*, Paris, 1624, p. 102.

39. C. de Rebecque, *L'Apothicaire* [...], *op. cit.*, p. 473.

40. M. de Montaigne, *Essais* (1595), Paris, Gallimard, Pléiade, 1950, p. 810.

41. A. Franklin, *La Vie privée d'autrefois*, Paris, 1908 ; et, entre autres, R. Pernoud, *Lumière du Moyen Âge*, Paris, Grasset, 1981 (1ʳᵉ éd. 1944).

42. Cf. ci-dessus, note 4.

43. Cf. ci-dessus, note 24.

44. D. Érasme, *Les Hôtelleries*, trad., Paris, 1872 (1ʳᵉ éd. 1526), p. 18.

3. Les plaisirs anciens de l'eau

1. G. de Lorris et J. de Meung, *Roman de la Rose* (XIII⁰ siècle), Paris, Champion, 1966, t. II, p. 57, v. 10 065.

2. *Ibid.*, t. II, p. 186, v. 14 348.

3. C. Enlart, *Manuel d'archéologie française*, Paris, 1902, p. 88-89.

4. L. Maeterlinck, *Le Genre satirique dans la peinture flamande*, Bruxelles, 1907, p. 175.

5. P. de Bourdeilles (dit Brantôme), *Les Femmes galantes*, in *Œuvres*, Paris, 1864, t. IX, p. 290 (ms. 1585).

6. J. Bosch, *Le Jardin des délices*, Madrid, musée du Prado, 1500.

7. J. Garnier, *op. cit.*, p. 26. — C. de Beaurepaire, *op. cit.*, p. 22. — J. Arnoud, *Étude historique sur les bains thermaux de Digne*, Paris, 1886.

8. É. Boileau, *op. cit.*, p. 155-156 (note). — F. Piton, *Strasbourg illustré*, Strasbourg, 1855, p. 151.

9. Valère Maxime, manuscrit, *op. cit.*

10. G.-F. Pogge, *Les Bains de Bade* (XV⁰ siècle), publié par A. Meray, Paris, 1847.

11. P. Pansier, « Règlement de prostitution à Avignon », *Janus,* Paris, 1902, p. 144. — J. Rossiaud, « Crises et consolidations » (1330-1530), in J. Le Goff, *La Ville médiévale,* Paris, Le Seuil, 1980.

12. R. de Belleval, *Lettres sur le Ponthieu,* Paris, 1868, p. 154.

13. É. Deschamps, « Rondel 552 », *Œuvres,* Paris, 1876-1903, t. IV, p. 6, v. 4-10.

14. Cabanès, *La Vie aux bains,* Paris, 1904, p. 194.

15. R. Kendall, *L'Angleterre pendant la guerre des Deux-Roses,* Paris, Fayard, 1984 (1re éd. Londres, 1979), p. 283.

16. J.-P. Legay, *La Rue au Moyen Âge,* Rennes, Ouest-France Université, 1984, p. 150.

17. A. Dürer, *Le Journal de voyage dans les anciens Pays-Bas* (1520-1521), trad., Bruxelles, Weber, 1970, p. 71.

18. J. Garnier, *op. cit.,* p. 41.

19. *Ibid.,* p. 79.

20. L. Maeterlinck, *op. cit.,* p. 180.

21. G. Espinas, *La Vie urbaine à Douai au Moyen Âge,* Paris, 1913, t. IV, p. 682.

22. J. Garnier, *op. cit.,* p. 27-28.

23. H. T. Riley, *Memorials of London and London Life, xiii, xiv and xv centuries,* Londres, 1868, p. 647.

24. G. Arnaud d'Agnel, *Les Comptes du roi René* (1453-1480), Paris, 1908, t. III, p. 473.

25. J. Garnier, *op. cit.,* p. 41.

26. C. Ephrussi, *op. cit.,* p. 13.

27. O. Maillard, *Confessions* (xve siècle), cité par A. Samouillan, *Olivier Maillard, sa prédication et son temps,* Paris, 1891, p. 500.

28. O. Maillard, *Sermons* (xve siècle), Paris (sermon xxviii). — Cf. aussi, A. Méray, *La Vie au temps des libres prêcheurs,* Paris, 1878.

29. Anonyme, *Cent Nouvelles* [...], *op. cit.,* p. 21.

30. *Ibid.,* p. 22.

31. *Ibid.*

32. Abbé de Choisy, *Mémoires de l'abbé de Choisy habillé en femme* (ms. fin du xviie siècle), Paris, Mercure de France, 1966, p. 312.

33. *Ibid.,* p. 313.

DEUXIÈME PARTIE

Le linge qui lave

1. Ce qui recouvre et ce qui se voit

1. T. Platter, *La Vie de Thomas Platter,* trad., Genève, 1862 (1re éd. 1499), p. 24.

2. E. Le Roy Ladurie, *Montaillou, village occitan de 1294 à 1324,* Paris, NRF, 1975, p. 204.

3. *Le Ménagier de Paris* (XIVᵉ siècle), Paris, 1846, t. I, p. 172.

4. B. de Glainville, *op. cit.,* s. p.

5. J. Sulpizio, *Des bonnes mœurs et honestes convenances que doit garder un jeune homme* (XVᵉ siècle), Lyon, 1555, p. 7.

6. Cité par L. Guyon, *Diverses Leçons,* Lyon, 1604, p. 826.

7. J. Guillemeau, *De la nourriture et du gouvernement des enfants,* Paris, 1609, p. 166-167.

8. G. de Chauliac, *La Grande Chirurgie* (XIVᵉ siècle), Lyon, 1592, p. 471. — Cette « familiarité » avec la vermine peut d'ailleurs servir le grand argument mélancolique du Moyen Âge sur la faiblesse de l'homme et la présence constante de la mort. C'est le rapport entre cette vermine et la décomposition qui s'impose. L'homme vivant est déjà pourriture : « Quels sont les fruits qui naissent de nous ? Les fruits agréables et très utiles que nous produisons et qui naissent de nous sont les lentes, les puces, les poux et les vers qui sont créés par notre corps et dans notre corps et y croissent continuellement » (texte du XIVᵉ siècle cité par J. Delumeau, *Le Péché et la Peur, la culpabilisation en Occident,* Paris, Fayard, 1984, p. 57).

9. M. Ettmuler, *op. cit.,* p. 468.

10. H. de Monteux, *op. cit.,* p. 275.

11. J.-B. Thiers, *Traité des superstitions,* Paris, 1692, p. 362.

12. L. Guyon, *Le Miroir de la beauté et de la santé du corps,* Paris, 1615, p. 35.

13. M. Le Long, *Le Régime de santé de l'école de Salerne,* Paris, 1633, p. 19.

14. Anonyme, *La Nef de santé,* Paris, s.d. (env. 1490), s.p.

15. A. de La Sale, *L'Histoire et Plaisante Chronique du petit Jehan de Saintré* (XVᵉ siècle), Paris, éd. de 1724, p. 62.

16. Glixelli, « Les contenances de table » (XIVᵉ siècle), *Romania,* 1921, p. 37.

17. Marie de France, *Lais* (XIIᵉ siècle), in *Poètes et Romanciers du Moyen Âge,* Paris, Gallimard, Pléiade, 1979, p. 327.

18. L. Le Grand, « Statuts de l'Hôtel-Dieu de Vernon » (XIIIᵉ siècle), *Statuts et Règlements de léproseries et d'hôpitaux du Moyen Âge,* Paris, 1903, p. 167.

19. L. Moulin, *La Vie quotidienne des religieux au Moyen Âge,* Paris, Hachette, 1982, p. 153.

20. *Règle de saint Benoît,* in *Règles des moines,* Paris, Le Seuil (coll. « Points »), 1982, p. 100.

21. C. Dehaisnes, « Inventaire de Guy, comte de Flandres » (1305), *Documents et Extraits divers concernant l'histoire de l'art dans la Flandre* [...], Lille, 1886, p. 170.

22. « Inventaire des biens meubles de C. de Fouquembert », *Journal* de C. de Fouquembert (1431-1436), Paris, 1915, p. LXX.

23. C. de Beaurepaire, *Nouveau Recueil de notes historiques et archéologiques concernant le département de la Seine inférieure,* Paris, 1888, p. 173.

24. J. Labarte, *Inventaire du mobilier de Charles V,* Paris, 1879, p. 75.

25. G. de Lorris, « Le Jardin d'Amour (*Roman de la Rose,* 1re partie, 1240), in *Poètes et Romanciers du Moyen Âge, op. cit.,* p. 550.

26. H. L. Bouquet, « Règlement du collège de Harcourt » (1311), *L'Ancien Collège de Harcourt,* Paris, 1891, p. 73.

27. L. Le Grand, « Statuts de l'hôpital Comtesse à Lille » (1250), *op. cit.,* p. 74.

28. G. Boccace, *op. cit.,* p. 105. Sur la chemise, voir aussi : F. Piponnier, *Costume et Vie sociale, la cour d'Anjou xive-xve siècle,* Paris, Mouton, 1970, p. 134, 145, 168, etc.

29. Marie de France, *op. cit.,* p. 320-321.

30. E. Le Roy Ladurie, *op. cit.,* p. 207.

31. L. Douët d'Arcq, « Comptes d'Étienne de La Fontaine », *Comptes de l'argenterie des rois de France au xive siècle,* Paris, 1874, p. 84.

32. P. Charbonnier, *Guillaume de Murol,* Paris, Institut d'études du Massif central, 1973, p. 318.

33. P. Peyvel, « Le budget d'une famille noble à l'aube du xve siècle », *Cahiers d'histoire,* Lyon, 1980, n° 1, p. 46.

34. G. d'Avenel, *Histoire économique de la propriété, des salaires, des denrées et de tous les prix en général depuis l'an 1200 jusqu'à l'an 1800,* Paris, 1885, t. V, p. 553-556.

35. L. Barthélémy, « Inventaire du château des Beaux en 1428 », *Revue des sociétés savantes,* Paris, 1877, t. VI, p. 136.

36. A. Goldmann, *Inventaire de Galeran le Breton* (1299), Paris, 1892, p. 3.

37. C. Arnaud, *Histoire d'une famille provençale,* Paris, 1884, p. 340.

38. *Inventaire des biens de G. de Vernoit, étudiant de Sorbonne* (1347), AN, M. 74.

39. B. Prost, *Inventaire des ducs de Bourgogne,* Paris, 1902, t. I, p. 37.

40. L. Douët d'Arcq, *Inventaire de Jehanne de Presles* (1347), Paris, 1878, p. 16-17-26.

41. *Règle de saint Benoît, op. cit.,* p. 119.

42. *Le Roman de Jehan de Paris* (xve siècle), in *Poètes et Romanciers du Moyen Âge, op. cit.,* p. 721.

43. *Règle de saint Benoît, op. cit.,* p. 98.

44. *La Règle du Maître* (xie siècle), Paris, Éd. du Cerf, 1964, p. 335.

45. *Ibid.,* p. 333.

46. « Statuts de l'Hôtel-Dieu de Vernon », *op. cit.,* p. 153.

47. E. Coyecque, *L'Hôtel-Dieu de Paris au Moyen Âge,* Paris, 1891, p. 71.

48. M. Brièle, *op. cit.,* t. III, p. 47.

49. E. Coyecque, « Notice sur l'ancien collège des dix-huit », *Bulletin de la société historique de la ville de Paris,* Paris, 1887, p. 182.

50. « Règlement du collège de Harcourt », *op. cit.,* p. 75.

51. N. de Delamare, « Ordonnance de police de 1348 », *op. cit.,* t. IV, p. 202.

52. G. Boccace, *op. cit.,* p. 28.

53. J.-P. Leguay, *op. cit.,* p. 58.

54. « Ordonnance de police pour pourvoir au nettoiement de la place Maubert » (1374), *ibid.*, t. IV, p. 203.

55. « Ordonnance de 1395 », *ibid.*, t. IV, p. 204.

56. Cité par B. Chevalier, *Les Bonnes Villes de France du xive au xvie siècle*, Paris, Aubier, 1982, p. 224.

2. La peau et la blancheur du linge

1. Bonaventure des Périers, *Récréations et Joyeux Devis, conteurs du xvie siècle, op. cit.*, p. 394.

2. F. Rabelais, *Gargantua* (1540), in *Œuvres complètes*, Paris, Gallimard, Pléiade, 1955, p. 55.

3. L. Joubert, *op. cit.*, p. 550.

4. *Ibid.*, t. II, p. 28.

5. M. de Montaigne, *Essais, op. cit.*, p. 1217.

6. J. Vivès, *Les Dialogues*, Paris, 1575, p. 4.

7. M. Bicais, *La Manière de régler la santé par ce qui nous environne*, Aix-en-Provence, 1669, p. 92.

8. P. Bailly, *op. cit.*, p. 373-374.

9. L. Savot, *op. cit.*, p. 102-103.

10. C. Perrault, *op. cit.*, p. 80.

11. J. Fouquet, *Les Heures d'Étienne Chevalier* (1440-1480), Paris, Draeger, 1971, pl. II.

12. G. Bellini, *Portrait d'un jeune sénateur* (env. 1480), Padoue, musée de la Ville.

13. H. Memling, *Portrait de jeune homme* (1475), New York, coll. Lehmann.

14. J. Clouet, Galerie des portraits (début du xvie siècle), Chantilly, musée Condé.

15. J. Clouet, *François Ier* (1525), Paris, musée du Louvre.

16. Pierre de Bourdeilles (dit Brantôme), *op. cit.*, t. V, p. 302-303.

17. C. Sorel, *Les Lois de la galanterie*, Paris, 1644, p. 12.

18. M. Faret, *L'Honnête Homme ou l'art de plaire à la cour*, Paris, 1630, p. 233.

19. Mme de Maintenon, *Éducation morale, choix de lettres* (lettre de 1711), Paris, 1884, p. 157.

20. M. Brossard, « État de la maison du duc d'Orléans, frère du roi Charles IX », *Bulletin archéologique du comité*, Paris, 1890, p. 19.

21. R. F. Le Men, « Le livre de compte du sieur de La Haye », *Bulletin de la société archéologique du Finistère*, Rennes, 1877-1879, p. 102 s.

22 E. Bonnaffé, *Inventaire de la duchesse de Valentinois*, Paris, 1878, p. 99.

23. A. Descloseaux, *Gabrielle d'Estrées*, Paris, 1898, p. 271.

24. G. Tallement des Réaux, *op. cit.*, t. I, p. 7 : « Le feu roy Louis XIII, pensant faire le bon compagnon disait : " Je tiens de mon père, je sens le

gousset. " » — Cf., aussi, la bibliographie remarquable écrite par Jean-Pierre Babelon, *Henry IV*, Paris, Fayard, 1982, p. 255.

25. G. Baschus de Lagrèze, *Henry IV, vie privée, détails inédits*, Paris, 1885, p. 92.

26. Y. Bézard, « L'inventaire après décès du mercier Cramoisy », *Bulletin de la société historique de la ville de Paris*, Paris, 1937, p. 51.

27. F. Lehoux, *op. cit.*, p. 221-222.

28. M. Mireur, « Inventaire des habillements et parures d'une dame de Provence », *Revue des sociétés savantes*, Paris, 1874, t. II, p. 125.

29. E. Soulé, *Recherches sur Molière*, Paris, 1863, p. 273. — E. M. vicomte de Grouchy, *Inventaire de Jean Racine*, Paris, 1892, p. 29-30. — A. Joubert, *Les Constantin*, Paris, 1890, p. 237.

30. A. Thomas, *L'Isle des Hermaphrodites*, Paris, 1724 (1re éd. 1580), p. 14.

31. Cf. R. Ritter, *Henry IV, lui-même*, Paris, 1944, p. 403.

32. A. de Montpensier, *Mémoires*, Paris, 1735 (1re éd. 1728), t. I, p. 157.

33. G. Tallemant des Réaux, *op. cit.*, t. I, p. 534.

34. L. de Saint-Simon, *op. cit.*, t. XXVIII, p. 335.

35. *Ibid.*, t. XXVIII, note de Boislile, p. 357.

36. A. Bosse, *La Galerie du palais*, Paris, 1640, estampe BN.

37. L. Le Nain, *Jeune Prince*, 1630, Nantes, musée des Beaux-Arts.

38. M. Lasne, *Louis de Bourbon*, 1632, Paris, estampe BN.

39. Cornelis de Vos, *Portrait de famille*, 1631, Anvers, musée royal des Beaux-Arts.

40. États généraux de 1614 ; voir L. Godard de Donville, *Signification de la mode sous Louis XIII*, Aix-en-Provence, Édisud, 1978, p. 208.

41. A. du Verdier, 1576, cité par H. Aragon, *Les Lois somptuaires en France*, Paris, 1921, p. 69.

42. A. de Montpensier, *op. cit.*, t. I, p. 184.

43. L. de Saint-Simon, *op. cit.*, t. XV, p. 96.

44. E. Soulé, *op. cit.*, p. 252.

45. B. de Montbrison, *Inventaire des habits, bagues, joyaux et habillements de Mme Isabeau de Tournon* (1610), Paris, 1910, p. 13.

46. *Maison d'Anne d'Autriche*, AN, K. 203.

47. G. d'Avenel, *op. cit.*, t. V, p. 553-556, et t. III.

48. A. Courtin, *De la civilité qui se pratique en France parmi les honnêtes gens*, Paris, 1671, p. 100.

49. Mme de Maintenon, *Éducation morale* [...], *op. cit.*, p. 179.

50. M. dom. Félibien, *Histoire de la ville de Paris*, Paris, 1725, t. IV, p. 266.

51. C. Démia, *Règlement pour les écoles du diocèse de la ville de Lyon*, 1716, p. 39.

52. Bétancourt, *Instruction méthodique de l'école paroissiale*, Paris, 1669, p. 67-68.

53. C. de Rochemonteix, « Règlement du collège de La Flèche »

(XVIIᵉ siècle), *Un collège de jésuites aux xviiᵉ et xviiiᵉ siècles*, Paris, 1889, t. III, p. 192.

54. *Règles de la Compagnie de Jésus*, Paris, 1620, p. 386.

55. *Ibid.*

56. C. Sorel, *Histoire comique de Francion* (1624), in *Romanciers du xviiᵉ siècle, op. cit.*, p. 189.

57. G. Carré, « Règlement de la pension de l'oratoire en Champagne » (XVIIᵉ siècle), *L'Enseignement secondaire à Troyes du Moyen Age à la Révolution* (1882), p. 361.

58. *Règlement des religieuses ursulines* [...], *op. cit.*, t. I, p. 96.

59. *Ratio Studiorum*, ms BN, 1585.

60. Cf., ci-dessus, note 57.

3. Apparences

1. G. Tallemant des Réaux, *op. cit.*, t. II, p. 827.

2. *Ibid.*, t. I, p. 519.

3. *Ibid.*, t. I, p. 615.

4. L. de Saint-Simon, *op. cit.*, t. XIII, p. 284.

5. *Ibid.*, t. XXVIII, p. 253.

6. Mme de La Guette, *op. cit.*, p. 116.

7. Mme de Maintenon, *op. cit.*, p. 334.

8. G. Tallemant des Réaux, *op. cit.*, t. I, p. 531.

9. B. Castiglione, *Le Parfait Courtisan* (XVIᵉ siècle), trad., Paris, 1624, p. 214.

10. *Le Mercure galant*, Paris, juillet 1677, p. 274.

11. *Ibid.*, p. 280.

12. « Procès verbal de la visite de l'évêque de Chartres à Saint-Cyr », Versailles, 1692 ; voir T. Lavallée, *Histoire de Saint-Cyr*, Paris, 1866, p. 309.

13. P. Beaussant, *Versailles opéra*, Paris, Gallimard, 1981.

14. Anonyme, *La Civilité nouvelle* [...], *op. cit.*, p. 103.

15. Le tableau de A. Bronzino, *Lucrezia Panciatrichi* (1550) en est un bon exemple. Voir, sur le thème, l'ouvrage récent de P. Perrot, *Le Travail des apparences ou les transformations du corps féminin, xviiiᵉ-xixᵉ siècle*, Paris, Le Seuil, 1984 : « La Renaissance et l'Age classique, si sales, se fardent généreusement », p. 33.

16. A. Largillière, *Louis XIV et sa famille* (1711), Londres, coll. Wallace.

17. J. Liebault, *Trois Livres de l'embellissement et de l'ornement du corps humain*, Paris, 1632 (1ʳᵉ éd. 1582), p. 215.

18. A. de Montpensier, *op. cit.*, t. II, p. 196.

19. P. Scarron, *op. cit.*, p. 560.

20. A. Furetière, *Le Roman bourgeois* (1666), in *Romanciers du xviiᵉ siècle, op. cit.*, p. 1048.

21. A. de Montpensier, *op. cit.*, t. I, p. 119.

22. Anonyme, *Discours de la mode*, Paris, 1613, cité par J. Quicherat, *Histoire du costume en France*, Paris, 1877, p. 463.

23. J. de Renou, *Institutions pharmaceutiques*, Paris, 1626, p. 185.

24. Anonyme, *La Mode qui court à présent et les singularités d'icelle*, Paris, 1622, p. 3.

25. S. Barbe, *Le Parfumeur royal*, Paris, 1691, p. 112-113.

26. L. Guyon, *op. cit.*, p. 338.

27. P. Scarron, *op. cit.*, p. 560.

28. P. Beaussant, *op. cit.*, p. 88.

29. A. de Montpensier, *op. cit.*, t. I, p. 158.

30. L. Douët d'Arcq, « Inventaire et vente après décès des biens de la reine Clémence de Hongrie » (1328), *Nouveau Compte* […], *op. cit.*, p. 80.

31. L. Barthélémy, *op. cit.*, p. 134.

32. L. Douët d'Arcq, *op. cit.*, p. 214.

33. C. de Troyes, *Perceval le Galois* (xiie siècle), Paris, éd. de 1866-1867.

34. Marguerite de Navarre, *L'Heptaméron* (1548), in *Conteurs français du xvie siècle*, *op. cit.*, p. 789.

35. G. Dupont de Drusac, *Controverses des sexes masculins et féminins*, Paris, 1536, p. 62.

36. A. Piémontais, *Les Secrets* […], Paris, 1567.

37. G. Bouchet, *Les Sérées*, Lyon, 1618 (1re éd. 1570), p. 140.

38. Anonyme, […] *Préservatifs contre la peste*, *op. cit.*, p. 19.

39. *Ibid.*, p. 18.

40. N. Lemery, *Recueil des plus beaux secrets de médecine*, Amsterdam, 1709, p. 360-363.

41. J. de Renou, *op. cit.*, p. 181.

42. G. de Chauliac, *op. cit.*, p. 181.

43. A. Piémontais, *op. cit.*, p. 146.

44. J. de Renou, *op. cit.*, p. 184.

Reste une représentation quasi médicale de la purification au xviie siècle : dans une thèse récente (*Sang et Encens. Anthropologie de l'odeur*, université de Paris VII, 1984), Annick Le Guerer souligne très subtilement un rapprochement possible entre la manipulation des déchets urbains et l'attention aux évacuations individuelles. Les immondices séjournant trop longuement dans le corps risquent de devenir dangereux, comme le sont les immondices stagnant dans les villes. Fièvres et épidémies leur sont associées. D'où les purgations et les saignées préventives. Le Roy Ladurie a récemment souligné aussi (cf. l'introduction au livre de Claude Grimmer, *La Femme et le Bâtard*, Paris, Presses de la Renaissance, 1983) l'importance sociale de ces précautions purgatives : « Plus on est placé dans la société, plus on est saigné et purgé », *ibid.*, p. 13.

45. F. Rabelais, *op. cit.*, p. 178.

46. J. de Renou, *op. cit.*, p. 184.

47. Barbe, *op. cit.*, p. 109.

48. J. Guiffrey, *Inventaire général du mobilier de la couronne* (xviie siècle), Paris, 1885-1886, t. II, p. 103.

49. G. d'Ierni, *Paris en 1596 vu par un Italien*, publié par G. Raynaud, Paris, 1885, p. 6.

50. S. Locatelli, *Voyage en France* (1664-1665), Paris, 1905, p. 144.

51. Princesse Palatine, *Lettres*, Paris, Mercure de France, 1982 (1re éd. 1843), p. 244.

TROISIÈME PARTIE

De l'eau qui pénètre le corps à celle qui le renforce

1. Une douce sensation de la peau

1. S.-G. Longchamp, et J.-L. Magnière, *Mémoires sur Voltaire*, Paris, 1826, t. I, p. 120.

2. Marie-Antoinette ou Joséphine de Beauharnais ont des baigneuses qui les assistent dans leur bain. Cf. Mme de Campan, *Mémoires*, Paris, Ramsay, 1979 (1re éd. 1823), p. 60 et Mlle M. Avrillon, *Mémoires*, Paris, Mercure de France, 1969 (1re éd. 1833), p. 224.

3. P. de Nolhac, *Le Château de Versailles sous Louis XV*, Paris, 1898.

4. L. C. de Luynes, *Mémoires*, Paris, 1865-1867, t. X, p. 180.

5. Maréchal de Richelieu, *Mémoires*, Paris, 1793, t. VI, p. 119.

6. *Avis concernant les nouveaux bains de la Seine* [...], Paris, 1761, p. 1.

7. *Ibid.*.

8. H. Maret, article « Bain », *Encyclopédie*, Paris, 1751, t. II, p. 21.

9. F. Raymond, *Dissertation sur le bain aqueux simple*, Avignon, 1756, p. 19.

10. J.-F. Blondel, *L'Architecture française ou recueil de plans* [...], Paris, 1752-1756, 4 vol.

11. J. Marot, *L'Architecture française ou recueil de plans*, Paris, 1750 (1re éd. 1727).

12. Article « Baignoire », *Encyclopédie, op. cit.*, t. II.

13. S.-G. Lonchamp et J.-L. Magnière, *op. cit.*, t. II.

14. É. de Croÿ, *Mémoires, 1727-1784*, Paris, s.d., p. 178.

15. J. de Lespinasse, *Lettres* (1769-1776), Paris, Garnier, s.d., p. 45.

16. C. E. Gauthier de Brecy, *Mémoires véridiques et Imprévues de la vie privée*, Paris, 1834, p. 146.

17. G. G. Casanova, *Mémoires*, Paris, Le livre de poche, t. I, p. 244.

18. Cf., ici même, le chapitre suivant : « L'eau et les nouvelles vigueurs ».

19. P. Richelet, *Dictionnaire de la langue française*, Paris, 1728, t. III, p. 287.

20. J.-F. Bastide, *La Petite Maison*, Paris, 1758.

261

21. J.-F. Bastide et J.-F. Blondel, *L'Homme du monde éclairé par les arts*, Paris, 1774, t. I, p. 146.

22. J.-F. Bastide, *op. cit.*, p. 18-19.

23. C. L. Montesquieu, *Lettres persanes* (1721), in *Œuvres complètes*, Paris, Gallimard, Pléiade, 1956, t. I, p. 288.

24. F. M. Voltaire, *Le Mondain* (1736), in *Mélanges*, Paris, Gallimard, Pléiade, 1965, p. 208.

25. *Ibid.*, p. 203.

26. *Ibid.*, p. 205.

27. G. G. Casanova, *Mémoires* (1744-1756), Paris, Éd. Garnier, 1977, p. 433.

28. A. R. Le Sage, *Le Diable boîteux* (1726), in *Romanciers du xviiie siècle*, Paris, Gallimard, Pléiade, 1966, t. I, p. 284.

29. A. Le Camus, *Abdeker ou l'art de conserver la beauté*, Paris, 1754, p. 94.

30. Mme S. F. de Genlis, *Dictionnaire critique et raisonné des étiquettes de la cour*, Paris, 1818, t. I, p. 64.

31. J.-F. Blondel, *Traité d'architecture dans le goût moderne*, Paris, 1737, t. I, p. 172.

32. Cf., aussi, C. E. Briseux, *L'Art de bâtir des maisons de campagne*, Paris, 1743. « On place d'ordinaire l'appartement des bains dans le bâtiment de l'orangerie », p. 7.

33. D. Diderot, *Lettres à Sophie Volland*, in *Œuvres complètes*, Paris, Club français du livre, 1969, t. VIII, p. 877.

34. Prince de Ligne, *Mes adieux à Belœil* (env. 1770), Bruxelles, 1914, s.p.

35. *Le Médecin des dames ou l'art de conserver la santé*, Paris, 1771, p. 318.

36. J.-J. Poitevin, *Lettre à messieurs les doyens et docteurs régents de la faculté de Médecine*, Paris, 1776, p. 1.

37. *Ibid.*

38. Cf. *Décret de la faculté de Médecine sur les nouveaux bains établis à Paris sur les quais de la Grenouillère*, Paris, 1723. Cet établissement, les bains Albert, comme celui de Poitevin, possède des bains chauds. Il est décrit par Mercier, mais aussi par le *Guide des amateurs et des étrangers voyageurs à Paris* de Thiéry, édité en 1787 (t. II, p. 597). Il existe déjà quelques bains froids, mais ils posent un problème différent ; cf. le chapitre ci-après.

39. J.-J. Poitevin, *op. cit.*, p. 14.

40. Sur le prix du bain, cf. *ibid.*, p. 15. — Sur le salaire de l'artisan en 1760, cf. M. El. Kordi, *Bayeux aux xviie et xviiie siècles*, Paris, Mouton, 1570, p. 256-257.

41. J.-J. Poitevin, *op. cit.*, p. 11-12.

42. C'est la dissertation de F. Raymond, *op. cit.*, qui a remporté le prix.

43. F. Raymond, *op. cit.*, p. 25.

44. J.-P. de Limbourg, *Dissertation sur les bains d'eau simple*, Liège, 1757, p. 43.

45. G. Guillard de Beaurieu, *L'Heureux Citoyen*, Lille, 1759, p. 22.
46. Le Voyer, marquis d'Argenson, *Mémoires et Journal inédit*, Paris, 1867, t. I, p. 205.
47. B. Chevallier, « Les inventaires mobiliers du château de la Malmaison », *Bulletin d'histoire de la Ville de Paris*, 1979, p. 105-107.
48. Cf. H. Havard, *Dictionnaire* [...], *op. cit.*, t. I, p. 313.
49. L. Duvaux, *Livre journal* (1748-1753), Paris, 1873, p. 94.
50. J. Deville, *Dictionnaire du tapissier*, Paris, 1877, t. I, p. 515.
51. Cf. H. Havard, *Dictionnaire* [...], *op. cit.*, t. I, p. 313. Cf. aussi, l'article de R. H. Guerrand, « L'âge d'or du bidet », *L'Histoire*, Paris, Le Seuil, 1983, n° 157, p. 84.
52. P. Verlet, « Inventaire du château de Montgeofroy » (1775), *La Maison au xviiie siècle en France*, Paris, Baschet, 1966, p. 262.
53. « Inventaire du Palais-Bourbon » (1779), *ibid.*, p. 274.
54. G. de Saint-Aubin, *Les Papillonneries humaines* (1770), Paris, estampe BN.
55. O. Teissier, *La Maison d'un bourgeois du xviiie siècle*, Paris, 1886.
56. Voir. É. Dumonthier, *Mobilier national de France, le meuble toilette, style Louis XV, Louis XVI, premier et second Empire*, Paris, 1923.
57. « Inventaire de J.-J. Rousseau à Montmorency, rue Mont-Louis », dans les *Mémoires* de Mme d'Épinay publiées par F. Boiteau en 1884, p. 435.
58. J. Corday, *Inventaire de Mme de Pompadour*, Paris, 1939, p. 111-113.
59. B. Chevallier, *op. cit.*, p. 109.
60. P. Verlet, *op. cit.*, p. 262.
61. N. J. Jacquin, *De la santé*, Paris, 1762, p. 290.
62. A. G. Le Bègue de Presle, *Le Conservateur de la santé*, Paris, 1763, p. 345.
63. *Le Médecin des dames, op. cit.*, p. 302.
64. J.-F. Blondel, *Traité d'architecture* [...], *op. cit.*
65. J.-F. Blondel, *L'Architecture française, op. cit.*
66. P. Le Muet, *Manière de bien bâtir pour toutes sortes de personnes*, Paris, 1623.
67. C. Oulmont, *La Vie au xviiie siècle, la maison*, Paris, 1929, p. 31.
68. B. Chevallier, *op. cit.*
69. J.-F. Blondel, *Architecture* [...], *op. cit.*, t. I, p. 239 ; t. II, p. 200 ; t. III, p. 111. Voir l'état antérieur de certains de ces hôtels dans P.-J. Mariette, *Architecture française*, Paris, 1727, 2 vol.
70. J.-F. Blondel, *op. cit.*, p. 239.
71. *Ibid.*, t. II, p. 86.
72. *Ibid.*, t. III, p. 84.
73. L. de Saint-Simon, *op. cit.*, t. XXVIII, p. 250.
74. Un tel mobilier est, entre autres, vendu le 3 octobre 1765 : « Un joli cabinet de toilette, ou boudoir, d'environ 9 pieds de haut sur 6 de large et 11 de profondeur avec plafond et lambris, le tout peint sur toile par M. de Machy. » Voir H. Havard, *Dictionnaire* [...], *op. cit.*, t. IV, p. 1356.

75. L'interprétation que donne à cet égard Norbert Élias dans *la Société de cour*, Paris, Calmann-Lévy, 1974 (éd. allemande, 1969), p. 29, demeure fondamentale.

76. J.-F. Blondel, *Architecture* [...], *op. cit.*, t. III, p. 111.

77. *Ibid.*, t. III, p. 60.

78. J. Starobinski, *L'Invention de la liberté* (1700-1789), Genève, Skira, 1964, p. 16.

79. J. Corday, *op. cit.*, p. 20 s ; et J.-F. Blondel, *op. cit.*, t. III, p. 111.

80. Le terme est employé après 1770 ; cf. P. Verlet, *op. cit.*, p. 262.

81. Ce thème ne peut être abordé ici que de façon indirecte. Pour une approche plus spécifique, voir L. Wright, *Clean and decent*, Londres, 1960, et H.-G. Guerraud, « Petite histoire du quotidien : l'avènement de la chasse d'eau », *L'Histoire*, Paris, Le Seuil, 1982, n° 43.

82. Cf., ci-dessous, chapitre 5.

83. É. de Croÿ, *Mémoires*, *op. cit.*, p. 33.

2. Le froid et les nouvelles vigueurs

1. Brouzet, *Éducation médicinale*, Paris, 1754, t. I, p. 82-83.

2. *Mercure galant*, Paris, septembre 1724, p. 1913.

3. P. Noguez, *Explication physique des effets de l'eau*, Hoffmann, *Les Vertus médicinales de l'eau commune*, Paris, 1730, t. II, p. 437-438.

4. *Ibid.*, p. 439.

5. L. de Préville, *Méthode aisée pour conserver sa santé*, Paris, 1762, p. 368.

6. J. Huxan, *Essai sur les différentes espèces de fièvres*, Paris, 1752 (1re éd. Londres, 1750), p. 36.

7. P. Pomme, *Traité des affections vaporeuses des deux sexes*, Lyon, 1763, p. 18.

8. N.-J. Jacquin, *op. cit.*, p. 286-287.

9. J. Ballexserd, *Dissertation sur l'éducation physique des enfants*, Genève, 1762, p. 152. La France ne retrouve que tardivement certains principes de Locke sur l'éducation par le « froid ». Cf. *L'Éducation des enfants*, trad., Amsterdam, 1695 (1re éd. 1693), p. 8 s.

10. Cf. l'article « Bains », *Encyclopédie*, t. II, 1760, p. 20-21.

11. Jèze, *État ou tableau de la Ville de Paris*, éd. de 1757, p. 187. Les textes immédiatement antérieurs comme celui de l'abbé Antonini, *Mémorial de Paris*, 1744, ou celui de J.-C. Nemeitz, *Séjour de Paris*, Leyde, 1727, ne mentionnent pas ces établissements. Or, des installations sommaires faites surtout pour le jeu existent depuis longtemps. Cf. G.-F. Saint-Foix, *Essais historiques sur Paris*, Paris, 1777, t. VII, p. 96.

12. Jèze, *op. cit.*, p. 187.

13. J.-P. de Limbourg, *op. cit.*, p. 35.

14. P. Fabre, *Essais sur différents points de physiologie, de pathologie et de thérapeutique*, Paris, 1770, p. 317.

15. La médecine du xviiie siècle focalise l'attention sur les « solides » du

corps en les dotant, entre autres, de qualités particulières, dont l'irritabilité, ce qui n'est pas sans conséquence sur l'image d'un organisme « réagissant » au milieu. Cf., sur ce point, M. D. Grmek, « La notion de fibre vivante chez les médecins de l'école iatrophysique », *Clio Medica*, Oxford, 1970, vol. 5.

16. H. Maret, *Mémoire sur la manière d'agir des bains d'eau douce et d'eau de mer*, Paris, 1769, p. 48.

17. J.-P. de Limbourg, *op. cit.*, p. 59. — Le Monnier avait déjà, en 1747, mesuré l'accélération de son pouls selon les différentes chaleurs de l'eau. Cf. *Mémoires de l'académie des Sciences,* 1747, p. 271.

18. T. Tronchin, *Manuscrit de 1764*, cité par H. Tronchin, *Un médecin du xviiie siècle, Théodore Tronchin*, Paris, 1906, p. 59.

19. L'exemple souvent présent est celui des lois et de l'éducation spartiates (en particulier la *Vie des hommes illustres* de Plutarque) où le fait d'affronter le froid avec une simple tunique est jugé renforçateur. La « virilité », ici évoquée, entretient un rapport ambigu avec la propreté, celle-ci pouvant toujours trahir une « faiblesse ». Dans l'ascétisme spartiate, être propre c'est être « tendre ». Plutarque dit nettement ce que Tronchin, bien sûr, ne dit plus, mais qui souligne au moins la signification première du froid : « Ils étaient toujours sales et ne se baignaient ni ne se parfumaient jamais excepté certains jours de l'année où cette douceur leur était permise » (t. I, p. 92, de l'édition de Plutarque en 1838). Le froid c'est surtout la rusticité.

20. T. Tronchin, *op. cit.*, p. 59.

21. C. A. Vandermonde, *Essai sur la manière de perfectionner l'espèce humaine*, Paris, 1756, t. II, p. 215.

22. J. Mackenzie, *Histoire de la santé ou de l'art de la conserver,* La Haye, 1761, p. 172.

23. L. A. La Hontan, *Nouveaux Voyages du baron de La Hontan dans l'Amérique septentrionale*, La Haye, 1709. — C. Le Beau, *Aventure parmi les sauvages de l'Amérique septentrionale*, Amsterdam, 1738, 2 vol.

24. J.-J. Rousseau, *L'Émile*, Paris, Garnier, 1951 (1re éd. 1762), p. 37-38.

25. *Ibid.,* p. 20.

26. *Ibid.*, p. 38.

27. J.-J. Rousseau, *Discours sur les sciences et les arts,* Paris, Flammarion, 1931 (1re éd. 1750), p. 34.

28. Daunou, cité par D. Julia, « Le brouet noir des enfants de la patrie », *Raison présente*, Paris, 1981, n° 59, p. 115. Sur le même thème, cf. aussi Mona Ozouf, *La Fête révolutionnaire, 1789-1799*, Paris, NRF, 1976 : « La déshistorisation de l'histoire ancienne primitive utopisée en vie simple, frugale et équitable » (p. 330).

29. Jeanbon de Saint-André, 1792, cité par D. Julia, *op. cit.*, p. 114.

30. J.-L. Fourcroy de Guillerville, *Les Enfants élevés dans l'ordre de la nature*, Paris, 1774, p. 90.

31. C. A. Vandermonde, *op. cit.*, t. II, p. 219.

32. S. Mercier, *Tableau de Paris*, Paris, 1783, t. III, p. 98.

33. C. A. Vandermonde, *op. cit.*, t. II, p. 212.

34. P. Bourdieu, « Le Nord et le Midi, contribution à l'effet Montesquieu », *Actes de la recherche en sciences sociales,* Paris, 1980, n° 35, p. 25.

35. F. M. de Grimm et D. Diderot, *Correspondance littéraire* [...], Paris, janvier 1782 (éd. de 1813), t. I, partie 3, p. 314.

36. J.-A. Millot, *Art d'améliorer et de perfectionner les hommes,* Paris, 1801, t. I, p. 92.

37. *Ibid.*

38. Cf. S. A. Tissot, *Avis au peuple sur sa santé,* Paris, 1765, 2 vol. Le texte de Tissot est un bon exemple des images évoquées ici par le froid : accélérer la transpiration et renforcer. Le froid serait essentiellement un facteur de dynamisation auquel participent fibres, fibrilles et nerfs : « Le bain froid rétablit la transpiration, redonne de la force aux nerfs et dissipe par là tous les dérangements que ces deux causes occasionnent dans l'économie animale » (t. II, p. 66). L'eau est bien d'abord, dans ce cas, un milieu « commotionnel ».

39. Mme M. C. R. de Maraise, *Correspondance,* 27 mai 1780, cité par S. Chassagne, *Une femme d'affaires au xviii*^{e} *siècle,* Toulouse, Privat, 1981, p. 106.

40. *Ibid.,* p. 141.

41. *Ibid.,* p. 74.

42. S. A. Tissot, *op. cit.*, t. II, p. 63.

43. S. Mercier, *op. cit.*, t. V, p. 77.

44. Cf., ci-dessus, partie II, chapitre 2.

45. J. N. Dufort de Cheverny, *Mémoires* (1731-1802), Paris, 1886, t. II, p. 22.

46. Annonce de *la Gazette de santé,* Paris, 1776, p. 107.

47. B. Franklin, *Correspondance choisie,* trad. Paris, 1818, 2 vol. (lettre du 28 juillet 1768).

48. *Règlement concernant les nouvelles écoles royales militaires, du 28 mars 1776,* Archives historiques de l'Armée, Y^a 145, art. 9.

49. *Ibid.,* art. 10.

50. G. Dupont-Ferrier, *Du collège de Clermont au lycée Louis-le-Grand,* Paris, 1920, p. 186.

51. *Inventaire de l'ameublement de Brienne,* 1788, Archives historiques de l'Armée, Y^a 158.

52. J. Verdier, *Cours d'éducation à l'usage des élèves destinés aux premières professions et grands emplois de l'Etat,* Paris, 1777, p. 232.

53. *Ibid.,* p. 368.

54. Cf. abbé Arnaud, « Établissement qui intéresse l'utilité publique et la décoration de la capitale », *La Gazette de santé,* Paris, 1777. Arnaud expose, dans un texte portant le même titre et datant de 1790, ses démarches auprès des diverses académies, ainsi qu'auprès de l'entourage royal. Le refus semble venir de M. de La Michaudière, prévôt des marchands et du ministère de Breteuil. L'établissement devait s'adosser aux piles d'un pont parisien. Les raisons du refus sont obscures, liées, quoi qu'il en soit, au coût de l'établissement, à la crainte de le voir gêner le

trafic sur la Seine, à la non-conviction de son utilité (texte de 1790, p. VII à x). Cf. aussi L. C. Macquart, *Manuel sur les propriétés de l'eau,* Paris, 1783, p. 349.

55. Turquin, *Avis au public sur l'établissement d'une école de natation,* Paris, 1786, p. 1.

56. Article « Natation », *Encyclopédie, op. cit.,* t. II, p. 54 s.

57. L. C. Macquart, *op. cit.,* p. 347.

58. Turquin, *op. cit.,* p. 1.

59. *Ibid.,* p. 3.

60. Le général Thibault évoque, dans ses *Mémoires* publiés en 1893, quelques scènes anecdotiques de cette École de natation où il côtoie les enfants d'Orléans (t. I, p. 198 s.). Cf. aussi Arnaud (1790), *op. cit. :* « Le sieur Turquin, sans me consulter, fit une école de natation pour les riches, non pour les enfants du peuple » (p. x).

61. Cf. J. Defrance, « Esquisse d'une histoire sociale de la gymnastique », *Actes de la recherche en sciences sociales,* Paris, 1976, n° 6.

62. H. Tronchin, *op. cit.,* p. 86.

63. A. Paré, *op. cit.,* p. 947.

64. J.-L. Fourcroy de Guillerville, *op. cit.,* p. 107.

65. Article « Froid », *Encyclopédie, op. cit.,* t. VII, p. 323.

66. H. Maret, *Mémoire [...], op. cit.,* p. 21.

67. G. G. Hufeland, *Avis aux mères sur les points les plus importants de l'éducation physique des enfants,* Paris, 1800 (1re éd. allemande, 1796), p. 19-20.

68. Sur l'inoculation à la fin du XVIIIe siècle, cf. J.-F. de Raymond, *La Querelle de l'inoculation,* Paris, Vrin, 1982.

3. La nature de l'artifice

1. Baronne A. d'Oberkirch, *Mémoires,* Paris, Mercure de France, 1970 (1re éd. 1787), p. 199.

2. *Ibid.*

3. S. Mercier, *op. cit.,* t. I, p. 94.

4. A. Riballier, *De l'éducation physique et morale des femmes,* Bruxelles, 1779, p. 38.

5. A. Ganne, *L'Homme physique et moral,* Strasbourg, 1791, p. 43.

6. J.-J. Rousseau, *L'Émile, op. cit.,* p. 500.

7. *Ibid.*

8. Cf. A. Riballier, *op. cit.,* p. 64 : « On ne manquera pas, sans doute, de m'opposer que je n'ai pris mes exemples que dans la classe des gens riches et je le reconnais volontiers. Mais est-il besoin de dire que je me suis attaché par préférence à cette classe parce que c'est elle qui donne l'impulsion à toutes celles qui lui sont inférieures. — Tout l'univers se trouve aujourd'hui infecté et dégradé par la contagion de leurs funestes exemples » (p. 64-65).

9. N.-J. Jacquin, *op. cit.,* p. 291-292.

10. N. G. Le Bègue de Presle, *op. cit.,* p. 340.

11. *Le Médecin des hommes depuis la puberté jusqu'à l'extrême vieillesse,* Paris, 1772, p. 413.

12. Marquise de La Tour du Pin, *Mémoires,* Paris, Mercure de France, 1979 (1re éd. 1907), p. 39.

13. Les thèmes sont abordés parallèlement, à partir de 1760 surtout. Cf. les auteurs déjà cités, et entre autres Desessarts, Tronchin, Riballier, Jacquin, Rousseau.

14. S. Mercier, *op. cit.,* t. IV, p. 125.

15. L. de Jaucourt, article « Cosmétique », *Encyclopédie,* t. IV, p. 292.

16. L. de Jaucourt, article « Fard », *op. cit.,* t. VI, p. 410.

17. L. de Jaucourt, article « Cosmétique », *op. cit.,* p. 292.

18. Article « Art du parfumeur », *Encyclopédie méthodique,* Paris, 1789, t. VI, p. 31.

19. Duc de Levis, *Souvenirs et Portraits* (1780-1789), Paris, 1815, p. 48.

20. Mme S. F. de Genlis, *Mémoires,* Paris, 1825, t. I, p. 274.

21. Marquise de La Tour du Pin, *op. cit.,* p. 75.

22. *Ibid.*

23. Cf. F. Boucher, *La Marquise de Pompadour* (1759), coll. Wallace, Londres.

24. Baronne A. d'Oberkirch, *op. cit.,* p. 295.

25. S. Mercier, *op. cit.,* t. V, p. 77.

26. *Cabinet des modes,* Paris, 1785-1786, p. 115.

27. *Cabinet des modes, op. cit.,* 1786, p. 43.

28. *Affiches et Annonces de Paris,* Paris, 1773, p. 132 et 179 ; 1780, p. 139 et 208.

29. Article « Propreté », *Encyclopédie, op. cit.* (1765), t. XIII, p. 490.

30. S. Mercier, *op. cit.,* t. XI, p. 79.

31. *Ibid.,* t. XI, p. 72.

32. N.-J. Jacquin, *op. cit.,* p. 290.

33. S. Mercier, *op. cit.,* t. I, p. 94.

34. J.-C. Bomare, article « Aromate », *Dictionnaire d'histoire naturelle,* Paris, 1764, t. I, p. 335.

35. P. Pomme, *op. cit.,* p. 423. Cf., aussi, article « Musc », *Encyclopédie, op. cit.,* t. X, p. 881.

36. P. V. de Sèze, *Recherches physiologiques et philosophiques sur la sensibilité ou la vie animales,* Paris, 1786, p. 236.

37. J.-C. Bomare, article « Homme », *op. cit.,* t. IV, p. 436.

38. G.-L. de Buffon, *Discours sur la nature des animaux* (1753), in « Œuvres philosophiques », Paris, PUF, 1954, p. 331.

39. Bernardin de Saint-Pierre, *Etudes sur la nature,* Paris, 1838 (1re éd. 1820), p. 203.

40. A. Corbin, *Le Miasme et la Jonquille,* Paris, Aubier, 1982, p. 81.

41. Article « Musc », *Encyclopédie, op. cit.,* p. 881.

42. F. Vicq-d'Azir, *Instructions sur la manière de désinfecter une paroisse,* Paris, 1775, p. 8.

43. S. A. Tissot, *Avis* [...], *op. cit.,* t. I, p. 100.

44. N.-J. Jacquin, *op. cit.*, p. 290.

45. Mme S. C. Necker, *Mélanges extraits des manuscrits de Mme Necker,* Paris, an VI, t. I, p. 262.

46. L. de Jaucourt, article « Cosmétique », *op. cit.*, p. 291.

47. N.-J. Jacquin, *op. cit.*, p. 291.

48. Baronne A. d'Oberkirch, *op. cit.*, p. 194.

49. J.-J. Rousseau, *Julie ou la Nouvelle Héloïse,* Paris, Garnier, 1960 (1re éd. 1760), p. 530.

50. S. A. Tissot, *op. cit.*, t. I, p. 101.

51. B.-C. Faust, *Sur le vêtement libre, unique et national à l'usage des enfants,* Paris, 1792. Voir aussi le livre de Philippe Perrot, *Le Travail des apparences* [...], *op. cit.*, qui cite B.-C. Faust, p. 103.

52. W. Harvey, *De motu cordis et sanguinis in animalibus,* Francfort, 1628.

53. F. Frier, *Guide pour la conservation de l'homme,* Paris, 1789, p. 74.

54. *Ibid.*, p. 33.

55. S. A. Tissot, *op. cit.*, t. II, p. 62.

56. N.-A. Jacquin, *op. cit.*, p. 289.

57. M. Dejean, *Traité des odeurs,* 1777, p. 467.

4. Effluves populaires et urbaines

1. *La Gazette de santé,* Paris, 1773, « Préface ».

2. *Ibid.*, 1785, prospectus.

3. *Journal de santé,* Bordeaux, 1785.

4. « Création de la société de santé à Lyon en 1793 », *Journal de santé,* Bordeaux, an I, p. 97.

5. M. Moheau, *Recherches et Considérations sur la population de la France,* Paris, 1778, t. I, p. 191.

6. C.-A. Vandermonde, *op. cit.*, t. I, p. 31.

7. Cf. J.-P. Meyer, « Une enquête de l'académie de Médecine sur les épidémies (1774-1794) », *Annales ESC,* Paris, 1966. — J.-P. Peter, « Enquête de la Société royale de Médecine (1774-1794) », *Annales ESC,* Paris, 1967.

8. Turneau de La Morandière (1763), cité par B. Barret Kriegel, « L'hôpital comme équipement », *Les Machines à guérir,* Paris, Institut de l'environnement, 1976, p. 28.

9. M. Moheau, *op. cit.*, t. I, p. 17.

10. C'est tout à fait explicitement que le thème de la propreté individuelle va être abordé à partir d'une approche sur les conditions collectives de vie. La démarche est fondamentale, même si elle n'est qu'amorcée. Cf. M. Foucault, « La politique de santé au XVIIIe siècle », *Les Machines à guérir,* op. cit., p. 11.

11. J.-J. Menuret, *Essais sur l'histoire médico-topographique de Paris,* Paris, 1786, p. 88.

12. J. Razou, *Tableau nosologique et météorologique*, Basle, 1767. — L. Lepecq de la Clôture, *Collection d'observations sur les maladies et constitutions épidémiques*, Paris, 1778, 2 vol. — G. Daignan, *Tableau des variétés de la vie humaine*, Paris, 1786.

13. J.-B. Banau, et A.-F. Turben, *Mémoire sur les épidémies du Languedoc*, Paris, 1786, p. 12-13.

14. S. Hales, *Description of ventilators*, Londres, 1743. — J. Priesley, *Experiments and observations on differend kinds of air*, Londres, 1772.

15. Voir plus particulièrement l'article de Jacques Guillerme, « Le malsain et l'économie de la nature », *Dix-Huitième Siècle*, Paris, 1977, n° 9 (*Le Sain et le Malsain*). « C'est peu dire, en vérité, que les inventions de la chimie pneumatique animent à la fin du siècle, le tableau de la nature. C'est plutôt de dramatisation qu'il faudrait parler, s'agissant des représentations qui visent l'ordre et les désordres des phénomènes de la vie » (p. 62).

16. M. du Tennetar, *Mémoire sur l'état de l'atmosphère à Metz et ses effets*, Nancy, 1778, p. 23.

17. P. Bertholon, *De la salubrité des villes*, Montpellier, 1786, p. 6.

18. Cité par P. Muray, *Le xixᵉ siècle à travers les âges*, Paris, Denoël, 1984, p. 33.

19. J.-H. Ronesse, *Vue sur la propreté des rues*, Paris, 1782, p. 13.

20. Londres, *Réflexions sur le projet d'éloigner du milieu de Paris les tueries de bestiaux et les fonderies*, Paris, 1788, p. 15.

21. J.-L. Moreau de La Sarthe, *Essai sur la gangrène humide des hôpitaux*, Paris, 1796, p. 20.

22. J.-J. Menuret, *Essai sur l'action de l'air dans les maladies contagieuses*, Paris, 1781, p. 85.

23. Cité par P. Muray, *op. cit.*, p. 36.

24. Cf. J.-L. Harouel, « Les fonctions de l'alignement dans l'organisme urbain », *Dix-Huitième Siècle, op. cit.*

25. Cf. G. de Bory, *Mémoire dans lequel on prouve la possibilité d'agrandir la ville de Paris sans en reculer les limites*, Paris, 1776 ; et l'article de Bruno Fortier, « La maîtrise de l'eau », *Dix-Huitième Siècle, op. cit.*

26. J.-J. Menuret, *Essai sur l'action* [...], *op. cit.*, p. 75.

27. Jouanné, cité par J.-P. Goubert, *Malades et Médecins en Bretagne (1770-1790)*, Paris, Klincksieck, 1974, p. 192.

28. Vigier, *Mémoire adressé au subdélégué de Landerneau (17 mars 1769)*, cité par J.-P. Goubert, *op. cit.*

29. M. Brièle, *op. cit.*, t. I, p. 44.

30. J.-S. Bailly, « Examen d'un projet de translation de l'Hôtel-Dieu de Paris et d'une nouvelle construction d'hôpitaux pour les malades », *Histoire et Mémoires de l'Académie royale des Sciences*, Paris, 1785, p. 24.

31. Bertelet de Barbot, *Topographie médicale*, Lyon, 1783, cité par R. Favre « Du médico-topographique à Lyon en 1723 », *Dix-Huitième Siècle, op. cit.*, p. 154.

32. A. Ganne, *op. cit.*, p. 111.

33. « Dépérissement de l'espèce humaine à Paris », *La Gazette de santé*, Paris, 1777, p. 111.

34. Chirol, *Idées neuves sur la construction des hôpitaux*, Paris, 1787, p. 9-10.

35. *Affiches et Annonces de Paris*, Paris, 1779, p. 183.

36. J.-M. Audin-Rouvière, « Règlement de l'Hospice des enfants, Paris, an VII », *Cahier de charges pour les hospices de Paris*, Paris, p. 17.

37. Cf., ci-dessus, note 50, chapitre 2, partie II.

38. J.-M. Audin-Rouvière, *Cahier* [...], *op. cit.*, p. 24.

39. Cf. P.-A. Alletz, *Tableau de l'humanité et de la bienfaisance*, Paris, 1769, p. 105.

40. J. Howard, *Histoire des principaux lazarets et prisons* [...], Paris, 1790, t. II, p. 170.

41. G. Daignan, *Ordre de service des hôpitaux militaires*, Paris, 1785, p. 173.

42. J. Pringle, *Observations sur les maladies des armées dans les camps et les garnisons*, Paris, 1763 (1re éd. Londres, 1752), p. 44.

43. B. Poyet, *Mémoire sur la nécessité de transférer et reconstruire l'Hôtel-Dieu de Paris, suivi d'un projet de translation de cet hôpital*, Paris, 1785, p. 36.

44. J.-R. Tenon, *Mémoire sur les hôpitaux de Paris*, Paris, 1788, p. 441.

45. J. Bouchery, *L'Eau à Paris à la fin du xvIIIᵉ siècle*, Paris, 1946.

46. P. Bertholon, *op. cit.*, p. 99.

47. J.-J. Menuret, *Essai sur l'histoire* [...], *op. cit.*, p. 84.

48. C.-H. Piarron de Chamousset, *Œuvres*, Paris, 1783, t. I, p. 333.

49. Chevalier d'Auxiron, *Projet pour donner des eaux à Paris*, Paris, 1769, p. xiv.

50. A. L. Lavoisier, « Lettre sur les moyens d'amener l'eau à Paris », 1786, *Œuvres*, Paris, 1868, t. III, p. 255.

51. A. Deparcieux, *Projet d'amener à Paris la rivière de l'Yvette* (Mémoire de 1767), Paris, 1776, p. 136.

52. *Prospectus de la fourniture et distribution des eaux de la Seine à Paris par la machine à feu*, Paris, 1781.

53. Chevalier d'Auxiron, *Projet patriotique sur les eaux de Paris*, Paris, 1765, p. 26.

54. J.-B. Banau et F. Turben, *op. cit.*, p. 50.

55. J.-J. Menuret, *Essai sur l'histoire* [...], *op. cit.*, p. 86.

56. J.-C. Perrot, *op. cit.*, t. II, p. 658. — J.-F. Capelle, *Tableau des améliorations sanitaires de Bordeaux*, Bordeaux, 1817, p. 47-48. — C. Grimmer, *Aurillac au xvIIIᵉ siècle*, Paris, PUF, 1983, p. 96.

57. H.-L. Duhamel de Monceau, *Moyen de conserver la santé des équipages des vaisseaux*, Paris, 1759, p. 38.

58. J.-M. Audin-Rouvière, *Essai sur la topographie physique et médicale de Paris*, Paris, an VII, p. 17.

59. É. Tourtelle, *Éléments d'hygiène*, Paris, 1815 (texte rédigé en 1797), p. 128.

60. Le Roy, « Précis d'un ouvrage sur les hôpitaux dans lequel on

expose les principaux résultats des observations de physique et de médecine, qu'on doit avoir en vue dans la construction de ces édifices, avec un projet d'hôpital disposé d'après ces principes », *Mémoires de l'Académie royale des Sciences*, Paris, 1787.

61. G. Daignan, *Tableau* […], *op. cit.*, p. 284 s.

5. Bains et ablutions partielles

1. *Prospectus de la fourniture et distribution de l'eau* […], *op. cit.*, p. 6.
2. Chevalier d'Auxiron, *op. cit.*, 1769, p. 7.
3. Cf. J. Bouchery, *op. cit.*, p. 140.
4. *La Gazette de santé*, *op. cit.*, 1776, p. 107.
5. J.-H. Ronesse, *op. cit.*, p. 91.
6. J.-C. Kraft, *Plans, coupes, élévations des plus belles maisons et des hôtels construits à Paris et dans les environs depuis, environ, 25 à 30 ans*, Paris, 1801.
7. Cf., ci-dessus, partie II, chapitre 1.
8. Cf. *ibid.*
9. L. Prudhomme, *Miroir de l'ancien et du nouveau Paris*, 1804, t. II, « Bains publics », p. 231.
10. *Décret de la Faculté de médecine sur les nouveaux bains établis à Paris* […], Paris, 1785, p. 7.
11. *La Gazette de santé*, *op. cit.*, 1782, p. 87.
12. *Vie publique et privée des Français à la ville, à la cour et dans les provinces, par une société de gens de lettres*, Paris, 1826, t. II, p. 206.
13. J.-A. Dulaure, *Nouvelle Description des curiosités de Paris*, Paris, 1787 (1re éd. 1785), p. 61.
14. *Ibid.*, p. 61 et 62. Cf., aussi, *Le Guide de Thiery*, *op. cit.* Gaignard est le successeur de Poitevin. Son établissement est racheté par Vigier à la Révolution.
15. Sur le prix des bains chinois, cf. *la Gazette de santé*, *op. cit.*, 1782, p. 87. Sur le salaire du journalier, cf. J.-C. Perrot, *Genèse d'une ville* […], *op. cit.*, t. II, p. 790, note 76.
16. J. Garnier, *op. cit.*, p. 35.
17. J.-C. Perrot, *op. cit.*, t. II, p. 912.
18. J.-F. Capelle, *op. cit.*, p. 147.
19. Les établissements comportent généralement entre 15 et 30 baignoires. Vigier fait construire en 1799 un nouveau bâtiment comprenant 140 baignoires, un de ses bateaux ayant été endommagé par les glaces de la Seine (cf. L. Prudhomme, *op. cit.*).
20. P.-J. Marie de Saint-Ursins, *L'Ami des femmes*, Paris, 1804, p. 70.
21. Mme de Genlis, *Mémoires, op. cit.*, t. II, p. 221 ; et cf. Rétif, *Monsieur Nicolas*, *op. cit.*, t. IV, p. 136.
22. S. Mercier, *op. cit.*, éd. de 1789, t. II, p. 164.

23. N. Rétif de La Bretonne, *Les Nuits de Paris* (env. 1790), in *Œuvres*, Paris, 1930, t. I, p. 106.

24. Cf. Constant, *Mémoires intimes de Napoléon*, Paris, Mercure de France, 1967 (1re éd. 1830), p. 764.

25. J. Pissis, *Manuel d'hygiène*, Le Puy, 1802, p. 250.

26. *Ibid.*, p. 104.

27. A. J. L. Hufeland, *L'Art de prolonger la vie humaine*, Paris, 1810 (1re éd. Iéna, 1796), p. 285.

28. A. F. Willich, *Hygiène domestique*, Paris, 1802 (1re éd. anglaise 1798), t. I, p. 41.

29. É. Protat, *Éléments d'éducation physique et médecine des enfants*, Paris, 1803, p. 68.

30. N. Rétif de La Bretonne, *Les Contemporaines*, éd. Paris, reprint s.d. (1re éd. 1780), t. III, « Les Parisiennes », p. 45.

31. Les adjectifs utilisés aujourd'hui pour qualifier de telles ablutions (local, restreint, partiel) sont à coup sûr ambigus. Ils pourraient laisser supposer que la propreté ainsi obtenue est clairement perçue comme « locale » par les acteurs eux-mêmes. Or, lorsque Turben et Banau conseillent en 1786 aux habitants des campagnes, de se laver les pieds en cas d'épidémie et de se frotter le corps, ils évoquent à leurs yeux une propreté « complète ». Les mots de « local » ou de « restreint » tentent seulement, dans le présent chapitre, de faire un partage descriptif entre le bain et d'autres ablutions.

32. P.-J. Marie de Saint-Ursins, *op. cit.*, p. 55-56.

33. Mlle M. P. J. Avrillon, *Mémoire, op. cit.*, p. 156.

34. C. de Rémusat, *Mémoires de ma vie*, Paris, Plon, 1958, t. I, p. 270.

35. Constant, *op. cit.*, p. 730.

36. AN, Minutier central, LXV, 604.

37. *Ibid.*

38. A. Margry, « Inventaire du chanoine C. F. Afforty, doyen de Saint-Rieul », *Revue du Comité archéologique de Senlis*, 1879, p. 63.

39. AN, Minutier central, LXV, 604.

40. A. Ledieu, « Mobilier de quelques paysans picards », *La Picardie*, 1884, p. 508.

41. AN, Minutier central, LXV, 602.

42. *Ibid.*, LXV, 604.

43. *Ibid.*, LXV, 602.

44. D. Roche, *Le Peuple de Paris*, Paris, Flammarion, 1981, p. 158. Le texte de Daniel Roche est fondamental. L'évaluation des outils hygiéniques du peuple y est précise et chiffrée. Voir surtout p. 157-159.

45. AN, Minutier central, LXV, 602.

46. *Ibid.*, LXV, 603.

47. *Ibid.*, LXV, 602.

QUATRIÈME PARTIE

L'eau qui protège

1. Les fonctionnalités de la peau

1. H. de Balzac, *Lettres à l'étrangère*, Paris, 1899, t. I (1833-1842), p. 407.

2. Cf. É. Werdet, *Souvenirs de la vie littéraire*, portraits intimes, Paris, 1879, p. 326.

3. Cf. les ouvrages déjà cités de J. Mackenzie, *Histoire de la santé et de l'art de la conserver*, La Haye, 1761 ; celui de L. de Préville, *Méthode aisée pour conserver la santé*, Paris, 1762 ou celui de N. Le Bègue de Presle, *Le Conservateur de la santé*, Paris, 1763.

4. J. Pissis, *Manuel d'hygiène*, Le Puy, 1802, ou P. F. Vidalin, *Traité d'hygiène domestique*, Paris, 1825, ou encore J. Briand, *Manuel complet d'hygiène*, Paris, 1826.

5. Le mot n'est pas vraiment usité, même s'il suscite, ce qui n'est pas négligeable, un article de l'*Encyclopédie*. Aucun titre d'ouvrage pourtant ne comporte le terme, durant le xviiie siècle.

6. J. Briand, *op. cit.*, p. 7.

7. Le conseil de salubrité de la Seine publie un rapport annuel depuis 1802, date de sa création. Les premiers rapports sont manuscrits. Une copie, également manuscrite, existe aux Archives de la Police.

8. « Considérations religieuses sur l'hygiène », *La Dominicale, journal des paroisses*, Paris, 1833, p. 271.

9. Voir la thèse de J. Léonard, *Les Médecins de l'Ouest au xixe siècle*, Université Paris IV, Paris, 1976, t. III, p. 1141.

10. M. Lévy, *Traité d'hygiène publique et privée*, Paris, 1857 (1re éd. 1845), t. II, p. 246.

11. *Ibid.*, t. II, p. 247.

12. L. Fleury, *Cours d'hygiène*, Paris, 1852, p. 552.

13. C. Londe, *Nouveaux Éléments d'hygiène, op. cit.*, 2e éd. corrigée, Paris, 1847, t. II, p. 631.

14. P.-J. Buchez et U. Trélat, *Précis élémentaire d'hygiène*, Paris, 1825, p. 101.

15. E.-A. Ancelon, *Manuel d'hygiène*, Nancy, 1852, p. 53.

16. J. Briand, *op. cit.*, p. 147.

17. W. Edwards, *De l'influence des agents physiques sur la vie*, Paris, 1824, p. 12.

18. F. Magendie, *Précis élémentaire de physiologie*, Paris, 1816, t. II, p. 356.

19. J. Abernethy, *Surgical and physiological essay*, Londres, 1793.

20. S. Carnot, *Réflexions sur la puissance motrice du feu*, Paris, 1824. C'est Hirn surtout, avec son texte : *Esquisse élémentaire de la théorie mécanique de la chaleur et de ses conséquences philosophiques*, Strasbourg, 1864, qui systématise le thème des applications de la thermodynamique à la physiologie.

21. H. Bouley, *Recueil de médecine vétérinaire*, Paris, 1850.

22. A. Fourcault, « Expérience démontrant l'influence de la suppression mécanique de la transpiration cutanée sur l'altération du sang », *Compte rendu de l'académie des Sciences de Paris*, t. IV. On sait aujourd'hui que ces accidents sont très largement dus à un bouleversement de la régulation thermique, et moins, bien sûr, à quelque phénomène respiratoire.

23. C. Labouverie, *Notions de physiologie et d'hygiène à l'usage de la jeunesse et des maisons d'éducation*, Paris, 1868, p. 308.

24. T. Gallard, *Notions d'hygiène à l'usage des instituteurs primaires*, Paris, 1868, p. 28.

25. V. Régnault et J. Reiset, *Recherches chimiques sur la respiration des animaux des diverses classes*, Paris, 1849, p. 211.

26. La machine à feu, et surtout la théorisation thermodynamique, ont conduit à une représentation du corps tout à fait originale au xixe siècle. Cf., sur ce point, mon précédent ouvrage, *Le Corps redressé*, Paris, Delarge, 1978, le chapitre : « L'analyse énergétique », p. 199.

27. G. Sand, *Mémoires*, Gallimard, Pléiade, Paris, 1970, t. I, p. 969.

28. Cf., ci-dessus, p. 181.

29. M. Morin, *Manuel théorique et pratique d'hygiène*, Paris, 1827, p. 190.

30. F. Foy, *Manuel d'hygiène*, Paris, 1844, p. 526.

31. J. Briand, *op. cit.*, p. 158.

32. A. Tessereau, *Cours d'hygiène*, Paris, 1855, p. 265.

33. M. Lévy, *op. cit.*, t. II, p. 178.

34. Séance du Conseil central d'hygiène de Nantes en 1852, rapportée par J. Léonard, *op. cit.*, t. III, p. 1142.

35. C. Pavet de Courteille, *Hygiène des collèges et des maisons d'éducation*, Paris, 1827, p. 84.

36. F. de Courcy, « La partie de natation », *Le Journal des enfants*, Paris, 1842, p. 55.

37. Mme E. de Celmart, *Manuel des dames ou l'Art de l'élégance*, Paris, 1833, p. 100 ; cité par A. Corbin, *op. cit.*, p. 210.

38. F. Foix, *op. cit.*, p. 526.

39. O. Arnold, *Le Corps et l'Ame, la vie dans les couvents au xixe siècle*, Paris, Le Seuil, 1984, p. 81.

40. Comtesse J. de Pange, *Comment j'ai vu 1900*, Paris, Grasset, 1975, p. 86.

41. *Ibid.*

42. Baronne Staffe, *Le Cabinet de toilette*, Paris, 1892, p. 55.

43. *Ibid.*, p. 51.

2. Les itinéraires de l'eau

1. R. Apponyi, *Vingt-Cinq Ans à Paris*, Paris, 1913, t. II, p. 162.

2. C. de Rémusat, *op. cit.*, t. II, p. 560.

3. Archevêque de Paris, *Mandement à l'occasion du choléra morbus*, Paris, 30 mars 1832.

4. L. Blanc, *Histoire de dix ans, 1830-1840*, Lausanne, 1850, t. III, p. 185.

5. *Ibid.*, p. 174-175.

6. Anonyme, *Projet d'amélioration et d'embellissement pour Auteuil et Passy*, Paris, 1832, p. 13.

7. *Ibid.*, p. 14.

8. L. Chevalier, *Le Choléra, la première épidémie du xixe siècle, étude collective présentée par L. Chevalier*, La Roche-sur-Yon, Imprimerie centrale de l'Ouest, 1958, p. 17. — Cf., aussi, P. Trolliet, *Rapport sur le choléra morbus de Paris*, Paris, 1832.

9. C. de Rémusat, *op. cit.*

10. H. de Balzac, *La Fille aux yeux d'or*, in *Œuvres complètes*, Paris, Michel Lévy, 1867, t. I, p. 63.

11. L. Blanc, *op. cit.*, t. III, p. 176.

12. C. de Rémusat, *op. cit.*, t. III, p. 45.

13. L. Blanc, *op. cit.*, t. III, p. 177.

14. Anonyme, *Conseils pour se préserver du choléra morbus, adressés par la société médicale de Dijon aux habitants de la ville et des campagnes*, Dijon, 1849, p. 7.

15. Anonyme, *Projet d'amélioration et d'embellissement [...]*, *op. cit.*, p. 15.

16. A. Bazin, *L'Époque sans nom, esquisses de Paris* (1830-1833), Paris, 1833, t. II, p. 269-270.

17. H. de Balzac, *La Peau de chagrin*, in *Œuvres*, *op. cit.*, t. II, p. 20.

18. E. Sue, *Le Juif errant*, Bruxelles, 1845 (1re éd. 1844), p. 119.

19. V. Hugo, *Les Misérables*, Garnier-Flammarion, Paris, 1980 (1re éd. 1862), t. I, p. 407.

20. F.-L. Poumiès de La Siboulie, *Souvenirs d'un médecin de Paris* (1789-1863), Paris, 1910, p. 234-235.

21. I. Bourdon, « Le choléra », *Le Répertoire des connaissances utiles*, Paris, 1850, t. V, p. 526.

22. Anonyme, *Conseils pour se préserver du choléra morbus [...]*, *op. cit.*, p. 21.

23. C.-F. Mallet, *Notice historique sur le projet d'une distribution générale d'eau à domicile dans Paris*, Paris, 1830, p. 28.

24. Mme F. M. Troloppe, *Paris et les Parisiens en 1835*, Paris, 1836, p. 303.

25. H. Colman, *European agriculture and small economy [...]*, Boston, 1848, cité par G. de Bertier de Sauvigny, dans son ouvrage récent, *La France et les Français vus par les voyageurs américains, 1814-1848*, Paris, Flammarion, 1982, p. 136.

26. F. Beguin, « Machineries anglaises du confort », *L'Haleine des faubourgs*, in revue *Recherche*, Fontenay-sous-Bois, 1977, p. 161.

27. P.-S. Girard, *Simple Exposé de l'état actuel des eaux publiques de Paris*, Paris, 1831, p. 24.

28. H. Horeau, *Nouveaux Égouts*, Paris, 1831, p. 6.

29. C.-F. Mallet, *op. cit.*, p. 23.

30. A. Chevalier, « Mémoire sur les égouts de Paris, de Londres, de Montpellier », *Les Annales d'hygiène publique* [...], Paris, janvier 1838, p. 368.

31. H. C. Emmery, « Statistiques des eaux de la ville de Paris », *Annales des Ponts-et-Chaussées*, Paris, 1839, p. 67.

32. P.-S. Girard, *Simple exposé* [...], *op. cit.*, p. 39.

33. *Ibid.*, p. 26-27.

34. P.-S. Girard, « Recherches sur les établissements de bains publics à Paris depuis le XVe siècle jusqu'à présent », *Annales d'hygiène publique*, Paris, 1831, p. 51. — H. C. Emmery, *op. cit.*, p. 184.

35. A. Hugo, *La France pittoresque*, Paris, 1835, p. 120.

36. N. P. Willis, *Pencillings by the way, written during some years of residence and travel in Europe*, New York, 1852 (3e éd.), p. 150.

37. Cf. *L'Hôtel des bains*, Paris, 1820, AN F[18] 635. — *Les Bains à la papa*, Paris, 1819, P[18] 632.

38. Cf. F. P. N. Gillet de Laumont, *Rapport fait à la Société d'encouragement pour l'industrie nationale sur les bains tempérés portés à domicile* [...] *entrepris par M. Valette*, Paris, 1819, p. 3.

39. A. J. B. Parent-Duchatelet, *Hygiène publique*, Paris, 1836, t. II, p. 253.

40. H. C. Emmery, « Statistiques des eaux [...] », *op. cit.*, p. 177-178.

41. Le terme intervient à son tour dans les titres d'ouvrages ou dans leurs chapitres, au début du XIXe siècle. Des chaires d'hygiène publique sont créées dans les facultés de médecine.

42. Cf. F. P. N. Gillet de Laumont, *op. cit.*, p. 4.

43. Cf. *Le Moniteur*, Paris, 1850, p. 1951.

44. A. Hugo, *op. cit.*, p. 122.

45. H. C. Emmery, « Statistiques des eaux [...] », *op. cit.*, p. 184.

46. *Ibid.*

47. Cf. H. Lynch, cité par É. Weber, dans son livre, *La Fin des terroirs*, Paris, Flammarion, 1983 (1re éd. 1976), p. 223.

48. L. Normand, *Paris moderne*, Paris, 1837-1847, 2 vol.

49. C. Daly a dirigé la *Revue de l'architecture et des travaux publics*, publiée à Paris de 1840 à 1873.

50. E. Souvestre, *Le Monde tel qu'il sera*, Paris, 1846, p. 65.

51. B. Gérard, « L'inventaire après décès de L. H. Berlioz », *Bulletin de la société de l'histoire de Paris*, Paris, 1979, p. 186.

52. É. Zola, *Pot-Bouille*, Paris, Garnier-Flammarion, 1979 (1re éd. 1882), p. 33. Le roman est censé se passer à la fin des années 1860.

53. *Le Vocabulaire des enfants*, Paris, 1839, p. 249.

54. Quelques exemples de ce mobilier apparaissent en fait dans les

grandes demeures à l'extrême fin du XVIIIe siècle. Voir le livre de F. Dumonthier, *Mobilier national* [...], *op. cit.*

55. L. Normand, *op. cit.* ; et C. Daly, *Architecture privée au XIXe siècle*, Paris, 1864, 3 vol.

56. R. Apponyi, *op. cit.*, t. II, p. 292.

57. A. Dumas, *Mémoires*, in *Œuvres complètes*, Paris s.d. (env. 1900 et 1re éd. 1857), t. II, p. 119.

58. E. Sue, *Le Juif errant*, *op. cit.*, p. 146.

59. H. de Balzac, *Splendeurs et Misères des courtisanes*, in *Œuvres complètes*, *op. cit.*, t. I, p. 15.

60. Sur les bains chinois au milieu du XIXe siècle, voir G. de Bertier de Sauvigny, *op. cit.*, p. 137. Pour le salaire de l'ouvrier, voir G. Duveau, *La Vie ouvrière sous le second Empire*, NRF, Paris, 1946, p. 320.

61. H. C. Emmery, « Statistique des eaux [...] », *op. cit.*, p. 185.

62. S. P. Chevalier (dit Gavarni), *Les Lorettes*, in *Œuvres choisies*, Paris, 1845, t. I.

63. P. de Kock, *Les Bains à domicile*, Paris, 1845.

64. H. Daumier, *Les Bains à quatre sous*, in *Le Charivari*, Paris, 26 juin 1839. Voir, aussi, E. Briffault, *Paris dans l'eau*, Paris, 1844, p. 78.

65. H. Daumier, *Attention Gargouset* [...], in *Le Charivari*, Paris, 13 août 1842.

66. *Ordonnance de par les prévôts des marchands et échevins de la ville de Paris, concernant les bains dans la rivière*, Paris, 12 juin 1742, manuscrit BN, reg. 21.629, F° 170.

67. *Ordonnance concernant les bains de rivière*, affiche du 30 avril 1840. Cf., pour l'ensemble de ce problème, les archives de la préfecture de police, côte DB. 227.

68. Le thème des bains de mer ne saurait être développé dans le présent texte, même si les témoignages à leur sujet sont déjà nombreux avant 1850. Cf., par exemple, *Mémoires de la comtesse de Boigne, de Louis XVI à 1848*, Paris, Mercure de France, 1971 (1re éd. 1907-1909), t. I, p. 167. Les *Mémoires* d'Apponyi, *op. cit.*, et celles de Rémusat, *op. cit.*, comportent également de nombreuses indications. Pour la « théorie » des bains de mer, cf. un des premiers ouvrages français écrits sur le thème : A. Assegond, *Manuel des bains de mer*, Paris, 1825. Cf., aussi, G. Vigarello, « Pratiques de natation au XIXe siècle, Représentation de l'eau et différenciations sociales », ouvrage collectif *Sport et Société*, Saint-Étienne, 1982.

3. La pastorale de la misère

1. C. E. Clerget, « Du nettoyage mécanique des voies publiques », *La Revue de l'architecture*, Paris, 1843, p. 267.

2. *Ibid.*

3. *Ibid.*

4. L. R. Villermé, *Tableau de l'état physique et moral des ouvriers*, Paris, 1840, t. I, p. 408.

5. E. Sue, *Les Mystères de Paris*, 1844, t. I, seconde partie, p. 63.

6. N. Turquin, *Mémoires et Aventures d'un prolétaire à travers la Révolution*, Paris, Maspero, 1977, p. 28.

7. L. Chevalier, *Classes laborieuses et Classes dangereuses*, Paris, Plon, 1958, p. 162-163.

8. *Rapport sur les travaux du Conseil central de salubrité du département du Nord*, 1843, p. 28-29.

9. P. de Kock, *La Grande Ville, Nouveau tableau de Paris*, Paris, 1842, t. I, p. 170.

10. C. E. Clerget, *op. cit.*, p. 267.

11. Cf. le numéro de la revue *Recherche*, déjà cité : *L'Haleine des faubourgs*, Paris, 1977.

12. Sur J. Massé, voir le long passage que lui consacre F. Mayeur dans son livre, *L'Éducation des filles au xixe siècle*, Paris, Hachette, 1977.

13. J. Massé, *Encyclopédie de la santé, cours d'hygiène populaire*, Paris, 1855, t. I, p. 157.

14. A. Guillaume, *Catéchisme hygiénique*, Paris, 1850, p. 237.

15. M.-J. Orfila, *Préceptes d'hygiène à l'usage des enfants qui fréquentent les écoles primaires*, Paris, 1836.

16. *Ibid.*

17. *Ibid.*, p. 8.

18. Mme J.-L. Sauvan, *Cours normal des instituteurs primaires*, Paris, 2e éd. 1840, p. 17.

19. B. Overberg, *Manuel de pédagogie*, Liège, 1845 (1re éd. allemande 1825), p. 84.

20. *Travaux du Conseil de salubrité de la Seine*, Paris, 1821, p. 16.

21. *Rapport sur les travaux du Conseil de salubrité de l'Aube*, Troyes, 1835, p. 62.

22. *Rapport sur les travaux du Conseil de salubrité de Nantes*, Nantes, 1817-1825, p. 10.

23. *Conseil de salubrité de l'Aube [...], op. cit.*, 1835, p. 30.

24. *Ibid.*

25. T. de Bordeu, *Œuvres*, Paris, 1818, t. II, p. 959.

26. A. Bourgeois d'Orvanne, *Lavoirs et Bains publics à prix réduits*, Paris, 1854, p. 9.

27. Cf. *Le Moniteur*, Paris, 1850, p. 1951.

28. Cf. *Le Moniteur*, Paris, 1852, p. 144.

29. Cf. M. Lévy, *op. cit.*, t. II, p. 726 : « Malheureusement les vues libérales du gouvernement n'ont pas encore porté tous leurs fruits : un petit nombre de villes ont sollicité les allocations que la loi leur accorde pour établir des bains et des lavoirs. »

30. A. Bourgeois d'Orvanne, *op. cit.*, p. 72.

31. *Projet de loi tendant à obtenir l'ouverture d'un crédit extraordinaire de 600 000 francs, op. cit.*, p. 3336. — Pour les enquêtes en milieu ouvrier, autour de 1850 et après, cf. les études de Frédéric Le Play présentées par B. Kalavra et A. Savoye, *Ouvriers des deux mondes*, Paris, L'Arbre verdoyant, 1983.

32. Intervention de J.-B. Dumas, « Débat sur le projet de loi [...] », *op. cit.,* p. 3335.

33. *Ibid.*

34. Les théories de Lamarck sont ici mises au service d'une inquiétude sur la « régression » biologique de la race.

35. Intervention de J.-B. Dumas, *op. cit.,* p. 3335.

4. Les enfants de Pasteur

1. P. Remlinger, « Les microbes de la peau », *Médecine moderne,* Paris, 1896, p. 157.

2. Cf., ci-dessus, partie III, chapitre 2.

3. Cf. F. David, *Les Monstres invisibles,* Paris, 1897.

4. E. Arnould, « Désinfection des livres de bibliothèque », *Revue d'hygiène,* Paris, 1897, p. 555.

5. Chavigny, « Contagion indirecte par voie buccale aux fontaines publiques », *Revue d'hygiène,* Paris, 1899, p. 894.

6. Cf. F. Abba, « Sur les conditions bactériologiques déplorables de l'eau bénite dans les églises », *Revue d'hygiène,* Paris, 1899, p. 929.

7. Chavigny, *op. cit.,* p. 894.

8. F. Abba, *op. cit.,* p. 929.

9. Chavigny, *op. cit.,* p. 894.

10. S. Broïdo, « Souillure de la peau par des microbes », *Revue d'hygiène,* Paris, 1894, p. 717.

11. *Ibid.,* p. 718.

12. A. Vigoura, « Sur la quantité et la variété d'espèces microbiennes sur la peau des sujets sains », *Revue d'hygiène,* Paris, 1895, p. 930.

13. L. Marchand, *Les Microbes,* Paris, 1887, p. 15.

14. R. Blanchard, *Les Ennemis de l'espèce humaine,* Paris, 1888, p. 2-3.

15. Dujardin-Baumetz, *L'Hygiène prophylactique,* Paris, 1889, p. 4.

16. A. Vigoura, *op. cit.,* p. 930.

17. Marié-Davy, *De l'évacuation des vidanges* [...], Paris, 1882.

18. P. Degrave, *Manuel d'hygiène élémentaire,* Paris, 1902, p. 8.

19. E. Monin, *La Propreté de l'individu et de la maison,* Paris, 1884, p. 17.

20. F. David, *op. cit.,* p. 82.

21. Breucq, *La Propreté de l'écolier,* Bayonne, 1909, p. 8-9.

22. F. David, *op. cit.,* p. 82-83.

23. F. David, *Les Microbes de la bouche,* Paris, 1890, p. 278-279.

24. P. Degrave, *op. cit.,* p. 9-10.

25. Voir dans R. Bouisson, *Histoire de la médecine,* Paris, Larousse, 1967, le chapitre sur Pasteur : « Les microbes se divisent en *bactéries,* organismes végétaux, *protozoaires,* organismes animaux unicellulaires, et *ultravirus,* encore appelés virus filtrables, organismes tellement petits qu'ils traversent les filtres connus » (p. 308).

26. Breucq, *op. cit.,* p. 3.

27. E. Monin, *Le Trésor médical de la femme,* Paris, s.d. (env. 1905), p. 266.

28. J. Verne, *Les Cinq Cents Millions de la bégum,* Paris, 1879.

29. *Ibid.*

30. Cf. Grellety, *La Guerre aux microbes,* Mâcon, 1900.

31. C. Flammarion, *Uranie,* Paris, 1889, p. 200-201.

32. L. Martin, « Hygiène hospitalière », dans le livre de P. Bouardel et E. Mosny, *Traité d'hygiène,* Paris, 1907, t. VIII, p. 236.

33. *Hôpitaux et Hospices, Règlements intérieurs,* Paris, 1910, p. 86.

34. A. Lutaud, *Les États-Unis en 1900,* Paris, 1896, p. 94.

35. *Ibid.*

36. L. Martin, *op. cit.,* p. 237.

37. « Diphtérie — mesures prophylactiques », *Médecine et Chirurgie,* Paris, 1893, p. 917.

38. E. Duchaux, *Le Microbe et la Maladie,* Paris, 1886, p. 259.

39. Cf. E. Vallin, « De la présence du bacille d'Eberth dans l'eau, le sol et les matières fécales d'individus sains », *Revue d'hygiène,* Paris, 1896.

40. *Ibid.,* p. 816.

41. L. Pasteur, « Sur le choléra des poules », *Comptes rendus de l'académie des Sciences,* Paris, 1880. Sur ce « deuxième » pastorisme, cf. F. Dagognet, *Méthodes et Doctrine dans l'œuvre de Pasteur,* Paris, PUF, 1967. « La microbiologie renonce à son dogmatisme initial », p. 211.

42. L. Gautié, *Notions d'hygiène,* Philippeville, 1892, p. 53.

43. A. Lutaud, « Le microbe et la nature », *La Médecine anecdotique, historique et littéraire,* Paris, 1901, p. 230.

44. L. Gautié, *op. cit.,* p. 54. Pour cette théorie de l'oxygénation par la peau chez les hygiénistes à la fin du siècle, cf., aussi, E. Pécaut, *Cours d'hygiène,* Paris, 1882. « La peau respire, exhale de l'acide carbonique et de la vapeur d'eau et absorbe de l'oxygène » (p. 97).

45. Cf., ci-dessus, partie IV, chapitre 1.

46. Breucq, *op. cit.,* p. 3.

47. P. Degrave, *op. cit.,* p. 7.

48. E. Rist, *La Tuberculose,* Paris, 1934, p. 336.

49. O. Mirbeau, *Le Journal d'une femme de chambre,* Paris, 1900, p. 389.

50. L. d'Alq, *Les Secrets du cabinet de toilette,* Paris, 1882, p. 1.

51. Baronne Staffe, *op. cit.,* p. 4.

52. P. Sédaillon et R. Sohier, *Précis d'hygiène et d'épidémiologie,* Paris, 1949, p. 155.

5. Appareillages et intimités

1. G. Feydeau, *Un bain de ménage,* Paris, 1888, scène I, acte 1.

2. Baronne Staffe, *op. cit.,* p. 4. Voir, sur le même thème, P. Perrot, *op. cit.,* p. 134, citant par ailleurs la comtesse de Tramar, *A la conquête du*

bonheur, Paris, 1912 : « Le tout s'exécute désormais dans le plus grand secret avec *l'absolue certitude de n'être pas dérangé.* »

3. L. D'Alq, *op. cit.,* p. 4.

4. *Ibid.,* p. 1.

5. O. Mirbeau, *op. cit.,* p. 51.

6. Établissements Porcher, *Catalogue,* Paris, 1908, p. 101.

7. Cf., ci-dessus, partie IV, chapitre 2.

8. L. Figuier, *Les Merveilles de l'industrie,* Paris, 1875, t. IV, « L'industrie de l'eau », p. 351.

9. A. Mayer, « La canalisation souterraine de Paris », *Paris Guide,* Paris, 1867, t. II, p. 1614.

10. « Études d'intérieur, L'eau à domicile », *La Semaine des constructeurs,* Paris, 1833, p. 245.

11. Le texte de J.-P. Darcet, *Description d'une salle de bains,* Paris, 1828, est un bon exemple de ces anciennes constructions nécessitant souvent plusieurs pièces, dont une pour le chauffage.

12. *La Semaine des constructeurs, op. cit.* Pour le chauffe-bain portatif, cf. l'année 1885, p. 437.

13. Cf. S. Giedon, *La Mécanisation au pouvoir,* Paris, Centre Pompidou, 1980 (1re éd. New York, 1948), p. 557. Giedon retrace en quelques pages une évolution très suggestive de la mécanisation des lieux sanitaires. A. Moll Weiss, dans *le Livre du foyer,* Paris, 1914, donne encore des exemples de ces baignoires pliantes ou de ces baignoires-lits, ce qui suppose leur « indépendance » par rapport à toute canalisation.

14. L. D'Alq, *op. cit.,* p. 34 s. Cf., aussi, H. de Noussanne, *Le Goût dans l'ameublement,* Paris, 1896, p. 179 s. — Cf., enfin, *Le Catalogue des établissements L. Grumberg,* Paris, 1912.

15. A. Lutaud, *Les États-Unis* [...], *op. cit.,* p. 61.

16. J. Verne, *Vingt Mille Lieux sous les mers,* Paris, 1870, p. 87.

17. « Hôtel particulier à Paris », *La Semaine des constructeurs,* Paris, 1885, p. 463.

18. L'expression se répète dans les textes. La salle de bains du *Nautilus* possède déjà cette eau coulant « à volonté » (*op. cit.,* p. 87). *La Semaine des constructeurs* lui consacre plusieurs articles (en 1881 et en 1883 plus particulièrement). Cette eau « courante » est un thème majeur des nouveaux dispositifs.

19. « La préfecture d'Oran », *La Semaine des constructeurs,* Paris, 1880, p. 451.

20. L. Bonnier, *Maisons les plus remarquables construites à Paris de 1905 à 1914,* Paris, 1920. Cf., aussi, T. Bourgeois, *La Villa moderne,* Paris, 1910.

21. Établissements Porcher, *op. cit.,* p. 101.

22. É. Zola, *Nana,* Paris, Gallimard, 1977 (1re éd. 1880), p. 416 et p. 326. Zola, comme l'a bien montré A. Corbin, *Le Miasme et la Jonquille, op. cit.,* s'attarde aussi aux toilettes douteuses, aux parfums mêlés aux relents, et manifeste, plus indirectement, un goût pour le « sale ». Voir certaines descriptions de lieux dans *Nana, op. cit. :* « Dans le couloir, la

suffocation augmentait encore ; des aigreurs d'eaux de toilette, des parfums de savons descendus des loges, y coupaient par instants l'empoisonnement des haleines » (p. 151).

23. P. Bourget, *Cosmopolis*, Paris, 1893, p. 152.

24. Rachilde, *Le Venus*, Bruxelles, 1884, p. 45.

25. Cf., ci-dessus, partie IV, chapitre 3.

26. J. Arnould, *Sur l'installation de bains à peu de frais pour les ouvriers*, Lille, 1879, p. 1-2.

27. *Ibid.*, p. 2.

28. J. Arnould, « Sur la vulgarisation de l'usage du bain », *Annales d'hygiène publique*, Paris, 1880, 3ᵉ série, t. III, p. 403.

29. Le procédé se démarque évidemment du bain, mais aussi de la douche hydrothérapeutique dont le principe tient, entre autres, à la force du jet. Un travail de « démarquage » par rapport à ce dernier procédé a été nécessaire. G. Heller y voit une des raisons de l'apparition « tardive » de cette douche en pluie. Cf. son ouvrage, *Propre en ordre*, Éditions d'En Bas, Lausanne, 1979, p. 61. L'ouvrage de G. Heller comporte à cet égard une iconographie très précieuse.

30. Dunal, « Bains par effusion froide », *Recueil de mémoires de médecine militaire*, Paris, 1861, 3ᵉ série, t. V, p. 380.

31. Haro, « Bains-douches de propreté », *Recueil de mémoires de médecine militaire*, Paris, 1878, 3ᵉ série, t. XXXIV, p. 502.

32. M. Merry-Delabost, *Sur les bains-douches de propreté*, Paris, 1889, p. 5.

33. Cf. M. Foucault, *Surveiller et Punir*, Paris, Gallimard, 1975.

34. M. Merry-Delabost, *op. cit.*, p. 5.

35. Cf. le commentaire dans la *Revue d'hygiène* en 1876 sur le livre de Lincoln Chase, *Baths and bathing for soldiers*, Boston, 1895, p. 1124.

36. Cf. M. Pain, *Bains-douches populaires à bon marché*, Paris, 1909, p. 13.

37. Cf. J. Arnould, *Sur la vulgarisation* [...], *op. cit.*, p. 406.

38. Cf. M. Pain, *op. cit.*, p. 8.

39. *Ibid.*

40. P. Christmann, *La Natation et les Bains*, Paris, 1905, p. 14.

41. Cité par Mangenot, *Les Besoins de natation et les Écoles primaires communales*, Paris, 1892, p. 8. — Cinq établissements de ce genre sont créés à Paris entre 1885 et 1900. Sur le « conflit » piscines ou bains-douches pour assurer la propreté populaire, cf. Cheysson, « Piscines et bains douches », *Revue d'hygiène*, Paris, 1898.

42. L. D'Alq, *op. cit.*, p. 40.

Table

PREMIÈRE PARTIE
De l'eau festive à l'eau inquiétante

DEUXIÈME PARTIE
Le linge qui lave

TROISIÈME PARTIE

De l'eau qui pénètre le corps à celle qui le renforce

QUATRIÈME PARTIE

L'eau qui protège

IMPRIMERIE BUSSIÈRE À SAINT-AMAND (CHER)
DÉPÔT LÉGAL JANVIER 1987. Nº 9452 (2798)

Collection Points

SÉRIE HISTOIRE

DERNIERS TITRES PARUS